Arnold aut Ruge

Aus früherer Zeit

Arnold aut Ruge

Aus früherer Zeit

ISBN/EAN: 9783741158773

Hergestellt in Europa, USA, Kanada, Australien, Japan

Cover: Foto ©Andreas Hilbeck / pixelio.de

Manufactured and distributed by brebook publishing software (www.brebook.com)

Arnold aut Ruge

Aus früherer Zeit

Aus früherer Zeit.

Von

Arnold Ruge.

Dritter Bar

Berlin.
Verlag von Franz Duncker.
1863.

Inhalt.

		Seite
Den Genossen		V

V. Gefängniß. 1824—1830.

	Gefängnißinschrift	3
	Unser 6jähriges Gefängniß	5
1.	Nach Berlin	7
2.	Auftritte in Köpnick	22
3.	Zurück nach Berlin	33
4.	Wieder nach Köpnick	41
5.	Wiedersehn einiger Freunde	57
6.	Die Hausvoigtei und die Reise nach Colberg	76
7.	Unsre Einrichtung	110
8.	Wissenschaft und Erlebnisse auf dem Lauenburger Thor	142
9.	Vor dem Lauenburger Thor	187
10.	Ende der Gefangenschaft	198

VI. Freiheit und Revolution. 1830.

	Das bürgerliche Leben	219
1.	Winterreise von Colberg nach Triebsees	220
2.	Der Winter in Pommern	237
3.	Auswandrung nach Mitteldeutschland	265
4.	Literatur und Politik in Jena	284

VII. Halle und Italien. 1831—1833.

1. Das Pädagogium 335
2. Die Universität 350
3. Die Kanzlerin Niemeyer und Louise Düffer . . . 353
4. Abreise nach Italien. Besuch bei alten Freunden . 365
5. Die Alpen und Mailand 387
6. Genua und Spezzia 397
7. Florenz 407
8. Rom 418
9. Neapel, der Vesuv und Pompeji 444
10. Rückkehr 457

Den Genossen.

Euch, all den Tausenden, die Ihr das Haupt
In schöner, gotterfüllter Jugend hoch
Und frei tragt, Euch, den Vielversprechenden —
Ein Augenblick ist eine ganze Welt,
5. Und einen Augenblick wart Ihr ja frei, —
Dann Euch, Ihr Andern, die Ihr alle Schlachten
Als freie Männer, fallend oder siegend,
Mit uns, den alten Ungebrochnen, schlugt,
Euch widm' ich, Euch, den Vätern unsers freien,
10. Noch ungebornen Staates, diesen Gruß.
Nun sind zwar manche Räthsel schon gelöst,
Die uns gemeinsam lange vorgeschwebt
Als Sprüche unsrer Zeit, der Pythia;
Ihr aber, langerprobte Freunde, wißt,
15. Was diese Europäerin, die uns
Mit griechischen Gedanken aus dem Bann
Der Herrn und Fabelknechte losgemacht,
Uns auferlegt und was sie wahrgesagt.
Die wir mit Blitzen unsre Briefe senden,
20. Die wir des Raums mit Dampfeseile spotten,
Wir sahn das freie Denken freier Männer,
Den Muth der Kämpfer und den edlen Geist
Der Menschen zeitigen in unsern Tagen,
Doch nicht die Welt vom Orient befreit.

25. Die Eierschale sahn wir wohl gebrochen,
Und eignes Leben wirkt und fühlt sich schon;
Doch immer reckt sich noch des Perserkönigs
Gewaltger Arm mit seinen Schrecken aus,
Und immer noch beherrscht die Fabelburg
30. Altsyriens die Geister all des Volks.
    Mit neuen Waffen neue Stürme denn!
So lang' wir athmen, ehren wir die Luft
Mit unserm Wort. Und wenn wir's nicht erreichen,
So gaben wir den Jüngern doch das Zeichen.

V. Gefängniß.

1824—1830.

Gefängnißinschrift.

Wo sich der Kerker schließt um Eure Denker,
Wo Ihr den Freien Ketten schlägt und Henker;
Da reißt der Menschheit alter Wahn entzwei,
Durch Fesselträger wird die Erde frei.

Unser sechsjähriges Gefängniss.

Beim Rückblick auf die Zeit von 1824—1830, oder von der Unterdrückung Spaniens bis zur Befreiung Frankreichs, bemerken wir zuerst, daß unsre Gefangenschaft mit der allgemeinen Europäischen zusammenfällt. Das Festland von Europa ist das Gefängniß der Heiligen Allianz: der Russe, der Preuße, der Oestreicher halten Wache vor seiner Thür und sind selbst die Gefangnen ihrer eignen Rohheit. Aber bei demselben Rückblick erfreut uns jetzt in späterer Zeit der Gedanke, daß diese unnatürliche Herrschaft des Russenthums in ihrer ungebrochnen Gewalt nur sechs Jahre gewährt.

Still, wie das Grab, war diese Zeit; die russischen Freiheitshelden Pestel und Murawief scheiterten, die Kanonen von Navarino bewiesen nichts gegen die Kerkermeister des Europäischen Geistes; aber drinnen in diesem großen Kerker erzeugte sich eine neue Zeit, bei uns durch die Vollendung des freien Denkens, der unsterblichen Hegelschen Philosophie, bei den Franzosen durch das Reifen des Zornes über die Bourbonen, diese Schergen der Heiligen Allianz.

Ich selbst habe diese Zeit im Stillen benutzt und Waffen gesammelt gegen den Einen Feind der Freiheit, die Unwissenheit des Menschen über sich und sein wahres Wesen.

Die still schwellende Knospe dieser sechs Jahre brach im Juli 1830 zu einer glänzenden Blüthe auf.

Wir Deutsche blieben unterthänig, es ist wahr; dennoch war uns das beneidenswerthe Loos gefallen, auf den Grund der Dinge zurückzugehn und aus dem innersten Kern des Geistes, aus der Metaphysik heraus, alle Ketten der Menschheit zu sprengen, eine That, die wir jetzt schon genießen, während alle andern Völker der Erde vor unsrer Kühnheit unfähig und feige zurückschrecken. Ihr folgte 1848 die Rettung unsrer Volksehre; und nach den Erfolgen, die wir in allen Gebieten menschlicher Entwicklung erlebt haben, ist auch an dem Schwierigsten nicht zu verzweifeln.

Die stille Arbeit, mit der die jungen Kräfte der Welt jetzt wieder beschäftigt sind, wird zu ihrer Zeit

— möge sie auch noch die unsrige sein! — ebenfalls wieder in glänzenden beneidenswerthen Erscheinungen hervortreten. Selbst der große Verlust an Jugend, Geist und Tapferkeit, den wir seit 1848 durch den starken Abzug nach Nordamerika erlitten, selbst die Millionen unsrer Volksgenossen, die jetzt auf der andern Hemisphäre die Republik vertheidigen und die Sklaven befreien helfen, selbst dieser Verlust wird sich mit der Zeit ersetzen, und die Reinigung und Rettung der Union, zu der unsre Landsleute mit ihren Gedanken und mit ihren Waffen beitragen, wird nicht unvortheilhaft auf die alte trägere Heimath zurückwirken. Politisch sind wir träge, das ist wahr; aber nicht minder wahr ist es, daß nur wir darauf vorbereitet sind, als wahre Europäer die irdischen und überirdischen Phantasieen der Asiaten ganz loszuwerden.

1.

Nach Berlin ins Gefängniss.

1. Am andern Morgen trat der kleine Karlsruher Regierungsrath zu Flauschmüller und mir ins Zimmer und sagte: „Sie, Herr Arnold Ruge, reisen

nach Berlin; die Pedelle der Universität werden Sie nach Mainz begleiten; und Sie, Herr Müller, sind hiemit wieder auf freien Fuß gesetzt!"

Wir nahmen Abschied von einander — für immer. Es hieß später, wie ich schon erwähnt habe, er sei nach Griechenland gegangen und dort gefallen, ein tapfrer, liebenswürdiger Jüngling!

Ich stieg vor der Thür des Gefängnisses mit den Pedellen in den Wagen und verließ die Universität Heidelberg als ein Gefangner des Königs von Preußen. Es war im Januar, und ich hatte mich nicht auf die Reise einrichten können. Alles, was ich gegen die Kälte aufbringen konnte, war ein grüner Sommerrock, den ich über meinen kurzen deutschen Rock zog. Glücklicherweise war es ein schöner sonniger Tag, die Thüren des Wägelchens schlossen ziemlich gut und ich fror nicht sehr.

Der Weg führte wieder über Mannheim und bei Sand's Wiese vorbei. So gingen die trüben Gedanken, denen ich früher auf diesem Wege nachgegangen, in Erfüllung. Mit Bedauern dachte ich an meine Freunde zurück; ich sollte sie nicht wiedersehn. Mit Wehmuth blickte ich vorwärts nach meinen Eltern; so wurde ich ihnen entrissen.

Meine Begleiter hingegen waren guter Dinge und thaten alles Mögliche, um mich in ihre angenehme Laune hineinzuziehn: „Solche Verbindungsgeschichten hätten nichts auf sich; das werde sich wohl wieder zurechtziehn."

Als ich sah, daß sie so gut gestimmt waren, bat ich sie in Worms, wo man uns nicht mehr kannte, und wo wir zu Mittag gegessen hatten, mir Dinte und Feder geben zu lassen, ich wolle ein paar Worte an meinen Vater schreiben. Dies war mir von der größten Wichtigkeit, damit nicht etwa die Zeitungen und das Gerücht die Meinigen plötzlich mit der Unglückspost überraschten. Ich schrieb also meinem Vater: „Die Studentenverbindungen von Halle und Jena kämen vor einer Preußischen Behörde zur Untersuchung, man habe mich deßhalb nach Berlin gefordert, und dorthin sei ich jetzt auf dem Wege. Von Berlin wolle ich ihm wieder schreiben, sobald ich dazu eine Gelegenheit fände."

Ich gab dem älteren von meinen Begleitern den Brief, und er schickte ihn unbedenklich auf die Post. Die Leute im Hause merkten aber doch unser Verhältniß, und ein wohlbeleibter, feingekleideter Mann aus Mainz trat zu mir heran und fing eine lateinische

Unterredung mit mir an. Er wollte wissen, ob ich vor die Mainzer Kommission geführt würde. Als ich erwiderte, man führe mich nach Berlin, fiel er lebhaft ein: „Das thut mir leid; in Mainz, glaube ich, hätte ich Ihnen nützlich werden können. Ich bin ein Gegner dieser unsinnigen Verfolgung der Patrioten". Darauf wandte er sich an den Pedell und schärfte ihm ein, er müsse mir in Mainz einen Mantel verschaffen; es sei ja eine Schande, so einen jungen Menschen mitten im Winter im Sommerrocke über Land zu führen. Dies wurde ihm nicht nur versprochen, sondern auch gehalten, besonders da ich meine gutmüthigen Begleiter noch erinnerte, daß man mir in Heidelberg, wie sie wüßten, allen Verkehr mit meinen Freunden abgeschnitten und mir nicht erlaubt habe, mich mit einem Mantel zu versehn.

2. Aus den Händen dieser gutmüthigen und mir wohlgesinnten Leute kam ich nun nach Mainz in die Gewalt der Preußen, eines ganz andern, wesentlich kommandirten Geschlechts. Ich befand mich in den Händen des Militärs. Der Befehlshaber der Festung war ein General von Müffling. Er ließ mich vor sich rufen. Eine lange, schon etwas verwitterte Gestalt, sonst natürlich eine knappe Paradepuppe Friedrich

Wilhelm's III., empfing mich in einem großen Saal:

„Sie sind des Hochverraths angeklagt, junger Mann, das ist ein schweres Verbrechen."

„Excellenz werden nicht glauben, daß man in Heidelberg einen Hochverrath gegen die Krone Preußen ausführen könne."

„Sie wollen sagen, die Klage sei unbegründet? Darnach sieht mir die Sache nicht aus."

„Welchen Angriff auf den König oder den Staat hätte ich von Heidelberg aus machen können?"

„Nun, ich will es wünschen, daß Sie die Herrn in Berlin überzeugen. — Ich habe Sie an die Kommandantur in Erfurt zu senden. Sie werden mit dem Herrn Lieutenant von Ranzau reisen", — dieser stand neben mir — „in dem Sie einen gebildeten jungen Mann und guten Gesellschafter finden werden. Dies will ich für Sie thun". — Er hielt einen Zettel in der Hand, der mir von meinem Wormser unbekannten Freunde zu kommen schien, denn ich hatte wohl gesehn, daß dieser meinem Begleiter noch etwas aufgetragen und ein Briefchen in die Hand gegeben hatte. — „Ich hoffe nämlich, Sie werden keinen vergeblichen Versuch zur Flucht machen. Sonst haben wir auch Ketten."

Damit richtete er sich lang auf, drehte sich herum und ging ab. Das Bewußtsein, daß er Ketten habe, schien ihm ordentlich etwas Erhebendes zu sein. Mir hingegen war die Wendung, womit er mir, ohne es zu wollen, einen gelungnen Fluchtversuch wünschte, nicht entgangen. Ich blieb mit dem Lieutenant von Ranzau allein. „Nun, wir werden uns schon vertragen", fiel dieser ein, „wir reisen sogleich ab. Ich habe Ihnen auf Befehl des Herrn Generals einen Mantel besorgt. Wollen Sie mir nun Ihr Wort geben, mir nicht zu entfliehen, so können wir ganz angenehm und ohne Aufsehn zusammen reisen. Ich nehme Post und wir fahren die Nacht durch."

Ich konnte unmöglich ausweichen, reichte ihm also die Hand und gab ihm mein Wort, sein Gefangner zu bleiben.

In der Postkutsche nach Frankfurt machten wir nun Bekanntschaft, und zwar erzählte er mir, wie er Bonaparte's Schlachten studirt habe und was Alles daraus zu lernen sei. In Frankfurt angelangt, begaben wir uns in einen Gasthof, bis die Pferde kamen, und mischten uns ohne Weiteres unter die übrigen Gäste im großen Zimmer, wo wir uns mit Burgunder und Beefsteak auf die Nachtreise vorbereiteten. Wir waren ganz gute Freunde geworden. Ich sprach ein paar Worte mit ihm und ging hinaus; er folgte mir nicht, und — da wäre ich nun frei gewesen, hätte ich ihm mein Wort brechen wollen. Wie leicht konnte ich zu Bunsen's nach den Pulverweiden entkommen! ich wußte hier genau Bescheid, und Bunsen's würden mir gewiß fortgeholfen haben; aber auch abgesehn von meinem gegebnen Worte, war der Fall doch immer wieder der nämliche, wie in Heidelberg; ja, er war nicht so gut, denn ich mußte meine Bücher und Wäsche im Stiche lassen, und was konnte ich thun, als nach Frankreich gehn? wozu ich keine Lust hatte — Straßburg war mir noch in abschreckender Erinnerung — kurz, ich wollte es lieber darauf ankommen lassen, was aus der Geschichte würde, obgleich ich sie für gefährlich genug hielt. Sonderbarer Weise war ich unter einem gewissen Gefühl, daß es der Heimath zuginge, obgleich ich direkt ins Gefängniß und wer weiß, wohin? aus dem Gefängniß geführt wurde. Dies Gefühl ist insofern gerechtfertigt worden, als ich, wie ich dies später erzählen werde, aus dem Gefängniß selbst eine Heimath ganz eigner Art machte.

Ich war wohl etwas länger ausgeblieben, als mein Reisegefährte erwartet hatte; denn ich sah ihn unruhig auf- und abgehen, als ich wieder in den Saal trat:

„Sie haben doch nicht erwartet?!" — — redete ich ihn an.

„Nun nein!" erwiderte er. „Aber es ist eine verwünschte Verantwortlichkeit, und ich war ganz in Ihrer Hand, nachdem ich Ihnen unbedingt vertraut."

„Ich habe Ihnen freiwillig mein Wort gegeben; seien Sie unbesorgt!"

„Das werde ich von jetzt an allerdings sein", erwiderte er mit äußerst feierlicher Miene.

Wir fuhren nun in die Nacht hinein und setzten unsre kriegerische Unterhaltung fort. In Hessen irgendwo, mitten im Walde, zerbrach uns der Wagen.

„Da hätten wir auch in Frankfurt schlafen können und wären nicht später nach Erfurt gekommen", brummte er, als uns nach drei bis vier Stunden der Postillion mit einem frischen Wagen abholte und aus dem Schlafe blies.

In Erfurt war der Hauptmann von Fehrentheil¹), so viel ich wußte, Platzkommandant. Er war in die Verschwörung verwickelt. Es ging mir durch den Kopf, ich würde ihn vielleicht sprechen können und im Stande sein, ihm einen Wink von der Lage der Sachen zu geben, so weit ich mir diese aus den Verhaftungen zusammensetzen konnte, von denen wir in Heidelberg durch die Zeitungen oder brieflich gehört hatten. Er mußte wo möglich noch schlimmer daran sein, als wir, wenn er einmal in die Hände der Gewalt fiel. Es waren vornehmlich Hallenser verhaftet. Diese wußten wahrscheinlich seinen Namen nicht. Wir Jenenser hingegen hatten durch Wesselhöfft öfter von ihm gehört. Konnte ich ihn vollends allein sprechen, so war zu überlegen, was wir beide thun sollten. Statt Frankreich fiel mir jetzt Amerika ein. Konnte er nicht zu Bolivar und ich nach New-York gehen? Aber die Sache verlief hier anders, als in Mainz; ich sprach Niemand; nur einige Bewaffnete von niederm Range machten sich, wahrscheinlich auf Fehrentheil's Befehl, mit mir zu thun. Der Wagen war in die Citadelle gefahren; bei einem Kugelhaufen nicht

---

¹) Im zweiten Theil ist er irrthümlich Oberst Fährentheil genannt worden.

weit von mir erblickte ich einen stattlichen Mann im Soldatenrock, der einige Befehle an Untergebne austheilte und von Zeit zu Zeit unruhig nach unserm Fuhrwerk herüberblickte. „Wer ist der Offizier?" fragte ich meinen Begleiter.

„„Es ist der Hauptmann von Fehrentheil"", erwiderte er, ging auf ihn zu und verschwand mit ihm in einer Hausthür. Nur der Unteroffizier blieb bei mir, zwei Bewaffnete lösten ihn nach einer halben Stunde ab, führten mich auf die Hauptwache, und ohne daß es mir möglich gewesen wäre, ein Wort an Fehrentheil zu richten, und sogar ohne Abschied von meinem Mainzer Lieutenant und — ohne Mantel ging die Reise weiter.

Es ist leicht begreiflich, warum der Hauptmann von Fehrentheil mich nicht sehen wollte. Sprewitz war schon hier durchgekommen, seinen Namen und sein Verhältniß zum Bunde mußte er kennen. Es leidet keinen Zweifel, daß er wohl Gefahr in diesen Verhaftungen erblickte, aber sich mit der Hoffnung schmeichelte, seine näheren Bekannten würden nicht sprechen.

Einige Meilen hinter Erfurt erblickte ich eine weiße Linie über das schwarze Feld, und wir fuhren ins beschneite Land hinein. Zufällig war der Wagen breit, und ich beredete die guten Scythen, die mich bewachten, sich beide zu mir auf den Rücksitz zu setzen und mich unter den Schutz ihrer Mäntel zu nehmen.

Es war nicht recht von dem Herrn von Ranzau, daß er mir den Mantel vergaß; hatte ich ihm doch mein Wort nicht vergessen!

3. In Wittenberg gab es einen unerwarteten Auftritt. Ich war mit meinen Erfurter Begleitern im Wirthshause. Während ich eine Suppe verzehrte, drückte mir ein junges Mädchen, das sie gebracht hatte, einen Zettel in die Hand. Ich öffnete ihn und fand einen Brief von Wilhelm Pirscher an die, welche nach ihm kommen würden, „um nach Sodom und Gomorrha abgeführt zu werden", wie er sich wegwerfend über die Metropole der Polizei ausdrückte.

„Also auch Du bist gefangen, mein liebenswürdiger Freund!" dachte ich, „aber so nehmen die Leute Theil an uns, die wir ihnen doch ganz fremd sind; was werden sie erst thun, wenn sie erfahren, daß wir uns für sie verschworen, und wenn man uns die Köpfe abschlägt!"

Ich fragte das Mädchen unbefangen, wie viel

junge Burschen schon durchgeführt wären, und konnte fast alle aus ihrer Beschreibung erkennen. „Hm! so sieht es also aus!"

Die Soldaten störten unser Gespräch nicht. Da trat der Platzkommandant von Wittenberg herein, seinen Dreimaster auf einem Ohre, ein kleiner Tilly, kommandirte mitten unter den Gästen den Unteroffizier und den Gemeinen, die mich nach Berlin begleiten sollten, vor sich hin und ließ sie ihre Gewehre laden.

Dies machte nicht wenig Aufsehn; und er ging stolz von dannen. Der Staat war gerettet.

Die beiden Träger der geladnen Gewehre waren aber herzensgute Seelen und thaten Alles, was ich wünschte. Ich beredete sie leicht, nachdem ich ihre Kasse, die sie für mich und für sich hatten, berechnet, in Potsdam über Nacht zu bleiben. Wir ließen uns ein Zimmer mit drei Betten geben, ein hübsches Feuer im Windofen machen und ein zweckmäßiges Abendessen mit französischem Rothwein auftragen. Die ganze Lebensart gefiel meinen Begleitern sehr gut, und als man ihnen in Berlin Vorwürfe darüber machte, erklärte der Unteroffizier einfach, ich hätte es befohlen, worüber die Pförtner der Stadtvogtei außer sich geriethen.

4. In Berlin waren wir in ein großes mächtiges Gefängniß hineingefahren, ganz den Verhältnissen dieser Hauptstadt des britten europäischen Gefängnißwärters angemessen. So hätte ich mir die Sache ungefähr vorgestellt, auch ohne sie gesehn zu haben. Man setzte mich aber nicht in ein eigentliches Gefängniß, sondern in ein Gerichtszimmer, wo der grüne Tisch immer gedeckt stand, schlug mir ein Feldbett daneben auf und ließ mich einen Tag und eine Nacht mit meinem Koffer allein, ohne mich eines Wortes zu würdigen.

„Was haben sie nur vor?" dachte ich, „und ob dies die Art und Weise ist, wie hier die Gerechtigkeit mit Einem umgeht? Die Alten nannten sie blind, diese ist auch noch stumm. Was für Menschen und was für Zustände!"

Als es wieder dunkel geworden war — es mochte wohl sechs Uhr sein, trat ein hagerer Mensch, der eine Art Barett auf dem Kopf hängen hatte, zu mir herein und sagte schadenfroh grinsend: „Man wird Ihnen eine festere Wohnung anweisen, folgen Sie mir!" Einige Diener hoben meinen Koffer auf und trugen ihn hinter mir her.

Die Reise ging über endlose Gänge und Treppen,

endlich ins — Freie, was ich am allerwenigsten erwartete. Ich hatte mehrere Stufen hinabzusteigen; es war der Lärm der Straße, in den ich hinaustrat. Ein offner Wagen hielt bereit; mein Koffer flog hinten hinein; ich wurde zwischen zwei Neufchateller Jäger gesetzt: der Wagen holperte über dem vorweltlichen Berliner Pflaster dahin.

„Man führt mich aus dem Gefängnisse fort. — Aber wohin? — Wir sind auf der Straße, das ist klar! die Menschen bei mir im Wagen reden nicht und antworten nicht auf meine Fragen — — hin!" —

„Zuerst — und eine gute Strecke — geht es immer zwischen Häusern hin, da wird wohl irgend ein andres Gefängniß kommen; — aber nein! das Pflaster hört auf, es beginnt ein Sandweg; — aber es sind immer noch Oellampen am Wege entlang, und aus zerstreuten Häusern scheinen Lichter; — dann kommt das Thor der Stadt. — Jetzt plumpsen wir ins Dunkel hinein und fahren — offenbar in einem Walde. In einem Walde? — Auf einem elenden Sandwege — gleich vor den Thoren Berlins? — Das ist doch seltsam! — Was meinte der grinsende Mensch mit seiner festern Wohnung? — Wollen sie mich etwa hier im Walde erschießen und einscharren laſſen? Es ſieht darnach aus. — Hm! da wäre der arme Pirſcher wohl ſchon beſorgt und alle meine andern Freunde, von denen ich in Wittenberg durch das Mädchen hörte!"

„Mich aus Berlin heraus, aus dem Gefängniß heraus, in den Wald hineinzufahren! und mitten in der Nacht mit zwei Neufchateller Scharfſchützen! hm!"

Ich dachte in allem Ernſt, die Berliner Juſtiz könne mit der Hinrichtung beginnen. Da die Neufchateller nicht ſprachen, wandte ich mich jetzt an den Kutſcher: „Wo geht die Reiſe hin, Kutſcher?"

„„Nach Köpnick!""

Ich verſtand Käben=Eck, und war ſo klug, als vorher, denn was mochte Käben=Eck für ein Winkel ſein? Die ganze Geſchichte war, wie in einem Schauermärchen; unſern nächtlichen Weg regierten geheimnißvoll tückiſche Mächte.

Als ich entdeckte, daß meine Neufchateller kein Deutſch verſtanden, band ich Franzöſiſch mit ihnen an, und nun ſagten ſie: „ihnen ſei zwar das Reden mit mir verboten worden, ſie ſeien aber nicht gemeint, das zu halten", und ſo erfuhr ich denn von ihnen, das Köpnicker Jagdſchloß ſei zum Gefängniß eingerichtet, und die Unterſuchungskommiſſion ſäße dort.

Der Weg führte uns an die breite Spree dem Schloß gegenüber, und viele Lichter spiegelten sich im Wasser — die Lichter der Gefangnen und ihrer Wächter! Dann polterten wir über eine lange hölzerne Brücke und hielten bald vor dem Schloßthor, wo der Kutscher seine Peitsche knallen ließ, um sich, d. h. mir Einlaß in „die festere Wohnung" zu verschaffen.

2.

Auftritte in Köpnick.

1. Ein Unteroffizier kam heraus und fragte, wer wir seien, worauf die Neufchateller sich durch Zeichen deutlich zu machen suchten. Nun wurde der Offizier geholt, der es dann zu einer dienstmäßigen Verständigung brachte. Die Wache trat unter Waffen, das Thor flog auf, und wir fuhren über den Schloßhof vor die nämliche Thür, durch die einst Friedrich II. und sein armer Freund Katte eingetreten waren. Ein großer viereckiger Vorsaal, mit hübschen Fliesen belegt, führte zu vielen Thüren, vor denen Schildwachen aufgestellt waren. Die Decke war mit Gemälden verziert, die gut erhalten zu sein schienen, und nicht

unangenehm ins Auge fielen; sie waren aus dem Mythenkreise der Artemis. Hier wurde ich eine Zeitlang aufgehalten. Ich besah die Bilder und wurde endlich von einem Menschen im blauen Oberrock aus dem Traum gerissen, der mir zurief: „Hier ist Ihr Zimmer, treten Sie gefälligst herein!"

Es war ein Eckzimmer zu ebner Erde. Man stellte mir ein Licht auf den Tisch, und meinen Koffer, verschlossen wie er war, an die Wand. Ich verlangte den Schlüssel. Man verweigerte ihn. Ich verlangte Wäsche, ein Paar lange wollne Strümpfe und eine wollne Jacke, die darin sein müßten. Man öffnete, holte die Sachen heraus, schloß wieder zu, steckte den Schlüssel in die Tasche und ließ mich allein, ohne weiter ein Wort mit mir zu wechseln, als daß der Schaffner mir ankündigte, was er mir zu essen geben werde.

2. Das Zimmer wurde von innen geheizt; ich hatte also das Feuer zu unterhalten. Die Diane mit dem Hunde und einer Nymphe, die an der Decke in einem zierlichen Gypsrahmen gemalt war, konnte ich erst am Tage ordentlich betrachten. Wohl vierzehn Tage ließen die Herren mich hier allein und ohne die mindeste Auskunft über ihre Berechtigung, mich

gefangen zu halten. Sie hatten mich hinter Schloß und Riegel, das genügte ihnen. Seit Heidelberg war ich nun ein Gefangner, aber der Karlsruher Regierungsrath und der General von Müffling waren die Einzigen, von denen ich, vorläufig, gehört hatte, weswegen man mich gefangen führte; das Köpnicker Gericht fühlte durchaus keine Verpflichtung gegen mich, sich sofort über die Klage, die Beweise, oder über seine eigne Befugniß gegen mich auszusprechen. Dazu wurde ich noch von meinen Büchern abgesperrt, damit ich mich nicht unterhalten und beschäftigen könne. „Schreibzeug und Bücher wären eine Vergünstigung, auf die ich fürs Erste noch keinen Anspruch hätte."

So fing man zwar nicht mit dem Erschießen, aber doch mit der Strafe an, und zwar überließ man es ganz und gar, wie unter der spanischen Inquisition, meinem eignen Gewissen, mir zu sagen, wofür dies die Strafe sei.

3. Da stand mein Koffer, darin waren meine Bücher. Sollte nicht eins oder das andre zu kriegen sein? Ich versuchte, wie fest der Deckel schlösse, und entdeckte, daß ich den Stiefelknecht in die Ecke hineinschieben und so einen Hebel ansetzen konnte, der

mir ziemlich viel Raum gab; und zu meiner großen
Freude erwischte ich den Aristophanes, der gerade
obenauf lag, zog ihn hervor und setzte mich an einen
kleinen Tisch in die Fensternische. Dieser hatte eine
Schublade, und wenn die Schlüssel an der Thür
rasselten und die Feinde hereintreten wollten, fuhr
der Aristophanes rasch in diesen Versteck hinein. So
unterhielt ich mich vortrefflich. Mehrere Tage blieb
ich ungestört. Eines Morgens aber, nachdem ich
mein Feuer angeschürt, zog ich meine langen wollnen
Strümpfe über die Unterhosen und hüllte mich in
meine wollne gestrickte Jacke, die ich von meiner
guten Mutter hatte. So setzte ich mich in meine
Nische und vertiefte mich gänzlich in den alten Schalk,
dergestalt, daß ich von Zeit zu Zeit in ein lautes
Gelächter ausbrach. Dabei entdeckte ich, daß ich nicht
nur vor der Thür, sondern auch vor dem Fenster
eine Schildwache hatte. Diese rührte sich nämlich
und schrie mir zu, ich solle nicht lachen, worauf ich
natürlich keine Rücksicht nahm. Der arme Teufel
hatte ja keine Macht, seine Tyrannei durchzusetzen.
Ich las ihm vielmehr einige prächtige Stellen auf
griechisch vor, und war neugierig, was er nun weiter
beginnen würde. Er rief um Hülfe. Nun erschien

ein Abgesandter von der Wache, dem er den Fall vortrug. „Du hast ganz recht gehandelt, mein Sohn", sagte der Vater von der Wache, „ich will es melden."

Es verging eine geraume Zeit, und ich las weiter; da rasselten die Schlüssel an der Thür, der Aristophanes flog in den Tischkasten, und eine Gesellschaft von Personen, die mir außer dem Aufwärter alle unbekannt waren, traten ins Zimmer. Ich erhob mich in meinem seltsamen Aufzuge und erwiderte ihre Verbeugungen. Dann sahen sie einander an, nicht wenig erstaunt über meine langen Strümpfe und meine Jacke, und wußten nicht, ob sie lachen, oder sich das Lachen verbeißen sollten. Endlich aber half keine Politik länger, und das ganze Zimmer, ich selbst mit eingeschlossen, wenn auch aus andern Gründen, brach in ein lautes Gelächter aus. Sonderbarer Weise machte sie aber mein Gelächter wieder ernsthaft. Sie hielten mich offenbar für verrückt, und ein dünner schwarzer Mensch im blauen Frack trat auf mich zu und fragte: „Sind Sie nicht wohl?"

„Ich bin nicht krank."

„Worüber lachten Sie, als Sie allein waren?"

„Ueber Xanthias."

„Wer ist Xanthias?"

„Ein Sklave des Dionysos."

„Und der ist Ihnen so lächerlich?"

„Ja!"

„Wollen Sie in den Garten gehn?"

„Gewiß!"

„Nun, da ziehn Sie sich an; in einer halben Stunde wird man Sie rufen."

Meine Antworten hatten den Herrn Universitätsrichter Krause, den ich später in diesem Danby kennen lernte, nur noch mehr darin bestärkt, daß ich verrückt sei, oder auf dem Wege, es zu werden, denn wie kam ich dazu, über einen Sklaven des Dionysos zu lachen?

So brachten mich Xanthias und die Frösche des drolligen Aristophanes an die frische Luft. Man hatte in meiner Abwesenheit das ganze Zimmer durchsucht, um den Xanthias zu finden, über den ich gelacht haben wollte. Aber als ich zurückkehrte, fand ich ihn wohl verborgen in seiner Schublade.

4. Ich las meine Komödien, ich war eingesperrt, und wurde von Zeit zu Zeit in die Kastanienallee des Schloßgartens geführt. So verging eine Woche nach der andern. Welch ein Verfahren! und worauf

können es diese Menschen nur abgesehen haben? Was ist das für ein Volk, wo man ein solches Verfahren ein rechtliches nennt? Sie rechtfertigen wahrlich unsre Verschwörung noch durch die Art und Weise, wie sie ihr den Prozeß machen! aber meine Gedanken blieben in meinem Kopfe und im Gefängniß vergraben; ich war in ihrer Gewalt, wir waren es alle; wo hätte eine Stimme für uns laut werden, eine Feder sich regen, eine Hand sich erheben sollen? Die Deutschen waren Sklaven und wollten es sein.

Was ist zu thun? dachte ich. Man muß auch die schnödeste Lage des Lebens zum Guten wenden und zu benutzen suchen. Sie denken mich durch Einsamkeit zu peinigen, da sollen sie sich schneiden! ich will mir diese unsterblichen Kunstwerke so aneignen, als wäre ich ein Zuschauer im Theater von Athen, und wenn es lange dauert, werde ich sie Wort für Wort auswendig wissen.

Dies versetzte mich in eine heitre Stimmung, obgleich ich auf der andern Seite unser tragisches Ende für ausgemacht hielt. Diese Stimmung gab mir aber eine eigenthümliche Entschlossenheit und schlug sehr bald in einen Auftritt aus, der damals einiges Aufsehen erregte und <u>den</u> Herr Krause nach dem Vorfall in meinem Zimmer wohl nicht erwartet hatte. Jedoch ich komme erst später dazu, ihn zu erzählen.

5. Also nach Verlauf einiger Wochen wurden meine griechischen Studien in der Fensternische an der Spreeseite des Schlosses durch eine Forderung vor das Gericht unterbrochen. Es bestand höchst einfach aus jener dünnen Figur, die mir den Garten angeboten hatte, und einem kleinen Schreiber. Ich wurde eingeladen, mich zu setzen, und die beiden Diener der richterlichen Gewalt dieses wohlkommandirten Staates nahmen sich nicht die Mühe, mir zu sagen, wer sie seien, sondern verhörten lustig darauf los.

Ich erwiderte, ich hätte wohl gemerkt, daß ich mich jetzt etwa vierzehn Tage in der Nähe von Berlin irgendwo gefangen befinde, hätte aber nicht die Ehre, die Herren zu kennen und wisse auch nicht, wer sie berechtige, mich zu fragen.

Nun wurde mir die Kabinetsordre des Königs Friedrich Wilhelm's III. vorgelesen, worin er dem Berliner Criminalgericht in der Form einer eignen Commission in Köpnick die Untersuchung gegen den Jünglingsbund übertrug. Die Commission bestehe dann aus den Herren so und so, zu denen auch der Herr Universitätsrichter Krause aus Berlin und der Jüngling gehöre, die ich beide vor mir habe. Ich erwiderte, ich sei ganz in ihrer Gewalt und befände mich also vor einem geheimen Ausnahmsgericht, das wesentlich eine Inquisition und eine willkürlich eingesetzte sei.

Das sei allerdings der Fall, hieß es, und hier zu Lande Rechtens. Darauf wurde mir als Anklage mitgetheilt, „es liege wohlbegründeter Verdacht vor, daß ich einem geheimen politischen Bunde angehöre."

Als ich erwiderte, ich hätte immer gedacht, zu einer Anklage gehöre vor allen Dingen ein Ankläger, man möge ihn vorführen, erklärte man mir, dies Verfahren sei das sogenannte Anklageverfahren, es sei in den diesseitigen Staaten nicht Sitte und ich habe nur einfach meine Schuld zu bekennen. Dessen weigerte ich mich.

Von dieser Unterhaltung wurde nun aufgeschrieben, was der Herr Universitätsrichter für gut fand, dem beisitzenden Jüngling in die Feder zu sagen. Alsdann fragte er mich, ob ich mich denn über die Burschenschaft erklären wolle? Ich sagte: Im Allgemeinen sehr gern, doch werde ich auf bestimmte

Personen und Verhältnisse nicht eingehen. Hierzu wurde mir nun Dinte, Feder und Papier gegeben. Dies benutzte ich zugleich, an meine Mutter zu schreiben, und obgleich ich mich in dem Briefe von dem Gesetz der Gewalt auf das wahre Recht berief, das die Menschen befreie, so ließ man ihn dennoch durchgehen, und meine Mutter antwortete mir: „Sie zweifle nicht, daß ich Recht habe und schließlich auch Recht kriegen werde."

Meine Mutter hat es nun zwar nicht erlebt, denn sie starb 1847; aber sie würde es erlebt haben, wenn sie nur einige Monate später gestorben wäre.

6. Was ich über die Burschenschaft und ihre Nothwendigkeit und Berechtigung aufschrieb, war natürlich nicht, was die Herrn wissen wollten. Eines Tages wurde ich also wieder vorgefordert und fand in einem Zimmer, worin Studentenschläger und Pistolen an den Wänden umherhingen, eine lange grüne Tafel mit einer Anzahl unbekannter Gesichter besetzt; nur Krause und sein junger Schreiber waren mir vorgestellt worden. Krause wandte sich sofort an mich, sagte ein paar Worte über meine Schrift und fragte dann, ob ich weiter nichts zu sagen habe, als

was diese Abhandlung enthalte. Ich erwiderte: Nein, weiter nichts!

Es kam mir vor, als würde hier Komödie mit mir gespielt und als sollte ich den Leuten, die da umhersaßen und mir wieder nicht vorgestellt waren, als ein Wunder vorgezeigt werden.

Einer von ihnen, ein kleiner unansehnlicher Mensch am andern Ende des Tisches, nahm nun das Wort und rief mir zu: „Ein gebildeter junger Mann, wie Sie, sollte mehr Achtung vor der Wahrheit haben!"

Ich stand auf, sah ihn scharf und verwundert an und rief aus: „„Wer sind Sie? ich kenne Sie nicht! aber es sitzt kein Mensch an diesem grünen Tisch, der mir gegenüber das Recht hätte, von der Wahrheit zu reden! Was kümmert Sie die Wahrheit? Haben Sie sie je gesucht und je auch nur das Geringste zu ihrer Förderung gethan? Oder habe ich es hier mit einem großen Philosophen zu thun? Das kommt mir nicht so vor, denn die Wahrheit ist es, die die Menschen befreit, nicht die sie in die Kerker wirft. Wir hingegen, so jung wir sind, haben alle unsre Kräfte an diese Wahrheit gesetzt und uns nicht einen Augenblick bedacht, uns ihr mit Leib und Leben zu widmen. Reden Sie mir nicht von Wahrheit!""

Es war mir ganz einerlei, ob ich sie aufbrächte oder nicht, da ich meinen Kopf doch für verloren hielt.

Der Eindruck dieser Anrede war höchst eigenthümlich. Der kleine Mann am andern Ende des Tisches erröthete und schwieg, die Andern sahen zum Theil lächelnd vor sich nieder.

Krause nahm nun wieder das Wort und fuhr heraus: „Wenn Sie uns weiter nichts zu sagen haben, so verlassen Sie uns nur!"

Worauf ich verächtlich und aufgeregt erwiderte: „„Nichts lieber als das!""

Ich wurde in mein Gefängniß zurückgeführt und ging lange in großer Bewegung auf und nieder. Ich hatte ihnen meine Meinung gesagt, aber irgend eine Rache von ihrer Seite war nun wohl zu erwarten, wer der kleine Mensch auch sein mochte, dem ich die Wahrheit so scharf in den Bart geworfen hatte.

Die Rache ließ nicht lange auf sich warten.

3.

Zurück nach Berlin.

1. Am andern Morgen packte man mich und meinen Koffer wieder auf einen Wagen und fuhr

mich nach Berlin in das große Stadtgefängniß zurück, wo ich in ein schauerliches Loch geworfen wurde. In der Wand waren große dicke Eisenringe, um die Einwohner dieser Zelle gelegentlich daran festzuschließen; das Fenster war so hoch, daß man es nicht erreichen konnte und stand offen, schiefe Bretter, durch die man nur den Himmel sah, und Eisenstäbe verwahrten es; ein Stuhl, ein Tisch und ein Bett waren die Ausstattung dieser neuen Behausung. Als es still wurde, kam eine Ratte aus einem Loch am Fenster vor und fraß an dem Talglicht, das im Fenster stand, das Glasfenster war herausgenommen, auf den Boden gesetzt und an die Wand gelehnt. Ich hob es auf und besah es. Da fand ich den Namen meines Freundes „Heinrich Geßner" auf die Scheibe geritzt.

Also Heinrich, den freien Schweizer, haben sie auch holen lassen und in dies abscheuliche Loch geworfen? Hm! so theilte ich denn doch nur ein allgemeines Menschenloos und es war mit dieser schnöden Wohnung nicht einmal auf eine Strafe abgesehn; es mochte reiner Zufall sein, daß ich hineingerathen war.

Wie dem auch sei. Die Sache wurde schlimmer,

als ich mir's hätte vorstellen können. Kaum war ich
zu Bett gegangen und warm geworden, so fielen
Wanzen in solcher Menge und mit solchem Heiß=
hunger über mich her, daß ich erwachte und sehr bald
in Verzweiflung aus dem Bett sprang. Da stand
ich im Hemde, im Dunkel der kalten Zelle! Was
konnte ich thun? Ich rückte mir den Wachstuchtisch
in die Mitte des Zimmers, setzte mich darauf und
hüllte mich in meine Kleider ein, um mich dort vor
den scheußlichen Thieren zu sichern. Ich schlief auch
ein. Aber die Wanzen krochen in dickem Geschwader
an den Wänden hinauf, an der Decke entlang, ließen
sich von der Decke auf mich herabfallen und bissen
mich bald wieder wach. Da saß ich nun und ver=
theidigte mich so gut ich konnte gegen meine zahl=
reichen unermüdlichen Feinde, diese widerwärtigen
Bundsgenossen der beleidigten Staatsgewalt, und
hörte alle Viertelstunden das verwünschte Glockenspiel,
das auf einem der benachbarten Kirchthürme im
Gange war und mir diese grauenvolle Nacht mit
unerbittlicher Pünktlichkeit in kleine, mir aber unend=
lich lange Viertelstunden theilte.

Wenn ich einnicken konnte, war es gut; wenn
ich aber wach sein mußte — und dies war immer

die längste Zeit — um das Glockenspiel und das Niederklecksen der Wanzen zu hören, die bei mir vorbeischossen, dachte ich theils an den armen Heinrich Geßner, der vor mir in diesem Höllenneft ebenso gequält worden war, theils auf Mittel, wie ich mich der bösen Feinde erwehren könne. Ich hatte gehört, sie könnten den Geruch von Kampfer nicht vertragen. Als daher der Wärter mit dem Frühstück kam, ließ ich mir einigen Kampfer kaufen und streute das Bett damit aus, um es den Tag über recht davon durchziehen zu lassen.

Es half aber nichts. Kein Kampfergeruch schützte mein hochverrätherisches Blut gegen diese königlich gesinnten Wanzen. Ich mußte mich noch einmal auf den Tisch flüchten, und diesmal war ich so müde und erschöpft, daß die Leute mich des Morgens fest eingeschlafen auf dem Tische sitzen fanden.

Sie bedauerten mich und ich fragte, ob nicht Einer von der Commission in Berlin sei, den man rufen könne, ich wünsche ihm die Sache vorzustellen.

2. Ein freundlicher, sehr ruhiger blonder Mann, der Polizeirath Deber, erschien und hörte mich wohlwollend an, besah sich das Bett und das Zimmer

und sagte dann: "Ich werde Sie hier wegnehmen und nach der Hausvogtei führen lassen."

Er fuhr dann fort: "Erinnern Sie sich nicht, mich schon gesehen zu haben?"

"Ei freilich! nicht wahr, Sie waren in Köpnick einer von den vielen mir Unbekannten an der langen grünen Tafel, wo man mich zuletzt vor das Gericht führte, ohne mir zu sagen, wer alle die Herrn Beisitzer seien?"

"Sie wußten also nicht, wer der kleine Mann Ihnen gegenüber war, den Sie wegen der Wahrheit, die er nicht entdeckt habe, so hart anließen?"

"Wie sollte ich wohl?"

"Es war Se. Exzellenz, der Herr Minister von Kampt!"

"Das war der Herr von Kampt?"

"Wir dachten alle, Sie kennten ihn, und er scheint es selbst gedacht zu haben. Es kommt aber auf eins heraus, da wir Andern ihn alle kannten. — Ich glaube übrigens, Sie nehmen Ihre Sache zu ernsthaft. Nach Allem, was vorliegt, und es liegt wohl Alles vor, ist sie keineswegs so ernsthaft, als der Herr von Kampt sie gern machen möchte, er, der immer Verschwörungen und Aufruhr vorhergesagt hat. Obgleich Sie ihn also persönlich angriffen, so ist eine solche verzweifelte Stimmung, wie Sie sie damals zeigten, gerade das, was er gern bei Ihnen und allen Ihren Freunden finden möchte. Er benutzt Sie nun als ein Beispiel eines höchst gefährlichen Fanatismus, und Sie würden ihm gewiß den Gefallen nicht gethan haben, ihn so heftig anzulassen, wenn Sie dies gewußt hätten. Ueberlegen Sie sich die Sache! — ich darf Ihnen dies in Ihrem eignen Interesse sagen — und geben Sie Ihre verzweifelte Ansicht dieser Angelegenheit auf."

„Sie glauben also auch nicht, daß man mich mit diesem Wanzenloch hat quälen wollen?"

„Man hat kein Recht, irgend einen Gefangnen, am wenigsten einen in Untersuchungshaft befindlichen, mit Wanzen zu quälen, und ich werde die Zelle reinigen lassen. Daß man Sie aber nicht quälen will, beweise ich Ihnen ja damit, daß ich Sie herausnehme und anders unterbringe."

„Ich danke Ihnen; die Sprache, die Sie reden, hätte ich hier nicht zu hören erwartet."

„Ich thue nur meine Pflicht, und habe Ihnen nichts als die reine Wahrheit gesagt."

„„Das glaube ich, und habe alle Ursache, es zu wünschen."«

„Das ist mir lieb. Wenn Sie später irgend etwas wünschen, lassen Sie mich's wissen. Sie können sich Bücher aus der Leihbibliothek kommen lassen, ich werde die Erlaubniß ertheilen."

Der brave, wohlwollende und verständige Mann sah mich theilnehmend, fast bewegt an; dann reichte er mir die Hand und verließ mich. Kurz darauf wurde ich nach der Hausvogtei geführt.

3. Der Aufseher dieses Gefängnisses war ein alter Unteroffizier außer Dienst, ein biederer grader Mann, Namens Riez, der den russischen Feldzug unter York mitgemacht und sich dabei natürlich den Rheumatismus geholt hatte. Als ich zu ihm in sein Zimmer trat, sah er mich an und rief aus: „Wie sehn Sie aus? Sehn Sie mal in den Spiegel."

Das Gesicht und der Kopf waren mir geschwollen, ich erkannte mich nicht wieder, so hatten die Wanzen und das kaltfeuchte Loch, aus dem ich herkam, mich zugerichtet. Auch dem guten Deder war dies wohl nicht entgangen, aber er hatte es vermieden, davon zu sprechen.

„Nun, ich will Sie an die Sonne setzen und bald wieder gesund machen", sagte Riez.

Als ich nach einigen Tagen wesentlich wieder hergestellt mit ihm auf der Bank im Sonnenschein saß, erzählte ich ihm die Geschichte mit Kampz.

„Sind Sie das gewesen? ha! ha! ha! er ist heilfroh, daß er Euch im Sack hat; Ihr hättet auch nicht in die Falle gehn sollen; nun ist er was geworden und Ihr müßt dafür büßen. Man sagte in der Stadt, er wäre nach Köpnick gewesen und hätte sich alle die jungen Leute wie eine Menagerie besehn. Mit Einigen wäre er aber übel angekommen. Der ihm die Wahrheit gezeigt hat, das sind Sie also gewesen! Hm! hm! Nun kann ich mir auch Ihren dicken Kopf erklären. Mit einem Andern, den er ebenfalls ermahnen wollte (dies war Pirscher), ist es ihm ähnlich ergangen. Er mußte von ihm hören: „Sie sind weder mein Vater, noch mein Vormund, was wollen Sie hier?" Der Vorfall hat in Berlin viel zu reden gegeben, und man hält es gar nicht mit der neuen Excellenz, die sich so undelikat und unberufen in diese Sache gemischt hat."

„Das habe ich auch Deder angemerkt, obgleich er es nicht ausdrücklich sagte.""

„Der ist rein, wie Gold, und thut viel Gutes in seiner bescheidnen Weise."

Ich blieb ziemlich lange hier, ließ mir Bücher von der Leihbibliothek kommen und las alle Novellen Walter Scott's, die bis dahin erschienen waren.

Ich war in ein Gefängniß gerathen, in dem schon andere politisch Verfolgte verweilt hatten, das sah ich an einer Inschrift über der Thür, die so hieß:

> Die Mauer nicht den Kerker macht,
> Den Käfig nicht das Gitter;
> Wem frei und froh die Seele lacht,
> Ist kein Gefängniß bitter!

4.

Wieder nach Köpnick.

1. So waren meine Köpnicker Aristophanes-Sitzungen unterbrochen worden, und so fand ich mich plötzlich in ein ganz neues Fahrwasser geworfen. Die geschichtlichen Bilder des ausführlichen Schotten enthielten viel Anregendes, das mir grade in meiner Lage doppelt reizend war. Ich hatte Zeit, mich darin zu vertiefen, und ich benutzte sie, als wenn immer der nächste Tag nicht mehr sicher wäre. Drei Bände

der Waverley-Novellen verschlang ich in Einem Tage; ich wollte sie alle gelesen haben, ehe man mich wieder fortschleppte und Deber's Erlaubniß ein Ende nahm. Dies gelang mir nun auch vollständig, ja ich behielt noch Zeit übrig, zum Aristophanes zurückzukehren und ihn mit meinen Heidelberger Anmerkungen, die der gute Simon mir sorgfältig mit eingepackt hatte, wiederholt durchzulesen. Die ganze Köpnicker Geschichte war mir aus dem Kopfe gekommen, und der alte Riez pflegte den Heißhunger zu bewundern, mit dem ich die Bücher verschlänge; da endlich, es waren mehrere Monate vergangen, packte man mich wieder in einen Korbwagen und führte mich fort. Es war schon Frühling geworden, als ich wieder durch das Köpnicker Feld, zum Köpnicker Thor hinaus und endlich durch den Wald fuhr, in den ich zuerst in jener schauerlichen Januarnacht mit den Neufchateller Jägern eingetreten war. Jetzt labte er mich nur mit seinem belebenden Duft, den ich wie einen Heiltrank genoß, nachdem ich so lange im Kerker vergraben gelegen und von dieser Natur und ihrer Frische abgeschnitten gewesen: was war der Waldduft für eine Labung! Kein Mensch kann diesen Genuß ermessen, der nicht durch lange peinliche Entbehrung seine Sinne auf die freie Waldluft geschärft hat.

So war der Frühling herbeigekommen; wir waren im Mai, also etwa im fünften Monat dieser meilenlangen peinlichen Untersuchung über eine Thatsache, die sich in wenig Worten zusammenfassen ließ, — als es den Herren in Köpnick wieder einfiel, sich meiner zu erinnern.

2. Man setzte mich in den Schloßflügel, der dem Gange in der Kastanienallee gegenüberlag, wo wir eine Stunde frische Luft schöpfen durften. Das Zimmer war lang und geräumig, hatte aber einen eigenthümlich dumpfigen und fauligen Geruch. Ich bemerkte dies dem Wärter. Er erwiderte: „Deswegen habe man auch Feuer in dem Windofen gemacht, das würde bald gute Luft bringen". Er warf noch ein paar Stücke trocknes Fichtenholz in den Ofen; das Feuer prasselte und die Thür bupperte vom Zuge. Nun, das mag wohl helfen, dachte ich, und machte mich an die Fenster, die sich öffnen ließen. Von Außen waren sie mit schräge über einander gestellten Brettern verschlagen, um die Aussicht auf den Kastaniengang im Schloßgarten abzuschneiden. Ich entdeckte aber sofort, daß verschiedene Astlöcher und Un-

ebenheiten der Bretter eine Uebersicht des Weges gestatteten, auf dem meine Freunde sich zu ergehn hatten, und war nicht wenig erstaunt, gleich die ersten, die draußen waren, selbviert erscheinen zu sehn. Sie folgten dann zu dreien, selbander und einzeln, wie es grade kam, alle nacheinander. Einzeln waren nur noch wenige. Die verschiedne Gemüthsverfassung drückte sich in ihrem Auftreten deutlich aus. Einige hielten sich kühn und trotzig, andre waren niedergeschlagen, einige gleichgültig, andre ganz guter Laune. Ich konnte aus dieser Aufführung mit vollkommner Genauigkeit abnehmen, wie viel von dem Bunde und wie viel Namen meiner Freunde dem heimlichen Gericht im Schlosse bekannt sein mußten.

Also hatte Deder doch wohl Recht; sie wußten Alles, und nur wenige Personen waren und sind ihnen entgangen. Diese Auskunft über die Lage der Sache war mir äußerst wichtig und beschäftigte mich den ersten und den folgenden Tag fast ausschließlich. Daß ich dem Polizeirath Deder nicht ganz getraut hatte, als er mir versicherte, es läge wohl Alles vor, war natürlich; meinen eignen Augen konnte ich nun aber freilich nicht mißtrauen: der Bund war von allen Seiten so weit beleuchtet, daß ich nichts Wesent=

liches mehr zu verbergen hatte, außer etwa die Namen derer, die nicht in den Händen der Gewalt waren.

Was mich nachdenklich und besorgt machte, war die Erscheinung meines Freundes Adolf Sprewitz, der in Simon's Mantel gehüllt zum Vorschein kam und sichtbar leidend war. Was konnte ihm fehlen?

Aber was hatte ich Alles gesehen! Da waren also Weimaraner, Lippe-Detmolder, Rudolstädter, Sachsen, Mecklenburger, ein Schweizer und sogar ein Oestreicher — nur die Würtemberger und Bayern fehlten, diese Abtrünnigen! — sonst war ganz Deutschland unter Preußen im Gefängniß vereinigt. Hatten wir die Einheit in der Freiheit nicht bewirkt, so hatten wir doch die Einheit im Gefängniß erreicht. Es war nicht die Mainzer, es mußte die Berliner Commission sein; es war nicht die Bundeseinheit, es war die preußische Einheit, die sich in diesem Eifer, den Büttel für Alle zu machen, ausdrückte. Glücklich waren die Unterthanen der Kleinen, die nur hergeliehen wurden, z. B. von Mecklenburg und Schwarzburg-Rudolstadt. Sie kamen mit so viel Wochen, als wir mit Jahren Gefängniß davon.

Aufgeregt von Allem, was ich mir aus meinen

Beobachtungen zusammensetzen mußte, wanderte ich durch mein langes Zimmer und beachtete es kaum, daß der kleine Ofen glühend heiß wurde und eine ungewöhnliche Hitze verbreitete, obgleich ich ihn nicht überheizt hatte. Endlich fiel mir ein, daß doch mein Bett zu nah beim Ofen stände, und ich fuhr es aus seiner Ecke weg bis etwa zur Mitte der langen Wand. „Aber was in aller Welt kann der rothe Haufe in der Ecke sein, den das Bett verdeckt hatte?" — Ich untersuchte ihn und entdeckte mit Widerwillen und Entsetzen, daß es ein Haufe geronnenen Bluts war. Wie kam er hieher? Wie war es möglich, daß man ihn nicht entfernt hatte? — Ich hörte später, man habe bei den Herbstübungen der Truppen hier ein Lazareth gehabt, und bei der Gelegenheit sei wohl das Blut dahin gekommen — hm! — Jetzt wurde mir aber auch der Ofen bedenklich, dessen Röhre glühend roth geworden war. Der Ruß war angebrannt, die Flamme schlug oben zum Dach hinaus und die Wache in der Nähe machte Lärm über das Feuer. Man kam herbei, und als die Thür aufging, sah ich erst, in welch einem Qualm ich steckte.

Ganz erstaunt über diesen Zustand kam ein untersetzter blonder mir unbekannter Mann von freundlichem Ansehn, der sich mir als den Assessor irgend eines Oberlandsgerichts, jetzt Mitglied der Commission, vorstellte und Lange hieß, auf mich zu und fragte, warum ich nicht schon längst um Hülfe gerufen hätte?

Ich erklärte ihm den ganz unerhört widerwärtigen Zustand des Zimmers und wurde sogleich in ein anderes Gefängniß geführt, wo ich von dem Schwindel, dem Ekel und der Aufregung, die ich erfahren, allmälich wieder zu mir kam und dann in einen tiefen betäubenden Schlaf fiel.

3. Als ich am andern Tage in die Allee geführt wurde, fiel mir sogleich Sprewitz wieder ein, und ich wandte mich ganz unbefangen an die Schildwache, die am Ende des Ganges aufgestellt war, und fragte nach dem Manne im langen schwarzen Mantel, und was ihm wohl fehle.

„Das wissen Sie nicht?" sagte er. „Der arme Junge — er ist wohl der Rädelsführer gewesen — hat sich ein Tischmesser vom Mittagsessen zurückbehalten, es scharf gewetzt und sich dreimal bis ans Heft in die Brust gestoßen. Dann hat die Wache auf dem Gange ihn röcheln hören, die Leute sind mit dem Doktor gekommen, und jetzt kann er schon wie-

der an die frische Luft und ohne Beistand umher=
gehn."

Ich mußte ihn verlassen, um keinen Verdacht zu
erregen, that es aber auch, um den Eindruck dieser
furchtbaren Nachricht einiger Maßen zu verwinden.
Am Ende mußte ich das Unternehmen bewundern:
„das sieht ihm ähnlich, er ist tapfer, kalt und ent=
schlossen!" — „Nun erklär' ich mir's auch, warum sie
mir damals im Januar das Rasirmesser wegnahmen!"
— „Nun wir aber einmal verloren sind, ist es besser,
von der Hand der Gewalt, als von unsrer eignen
Hand zu fallen. Selbst der tapferste Tod von eigner
Hand wird ihnen nicht so viel Schaden thun, als
unsre Hinrichtung, die wir uns ja nur für die Ver=
sprechungen, die Gesetze und den Volkswillen der Be=
freiungsjahre verschworen haben; und wenn jeder
Nacken, der sich der herrschenden Lüge und Gewalt
nicht beugen will, vom Schwerte des Henkers bedroht
wird, dann mag das Volk wohl endlich aus seinem
Schlafe aufgeschreckt werden. Konnten wir für seine
Befreiung nicht handeln, so können wir doch dafür
leiden und mit einem männlichen Untergange, den
wir einer feigen Unterwürfigkeit vorziehn, den Men=
schen unsrer Zeit ein Beispiel geben!"

Als ich wieder zu meiner Schildwache herunterkam, erzählte sie mir noch von einem jungen Offizier, Namens Busch, der sich im Gefängnisse den Schädel gegen die Mauern eingerannt und auf der Stelle todt geblieben sei. — „Wäre es möglich, daß der Bluthaufe von gestern sein Blut wäre! und daß diese Barbaren das Gefängniß immer in diesem Zustande gelassen hätten?!" dachte ich.

4. Aus dem Garten wurde ich ins Schloß vor den Assessor Lange geführt. Er begann mit einer Rede, die sich auf Nachrichten von Krause stützte, der mich wegen des Aristophanes, den er nicht entdeckte, für halbverrückt, und wegen des Auftrittes mit Kampp, den er nicht verstand, für einen Tollpatsch ausgegeben hatte; außerdem theilte er mir mit, daß Alle bis auf mich und Wislicenus ausgesagt hätten, was sie wüßten.

Ich erwiderte, in meiner Lage, wo ich nichts mehr zu hoffen und nichts mehr zu fürchten hätte, denn ich wolle den Folgen unsrer Verschwörung nicht aus dem Wege gehn, wie sie auch ausfallen möchten, hätte ich weiter keine Rücksicht weder gegen den Minister Kampp, noch gegen Herrn Krause zu nehmen, und da ich ihm von dieser Seite so wohlwollend geschildert worden wäre, so wolle ich nun auch meine Gesinnung gegen sie und mein Urtheil über ihren Charakter und ihre geistige Nichtigkeit nicht zurückhalten. Lange und der Schreiber=Jüngling machten neugierige Gesichter und unterbrachen meine Strafrede durchaus nicht.

Als ich zu Ende war, bemerkte Lange, ob ich nicht doch vielleicht zu hart über die beiden Herren geurtheilt hätte?

„Nachdem sie unverschämt genug gewesen sind, so über mich zu urtheilen, wie sie nach Ihren einleitenden Worten gethan haben müssen — diese Nullen in der Menschengeschichte, diese leeren Philister?"

Lange und sein Schreiber konnten sich nun nicht länger halten und ließen ihrer Heiterkeit über die Bezeichnung meiner beiden Vogelscheuchen freien Lauf.

Ich ließ mich aber nicht so leicht begütigen und fuhr fort: „Es ist schon schlimm genug, in den Händen solcher Menschen zu sein, aber noch schlimmer ist es, in den ganz unmenschlichen Händen einer Justiz zu sein, die ihren Zweck durch Lügen und erdichtete Vorspiegelungen zu erreichen sucht und auch die besten ihrer Diener zu Mitschuldigen ihrer Gewissenlosigkeit, ihrer Hinterlist und ihrer Unsittlichkeit macht. Erst setzt sie ihre Opfer gefangen; dann quält sie sie sechs

Monate lang mit einsamer Haft und raubt ihnen selbst ihre eignen Bücher. Hat diese ungerechte Gerechtigkeit ihre Opfer auf diese Weise mürbe gemacht und zur Verzweiflung, ja zu dem Wunsche, nur abgethan zu werden, gebracht, dann legt sie ihnen noch Schlingen und verführt sie durch Vorspiegelungen und falsche Angaben zu dem Unnatürlichsten aller Dinge, zu dem Entschlusse, sich selber anzuklagen, um nur durch die wirkliche Strafe dieser Strafe vor aller Verurtheilung, der Qual einer endlosen einsamen Einkerkerung zu entgehn. So spielen die heimlichen Gerichte unsrer Tage ihren Schlachtopfern mit, die, so wie sie, schuldig oder unschuldig, in ihre Hände fallen, sofort alle ihre Rechte verlieren und in dem ungleichen Kampfe gegen Staatsgewalt und ausgelernte Advokatenlist nothwendig erliegen müssen."

Lange wurde jetzt sehr ernsthaft, biß sich auf die Lippen und sah mich fragend an; denn dies war doch offenbar nur die Einleitung zu dem, was ich zu sagen hatte. Ich setzte auch wirklich hinzu: „Ich wisse sehr gut, wie die Untersuchung stehe, daß zwar genug und genug über den Bund ausgesagt worden sei, um keine Thatsache von Bedeutung zurückzulassen, daß aber die Versicherung, die der Herr Assessor mir so eben gegeben, alle, außer mir und Wislicenus, hätten ihre Theilnahme eingestanden, einfach eine falsche Vorspiegelung sei". Ich zeigte ihm nun, wie ich das, nachdem, was ich gestern gesehn, wissen könne.

Er erröthete und sagte: "Erstens sei es allerdings wahr, daß ihm Krause eine falsche Vorstellung von mir beigebracht. Die begründe sich aber auch auf die Akten" — die er emporhob —

„"Die Krause"", fiel ich ein, „"dem Referendarius hier in die Feder diktirt hat — ganz nach seinem dummen Verstande und schlechten Geschmack.""

"Dann sei es aber ganz und gar nicht im Interesse der Untersuchung", fuhr Lange fort, "daß ich dies alles gesehen hätte."

„"Ich habe auch das Interesse dieser Untersuchung nicht zu besorgen"", fiel ich ein; „"muß Ihnen aber gestehen, daß ich alle Ursache hatte, wie Sie auch selbst wissen, Ihnen das nicht zu glauben, was ich meinen eignen Augen nun wohl glauben muß; und so habe ich denn nicht den mindesten Grund mehr, Ihnen irgend welche Thatsachen zu verheimlichen, die den Bund betreffen. Verfahren Sie daher, nachdem der Zufall, wider den Willen der Justiz, den Weg der Wahrheit mit mir eingeschlagen hat, auch Ihrerseits ehrlich mit mir, wenn Ihre unglückliche Stellung Ihnen das anders erlaubt."

„Das thut sie"", sagte er sehr aufgeregt, „und ich werde Ihnen das beweisen, junger Mann. Es kann nicht fehlen, daß wir in diesen Verhandlungen, in denen ich meinen Auftrag allerdings einen unglücklichen nenne, einander näher kennen lernen; und ich habe es nach Ihrer offenen Erklärung über den Gegenstand der Untersuchung nicht zu unternehmen, Sie auf irgend eine Weise anders, als vollkommen offen und ehrlich zu behandeln. Denn wenn Sie auch, von einer allzutragischen Auffassung Ihrer Lage verleitet, in mancher Hinsicht zu weit gegangen sind und Anklagen gegen Menschen und Staatseinrichtungen erhoben haben, die Sie schwerlich durchzuführen im Stande sein möchten, so haben Sie doch, durch Ihre volle Offenheit und durch Ihr heutiges Benehmen überhaupt, mir eine ganz andere Meinung von sich beigebracht, als ich bisher hegen mußte. Zum Theil gehört das hier Verhandelte nicht zur Sache. Wir wollen also von dieser Unterredung nur das aufnehmen, was den Bund und Ihr Verhältniß zu demselben angeht. Im Uebrigen biete ich Ihnen an, sich ganz frei und nach eignem Gefallen schriftlich über die Sache, Ihre Aufnahme, die Würzburger Versammlung, der Sie beigewohnt, und die Folgen davon auszulassen."*

Ich willigte ein; er gab mir Feder, Papier und Dinte, und ich entwarf nun im Stile Walter Scott's, den ich nicht umsonst gelesen haben sollte, die Auftritte, die mir zur Bezeichnung unsrer Verbindung geeignet schienen, weitläuftiger, als ich es im zweiten Bande dieser Erinnerungen gethan. Dies gilt namentlich von der Würzburger Versammlung, deren Einzelheiten ich damals natürlich lebhafter vor Augen hatte, als achtunddreißig Jahre später.

5. Einige Zeit darauf, nachdem Lange dies gelesen hatte, ließ er mich eines Sonntags zu sich in sein Zimmer kommen, empfing mich sehr freundlich und hatte eine vertrauliche außergerichtliche Unterhaltung mit mir. Er sagte mir, ich habe ihm durch diese Darstellung, die im Wesentlichen mit denen meiner Freunde stimme, viel Mühe erspart, und die Sache sei damit auf dem schnellsten Wege so weit erledigt. Er habe mir nun versprochen und wolle mir sein Wort halten, mich, wie ich es in jeder Hinsicht verdiene, ganz offen zu behandeln. Da bitte er mich aber, ihm zu glauben, daß die Gerichte unmöglich auf

Todesstrafe gegen uns erkennen könnten (mit den Mitgliedern der Armee sei dies etwas anbres), noch viel weniger, daß ein solches Erkenntniß gegen uns vollzogen werden würde. Darnach wäre man an entscheidender Stelle, bei allem Unwillen über den Bund, durchaus nicht gestimmt. „Ich will und darf Ihnen so viel sagen", fügte er hinzu, „daß zwar eine mehrjährige Freiheitsstrafe gegen Sie erkannt werden wird, daß aber am Ende auch diese noch gemildert werden mag. Thun Sie nun Ihrerseits nichts, um irgend einen persönlichen Haß auf sich zu laden. Sagen Sie kein Wort, das nicht zur Sache gehört — es verhallt hier ja doch so gut als unvernommen — und drücken Sie sich auch da nicht unnöthig gewaltsam und aufgeregt aus. Es würde zwar im juristischen Verlauf der Sache nichts ändern, Ihnen aber möglicher Weise ein unangenehmeres Loos zuziehen, wenn das Ministerium des Innern und der Justiz Sie und Ihre Freunde an die Festungen vertheilt, wo man Sie gefangen halten wird."

Er gab mir bei dieser Gelegenheit mein Heft über Luden's Politik zurück, das man mir weggenommen hatte, und erklärte sich mit Luden's Ansichten im Ganzen einverstanden. Wir sprachen auch noch über den Männerbund, wo er denn der Ansicht von Sprewitz und der des Würzburger Tages nicht beitreten wollte, obgleich sich später gezeigt hat, daß außer Karl Follen, dem Müller Salomo, dem Hauptmann von Fehrentheil und dem Lieutenant Busch nur Studenten im Bunde waren.

Ich kann nicht umhin, diesem geraden und menschlich gesinnten Manne, wenn er noch lebt, nach so viel Jahren noch meine Hochachtung auszudrücken; wenn er gestorben ist, sein Andenken zu ehren. In der gehässigen, ungerechten, völlig ungebundnen und aller Verantwortung vor der Welt und der öffentlichen Meinung enthobnen Stellung eines Mitgliedes der heimlichen Untersuchungsgerichte jener finstern Zeit, sich so männlich, so frei von kleinlicher Empfindlichkeit, so menschlich und so wahr zu zeigen, wie Lange dies that — und ich zweifle nicht, daß alle meine Leidensgefährten, die noch am Leben sind, mir beistimmen werden — das ist eine Probe, welche nur bessere Menschen zu ihrer Ehre bestehen, in der aber alle gemeinen Seelen zu gehässigen Tyrannen werden.

5.

Wiedersehen einiger Freunde.

1. Ehe ich dies Gespräch mit Lange hatte, zu einer Zeit also, als ich noch unter dem Eindruck meiner eignen Vorstellungen von dem Verlaufe dieses Verfahrens gegen uns stand, traten eines Tages Lange und Krause zu mir in meine Zelle, die über dem Pferdestalle und nicht grade die angenehmste war, und redeten mich so an: „Sie sind, das wissen wir, männlich gesinnt und gesunden Geistes" (die Aristophanische Verrücktheit war also überwunden); „wollen Sie nun uns und einem Ihrer eignen Freunde einen wesentlichen Dienst leisten?"

Ich erwiderte wirklich erstaunt: „Ich hätte nicht gedacht, meine Herren, daß ich in der Lage wäre, Ihnen einen Dienst zu erweisen."

„Das ist nun aber der Fall", fiel Lange ein, „wir wünschten gar sehr, daß Sie Ihren Freund Huhold, der sich einer krankhaften Stimmung hingegeben hat, von diesem Uebel befreien möchten, und sind überzeugt, daß Sie es können, wenn Sie nur wollen."

„Wir zweifeln aber auch nicht daran, daß Sie uns diesen Dienst erweisen werden", fiel Krause ruhmredig ein.

„Wollen Sie mit Huhold zusammen wohnen und sich erinnern, was ich Ihnen so eben über seine Stimmung mitgetheilt habe?" unterbrach ihn Lange.

„Sehr gern!" antwortete ich, „er ist ein guter, hübscher Junge."

Huhold wohnte neben mir an in einem großen, etwas düstern Zimmer, dessen Fenster, eben weil sie auf den Schloßgarten und die Allee gingen, mit festen, schräg übereinander genagelten Brettern verschlagen waren, die natürlich wieder so gestellt waren, daß wir nur den Himmel durch sie sollten sehen können. Das Zimmer wurde geöffnet; und die beiden Herren führten mich hinein, ohne Huhold vorher von dem unerwarteten Besuch benachrichtigt zu haben.

Der Auftritt war ergreifend. Huhold mit langen, unordentlichen Locken, nachlässig angezogen, saß in der äußersten Ecke des langen Zimmers am Fenster. Er erwartete nichts Ungewöhnliches und schaute theilnahmlos drein. Als er mich aber gewahr wurde, sprang er auf, eilte auf mich zu und warf sich mir in die Arme mit dem Ausruf: „O, Jüngling, so müssen wir uns wiedersehn!" Er verbarg sein Gesicht an meiner Schulter, und ich flüsterte ihm ins Ohr: „Nimm Dich zusammen, bis sie fort sind! Bereite ihnen keine Augenweide!"'

Als Huhold aufsah, waren sie schon fort, und das Schloß rasselte hinter uns zu.

Ich begleitete ihn zu seinem Sitz, bewillkommte ihn noch einmal und sagte dann: „Aber wie siehst Du aus?! Dein Haar hängt Dir ungepflegt um den Kopf, und Du fühlst Dich ganz feucht an! Sie haben uns in der Spree ein Bad eingerichtet. Das ist eine Wohlthat und eine Erfrischung! Wenn wir's haben können, wollen wir's doch gleich heute noch benutzen!"

„Nein, o nein! Dazu bin ich gar nicht aufgelegt. Dies abscheuliche feuchte Loch ist mir wohl schädlich gewesen, aber nun noch mehr Wasser, und darüber die Sonne verlieren?! Nein! — Ach, es sind nun schon sechs Wochen, und ich habe immer noch keine Antwort auf meine Eingabe an den König um Entlassung. Meine Mutter ist todtkrank; ich muß sie noch einmal sehn; und nun lassen sie mich sechs Wochen ohne Antwort! Glaubst Du nicht, daß sie mich reisen lassen werden?"'

„Eingabe an den König!? — Antwort? — Reisen=

lassen? — Wo steht Dir der Kopf, lieber Kerl? Ja, sie werden uns reisen oder vielmehr absegeln lassen, sie werden uns die Köpfe abschlagen, aber die Unsrigen und die Freiheit sehen wir nie wieder!"

„„Glaubst Du das? Da freilich begreif' ich's, daß ich keine Antwort bekomme.""

„Du hättest ihnen gleich gar nicht das Wort drum gönnen sollen! Ich wundre mich nur noch, daß sie uns die freie Luft im Schloßgarten und das Bad in der Spree gestatten, statt uns gleich im Gefängniß verkommen zu lassen."

„„So habe ich die Sache nie angesehen!""

„Aber Du kannst Dir doch die ganze Verschwörung und den rachsüchtigen Despotismus, in dessen Händen wir uns befinden, nicht wegträumen! Es bleibt uns jetzt nichts übrig, als männlich und ehrenvoll zu Grunde zu gehen."

Dies war freilich ein eigner Trost; aber ich habe nie gefunden, daß einer so wunderbar und so plötzlich gewirkt hätte. Huhold war wie verwandelt. Die schlaffe Gefühlsschwelgerei schlug sofort in Muth und männliche Haltung um. Es fiel ihm nicht ein, vor der Hoffnungslosigkeit, die ich ihm vorhielt, zu erschrecken, im Gegentheil, der Gedanke an den Tod für die gute Sache war ihm etwas Erhebendes. Ich machte ihn noch einmal auf seine vernachlässigte Kleidung und Erscheinung aufmerksam. Das sei doch nicht die Art, wie wir unter so ernsten Umständen auftreten müßten. „Wasch' Dir doch den krankhaften Schweiß von den Händen und von der Stirn und scheitle Dein schönes Haar, wie Du es sonst zu thun pflegtest! Ich kannte Dich wahrhaftig kaum wieder, als ich hereintrat."

Er wusch sich, scheitelte seine braunen Locken, legte einen glänzend weißen Kragen an und willigte sogar ein, mit ins Spreebad zu gehen.

Nun zog ich ihn auf: er würde alle Mädchen unglücklich machen, die ihn in seinem Glanze sähen. „Aber um von vernünftigeren Dingen zu reden", fuhr ich fort, „da habe ich gleich zwei Pläne gefaßt, als ich Deinen Namen hörte; der erste ist: wir lesen den Sophokles zusammen, ich habe ihn mit; der zweite ist: und treiben dazwischen gymnastische Wettspiele. Ich kenne Dich als einen guten Griechen und Turner."

„Hast Du nur so etwas treiben können? Aber das ist ein herrlicher Einfall! nur weiß ich nicht, was wir hier für Gymnastik vornehmen wollen?""

Ich holte einen geraden Stock hervor, der mir schon lange gedient hatte, hielt ihn auf der flachen Hand im Gleichgewicht, warf ihn herum auf die andere Spitze und brachte ihn wieder ins Gleichgewicht, ohne ihn fallen zu lassen. „Dies treibe ich eifrig, und dabei habe ich mehr Bewegung, als Du gleich denken wirst. Nun versuch's einmal! Und wir wollen's dann in die Wette treiben."

Als es ihm wider Erwarten gelang, wurde er eifrig im Einüben, und sehr bald war ein Wettkampf im Gange, in dem ich nicht immer siegreich blieb. Dann ging es ans Stoßfechten, wozu wir zuerst unsere Stöcke benutzten, aber noch passendere Holzrappiere anzuschaffen beschlossen.

Als wir müde waren, wurde sogleich der Sophokles hervorgeholt, und wir waren schon tief hinein, als man uns zum Ausgehn, und wenn wir wollten, zum Bade abholte.

Huholb's ganze Erscheinung war so plötzlich umgewandelt, daß dies sogar den untergeordneten Gefängnißgeistern auffiel, und daß Lange nachher in der oben angeführten Unterredung sein Erstaunen darüber nicht verbergen konnte.

2. Die Bäder in der Spree waren nicht blos

eine große Erquickung, sondern gaben auch gleich zu einem höchst eigenthümlichen Auftritt Gelegenheit. Ich besinne mich jedoch nicht, ob Huhold mit dabei war. Das Badehaus war rund herum ein Lattenverschlag, durch den der Fluß frei hindurchströmte, mit einem geebneten Bretterboden, der tief genug hinabgetrieben war. So hatten wir die freie Aussicht über den Wasserspiegel des Flusses, der hier selten von Schiffen oder einigen Fischerbooten befahren wurde. Die großen Schiffe waren stille Gäste; die kleinen Fischerboote hingegen desto lebhafter. Vier bis sechs Fischerinnen in breitkrempigen schwarzen Hüten, rothen Röcken und weißen Hemdsärmeln ruderten ihre Boote rasch den Strom hinab; vermuthlich brachten sie Fische nach Berlin zu Markte; dabei pflegten sie zu singen, und es fiel uns auf, daß sie unter Andern Goethe's Lied:

> Kleine Blumen, kleine Blätter
> Streuen mir mit leichter Hand,
> Gute junge Frühlingsgötter
> Tändelnd auf ein luftig Band u. s. w.

mit vernehmlicher sehr heller Stimme vortrugen.

Nun mußten ihnen wohl die Flußtyrannen befohlen haben, sich von unserm Badehause entfernt zu halten; denn sie waren mit den Soldaten und andern

Scythen, die uns bewachten, auf dem Kriegsfuß. Einige Boote kamen mit Gesang herbei. Unsere Wächter fingen an zu winken; da hörte der Gesang auf und die Fischerinnen schalten: „Schande über Euch! die ganze Welt weiß es: die Schlechten bewachen die Guten! Ja, droht nur, 's hilft Euch ja doch nichts, Ihr Bettelvögte!" Wir lachten wie die Kobolde im Wasser. Dies freute die Fischerinnen und ärgerte die Waffenknechte. Sie drohten, sie würden schießen lassen. Da standen die tapfern Strahlauerinnen hoch auf im Boote und schrieen: Schießt zu! Ihr —kerle! — Dann erfolgte ein allgemeines Hohngelächter, sie setzten sich wieder zu ihren Rudern, stimmten ihr Lied von den kleinen Blumen, kleinen Blättern wieder an, und das Boot schoß pfeilgeschwind um das Gefängnißschloß herum.

3. Eine Zeitlang, aber diese Zeit verging uns rasch, lebten wir äußerst glücklich in unserm düstern Käfig zusammen. Ueber unsern Wettspielen und dem Sophokles vergaßen wir die ganze Gefangenschaft und den ganzen Gerichtsqualm. Vielleicht ging den Herrn im Schloß unsre Auswanderung nach Griechenland zu weit, vielleicht war es Lange's Wohlwollen, der uns nur besser unterbringen wollte; genug, diese

Olympier erschienen wieder einmal plötzlich und trennten uns. Huhold sollte zu Schliemann, einem Jenenser Freunde von mir, den er aber nicht kannte, ich zu alten Hallenser Bekannten, Bonge, Springer und Hagemeister versetzt werden. Huhold war außer sich über die Ankündigung und rief aus: „O, Sie werden uns doch nicht schon wieder trennen!" Aber die Gefängnißdiener hatten unsre Koffer schon aufgehoben, und ich behielt nur wenige Augenblicke zum Abschied von meinem liebenswürdigen Gefährten. Ich tröstete ihn: „Schliemann ist ein braver Junge; haltet Euch an die Griechen, wie wir es gethan. Leb wohl!" Wir schieden beide sehr bewegt von einander und hatten Mühe, unsre Aufregung zu verbergen.

Ich trat zu Lange heran und fragte leise: „Aber konnten Sie uns denn nicht zusammen lassen?"

Er versetzte, man habe uns nicht länger in dem dumpfen Gefängniß lassen wollen; und da sei kein andrer Ausweg gewesen, so leid es ihm auch gethan, uns wieder zu trennen.

Ich habe den sanften, freundlichen, gescheidten Burschen nie wieder gesehen, aber oft an ihn gedacht und später von Lebebur gehört, er sei ein Fels der Kirche geworden. Da bedauere ich nur, daß er nicht

Papst werden kann, der doch der richtige Abschluß des asiatischen Glaubensreiches ist und das Ideal aller Kirchensäulen sein muß.

Wie schade, daß der Jünglingsbund nicht einige Grade südlicher zur Welt gekommen ist; wir hätten dann sicher den künftigen Papst unter uns gehabt.

4. Meine neuen Leidensgefährten wohnten im zweiten Stock des Schlosses in einem sehr geräumigen Zimmer, dessen zugenagelte hohe Fenster auf die Spree, die hier einen belebten Entenpfuhl abgab, und auf den Sand und den Wald dahinter hinaussahen — für eine königliche Aussicht ein sehr bescheidner, für uns kein unerfreulicher Anblick, für mich, nach meinen bisherigen Aussichten, ein schwelgerischer Genuß.

Aber meine bisherige Lebensart, die selbstgenügsame Vertiefung in die unsterblichen Alten, wurde nun auf einige Monate unterbrochen. Ich konnte meinem eignen Kopfe nicht rücksichtslos nachgehn und mußte mit den Wölfen heulen.

Vier sind eine unterhaltende Gesellschaft; wir hatten uns lange nicht gesehn und viel zu erzählen. Natürlich wurden die verschiednen Ansichten über unsre gegenwärtige Lage ausgetauscht. Könnte man doch von dem Gefängniß sagen, es suche uns die

Vergangenheit und die Zukunft abzuschneiden und uns mit dem ewigen Einerlei der Gegenwart allein zu lassen. Denkt der Gefangne an die Abschließung von der lebendigen bewegten Welt, so muß ihm der Zwang furchtbar peinlich und das ewige Einerlei furchtbar langweilig werden. Für den, der sich nicht mit sich und der Förderung seiner Gedanken in Wissenschaft und Kunst beschäftigen kann und ganz von der Anregung durch die Außenwelt abhängt, muß daher das Gefängniß eine grausame Qual sein. Wer hingegen sich aus der gemeinen Bewegung der Dinge zurückzieht und ganz in die Bewegung des Geistes vertieft, dem entschlüpft die Zeit in der Abschließung der Gefangenschaft mit doppelter Geschwindigkeit. Ihn überrascht der Abend, und er sucht es der Nacht abzugewinnen, was ihm der Tag versagte; denn ein unendliches Feld des Wissens hat sich vor ihm aufgethan, und die Lorbeern der großen Männer, die in der Einsamkeit des zurückgezogenen Geistes neue Welten entdeckt und von ihrer Höhe aus die Menschheit beherrscht und geleitet, lassen ihn nicht schlafen.

Wer sich in die Wissenschaft vertieft, verkürzt sich die Zeit; wer sich in ein bewegtes Volksleben wirft und in einer Zeit des allgemeinen Umschwungs mit-

wirkt und sie auf sich wirken läßt, der verlängert sein
Leben bedeutend; jeder Tag drängt sich ihm voll von
Ereignissen und die Zeit schwillt ihm unter den Hän=
den an. Die Zeit meiner Gefangenschaft ist mir im
Fluge vergangen; das Jahr 1848 zog, wie ein reiches
Menschenleben, langsam an mir vorüber.

In einer Gesellschaft von Vieren war das Zurück=
ziehn in die metaphysische Welt des Geistes nicht
möglich und schon ein Stück Außenwelt ins Gefäng=
niß mit aufgenommen. Wir verfielen sehr bald auf
das Gerichtsverfahren, dem wir unterlagen; und Bonge
bemerkte, daß das Urtheil in unsrer Sache eben so
lange, vielleicht doppelt so lange auf sich warten lassen
werde, als das Ende der Untersuchung. „Ihr müßt
nur bedenken, daß der Berichterstatter all den endlosen
Kram durchzulesen und über jeden Einzelnen einen
eignen ausführlichen Bericht auszuziehn hat."

„„Eine schöne Aussicht"", brummte Hagemeister,
„„drei Jahre gefangen zu sitzen, ohne auch nur zu
erfahren, wozu sie uns verurtheilen werden!""

5. Ich theilte mit, was Lange mir gesagt.
Bonge aber war beim Oberlandsgericht in Breslau
thätig gewesen und verstand sich schon auf dergleichen
Dinge. Er sagte: „Das kann Lange gar nicht wissen.

Es ist allerdings wahr, daß die Gerichte und vornehmlich ihre Vorsitzenden auf den Wind von Berlin achten; aber das Meiste hängt von dem Vortragenden ab und sehr viel von der besondern Stimmung des Oberlandsgerichts, dem die Akten zugeschickt werden. Am besten, glaub' ich, würden wir in Breslau fahren. Die Gesetze sind aber über diesen Punkt so widersprechend und unklar, daß man die, welche Schärfungen sein sollten, als Milderungen benutzen kann. Dies sind die thörichten Kabinetsordres des dicken Wilhelm aus der Zeit der französischen Revolution. Diese können nun eben so leicht bei Seite gesetzt, als benutzt werden; und wir können gar nicht wissen, was für uns das Beste ist. Hör' nur mal zu. Um das Gesetz zu schärfen, verordneten diese Dusel zehn- bis zwölfjährige Gefangenschaft für staatsgefährliche Verbindungen mit geheimen Obern. Nach dem ursprünglichen Gesetz steht aber das Schwert schon auf Mitwissenschaft von einer hochverrätherischen Verbindung und sicherlich auf alle Versuche zum Hochverrath. Was aber Versuch sei und was noch nicht Versuch, ist schwer zu sagen. Wenn sie nun unsre Verbindung einen Versuch nennen und finden, daß jene Schärfungen, die wider den Willen des sogenannten

Gesetzgebers Milderungen geworden sind, auf uns keine Anwendung haben, so, siehst Du wohl, werden sie uns zum Tode verurtheilen. Wie will Lange wissen, welche Ansicht der Sache bei der Abstimmung durchbringen wird?"

Ernst Hagemeister war gar kein Freund dieser Erörterung, die er offenbar schon kannte, und sagte: „Ich glaube doch, daß Lange das wissen kann."

Bonge erwiderte: „Weil Du es wünschest!"

„Dann aber würde auch die Regierung so unpolitisch nicht sein, ein Todesurtheil gegen uns zu bestätigen!" sagte Hagemeister, „es wäre eine jammervolle Politik!"

„Jammervoll für uns, da hast Du Recht", schraubte ihn Springer, „für sie nur grausam; und ich bin sehr geneigt, an ihre Nachsucht zu glauben."

Ich merkte sogleich, daß beide es auf Hagemeister abgesehn hatten, und half ihnen natürlich nach Kräften, besonders mit der Abschreckungstheorie, die ohne Widerrede noch im Schwunge wäre, denn bei jeder Hinrichtung ließen sie in die Zeitungen setzen: „vom Leben zum Tode gebracht, ihm selber zur Warnung, andern zum Beispiel!"

„Du siehst", erläuterte Springer, „sie köpfen die

Leute, blos um sie zu warnen; das ist ungefähr, wie man einem mit dem Zaunpfahl winkt: und es hilft."

Ernst Hagemeister blieb aber unerschütterlich bei dem Glauben an „ihre richtige Politik", und wenn er unsern Beweisen über „ihre verkehrte Politik, gegen die wir uns ja grade verschworen hätten", nichts entgegensetzen konnte, so wiederholte er, als ächter Priester, einfach seinen Glauben.

6. Die Scherze mit unserm Freund Hagemeister erstreckten sich aber auch auf minder ernste Gegenstände. So war er, als richtiger Diener im Weinberge des Herrn, trotz aller Segnungen, die er im Himmel zu erwarten und zu verkündigen hatte, doch ein entschiedner Freund eines guten Tisches. Ich stelle mir vor, die Herrn finden in den Freuden der Tafel einen Vorschmack der Freuden des Paradieses, sind aber der Meinung, sie müßten hier mitgenommen werden, weil sie dort aufhörten. Nun waren wir hier in einer Art innern Vorhalle des Paradieses, wo von einem guten Tisch nicht mehr die Rede sein konnte, obgleich fünfzehn Silbergroschen zu unsrer Verpflegung ausgeworfen waren. Dies setzte Hagemeister in Verzweiflung, und er beklagte sich jeden Mittag bitterlich über die schlechte Kost. Wir wollten kein Gewicht

darauf legen; das Essen sei hier nicht besser zu erwarten. Er sei verwöhnt.

„Ich verwöhnt!" rief er aus; „ich esse Alles, wenn es nur gut zubereitet ist."

„Und wenn Du nichts andres hast, ißt Du auch das schlecht Zubereitete", erwiderte Bonge.

„Ei was!" fiel Springer ein, „wer wird sich zum Sklaven der Küche machen! Freiheit und Schwarzbrot!" —

„— und Wurst!" setzte Hagemeister hinzu. Schon der Gedanke an trocknes Schwarzbrot widerstand ihm als eine Speiseketzerei.

Hagemeister's Unschuld an dem ganzen Hochverrath und seine falsche Stellung in der Gefangenschaft für eine Sache, die ihm wesentlich fremd war und ihn doch von den Fleischtöpfen Neuvorpommerns trennte, eröffneten uns eine unerschöpfliche Quelle der Erheiterung. Manchmal aber rissen wir ihn mit fort, und er fand es selbst drollig, wenn er uns so gut unterhielt, wie mit seinem klassischen Zusatz: „und Wurst!" zu Schwarzbrot und Freiheit. Denn er hatte bei all seinem angebornen Unterthanen= und gediegnem Philisterthum eine Art Humor darüber.

7. Ruhig und gravitätisch pflegte seine hohe wohl-

genährte Gestalt auf- und abzuwandern und sich mit Schaudern die sittliche Verderbtheit vorzuwerfen, zu der er sich habe hinreißen lassen, indem er einem Bunde beigetreten sei, der den Regierungen gegenüber alle Eide für unverbindlich und nichtig erkläre, weil diese Regierungen zuerst ihr Wort gebrochen. Mit Recht — denn er verabscheue diese Unsittlichkeit — habe Lange dem Schreiber in die Feder gesagt: „Hier traten Herrn Hagemeister die Thränen in die Augen."

„„Das sind Krokodilsthränen gewesen"", rief Springer aus; „„hast Du ihm denn nicht Dein Wort gegeben, mit uns nicht über die Untersuchung zu sprechen? Du hast Dich also nicht nur nicht gebessert, sondern bist noch ärger geworden; denn jetzt willst Du ein treuer Unterthan sein und bist dennoch treulos, ja treulos ohne alle Verführung, denn wir wollen ja Deine Bekehrung gar nicht wissen.""

„Es ist auch nur ein lauter Monolog; wovon das Herz voll ist, geht der Mund über."

„„Ein lauter Monolog an drei Zuhörer ist doch sicherlich eine Mittheilung.""

Hagemeister pflegte dann, als wenn nichts gesagt worden wäre, seine phlegmatische Aufregung und äußerst ruhige Entrüstung auszupredigen und auszuwandern und nach einiger Zeit die gewöhnliche Frage aufzuwerfen: „Nun, wie ist es? machen wir nicht eine Partie L'hombre?"

8. Die L'hombre- oder Bostonpartieen verzehrten in der That unsre meiste Zeit; und kaum konnte man zu einigem Lesen und Schreiben kommen.

Ich erinnre mich nicht mehr, was ich selbst niedergeschrieben, wohl aber, daß Springer ein Spottgedicht auf den König verfaßte, worin er Seine Majestät als Regimentsschneidermeister darstellte, und daß eines Tages plötzlich die Mitglieder der heimlichen Vehme erschienen und Alles, was wir geschrieben hatten, mit Beschlag belegten und zu den Akten nahmen.

Springer wurde über sein Gedicht eigens verhört und erzählte von Drohungen mit verlängerter Haft, die es ihm eingetragen. Bonge bemerkte ihm aber ganz ruhig: nur die Veröffentlichung, nicht die Abfassung solcher Verse könne man ihm gedenken. Im Gegentheil, wir hätten uns zu beschweren; denn das Wegnehmen unsrer Papiere sei eine reine Gewaltthat und ein ganz gewissenloser Raub.

„Ich habe das auch erklärt", sagte Springer; Bonge und ich thaten das Nämliche, haben aber nie erfahren, ob das Oberlandsgericht uns Recht gegeben.

Einmal eingesperrt, und du bist ein Paria! war der Grundsatz jener Zeit.

9. Im Januar 1824 hatte man uns verhaftet, etwa im December kam die Untersuchung zu Ende. Bei dem Schlußverhör legte mir Lange die Frage vor: Warum wir uns gegen die bestehenden Regierungen verschworen hätten?

Ich erwiderte nach meiner damaligen Ausdrucksweise: weil sie wider Gott und Natur seien. Lange lächelte und sagte: „Aber warum fassen Sie das so schroff? Lassen Sie uns doch Ihre Meinung etwas weniger anstößig ausdrücken!"

Dies geschah; aber die Täuschungen der gerechten Erwartungen des Volks, die Nothwendigkeit, Deutschland zu den Früchten seiner Anstrengung von 1813 und 1815 zu verhelfen — Alles dergleichen machte die Sache am Ende nicht minder arg, wenn auch minder schroff. Von Worthalten konnte man, so lange Friedrich Wilhelm III. lebte, ohne Hochverrath nicht reden.

6.

Die Hausvoigtei und die Reise nach Colberg.

1. Als dies Verfahren zu Ende war — und diese Förderung, daß eine Sache, die in vierzehn Tagen zu beendigen gewesen wäre, in einem ganzen ausgeschlagenen Jahre nur noch so weit zu Ende kam, verdankten wir entschieden Lange — wurden wir alle bis auf Sprewitz, Robert Wesselhöft und Fehrentheil auf der Hausvoigtei versammelt. Hier fanden wir zu unsrer Erbauung unsern Köpnicker Oekonomie-Inspektor als Mitgefangnen. Er hatte etwas zu tief in die Verpflegungskasse gegriffen und sah sich durch dies naheliegende Versehn mit einem Male in die Opposition geworfen.

War das nur eine Laune des neidischen Geschicks, die den Gefangenwärter so plötzlich in einen Gefangnen verwandelt hatte, so überraschten uns hier nun auch die Zeitungen — der ganze Jahrgang war uns ausgefallen — mit höchst anziehenden Neuigkeiten über die sogenannten Weltgeschicke.

Ludwig XVIII., der dumme Büttel Spaniens, war im September gestorben, nachdem er über und über verfault und zum Abscheu seiner Umgebung geworden war. Ihm war also nun die reine Verstocktheit im Bourbonenthum, Karl X., gefolgt.

"Das ist gut! so mußte es kommen!" sagten wir zu einander; "der thut ihnen keine Butter an den Kohl, und der reine Wahnwitz von Gottes Gnaden ist also Trumpf in derselben gewaltigen Stadt, welche die Revolutionen von 1789 und 1793 hervorgebracht hat! in Frankreich platzen die Gegensätze schroff aufeinander; das muß mit der Zeit einen Ausbruch und eine neue Entwicklung geben."

Der alte Riez, der Aufseher der Hausvoigtei, der uns den Zeitungsstoß angeschafft hatte, war ganz erstaunt, daß uns diese alten verlegnen Nachrichten, die alle Welt schon wieder vergessen habe, so sehr in Aufruhr setzten. "Kinder", sagte er, "die Franzosen haben wir todt gemacht; von denen ist nichts zu hoffen. Sind sie doch, wie die Schafe, für Ferdinand VII. nach Spanien gezogen, während sie's mit den Spaniern gegen ihren Schuft von einem Könige hätten halten sollen, um wieder zu Ehren zu kommen."

Der brave alte Unterossizier! so dachten damals aber viele Leute, ja die meisten; denn der Mensch ist nur zu geneigt, mit dem alten Goethe zu glauben, das Niederträchtige sei das ewig Mächtige, und was heute obenauf ist, werde es auch morgen sein.

2. Die Hausvoigtei diente zum Gefängniß für „die Privilegirten". Zu denen gehörten die Beamten, also auch die Nachtwächter und — merkwürdiger Weise — auch die Juden. Da war es denn gekommen, daß ein Nachtwächter mit einem Juden, Namens Dessauer, hatte zusammengesperrt werden müssen. Der Jude war beschuldigt, dem Fürsten W... bei der Gewaltthat gegen ein Frauenzimmer geholfen zu haben. Seine Durchlaucht gehörten sicherlich auch zu „den Privilegirten", befanden sich aber nicht unter den Gefangnen, sondern unter den Freien, und waren offenbar zu vornehm, um wegen eines so niedrigen Unternehmens eingesperrt zu werden. Der Jude hingegen war das Opfer seiner uneigennützigen Dienstfertigkeit geworden und hatte nicht nur seine kostbare Freiheit darüber eingebüßt, sondern mußte nun auch noch sein Gefängniß mit dem Nachtwächter theilen. Dies war ihm äußerst unbequem. Denn der Nachtwächter führte den Namen in der That, er war nicht gewohnt, zeitig zu Bett zu gehn, und wenn Dessauer Abends schlafen wollte, so machte der Nachtwächter sich erst an's Lesen und war nicht zu bewegen, sein

Licht auszulöschen. Dies gab jeden Abend einen Heiden- oder vielmehr einen Judenlärm, bis endlich einmal der alte Riez die Geduld verlor, sein Fenster aufriß und über den Hof·schrie: „Dessauer, hören Sie uff, oder ich lasse Sie in's Hundeloch schmeißen!" worauf Dessauer erwiderte: „Bitte ganz gehorsamst, Herr Inspektor!" und verstummte. Dessauer war offenbar in der guten Gesellschaft der Hauptstadt, oder wie Pirscher sich ausdrückte: Sodoms und Gomorrhas zu Hause, hatte seine Redensarten an sich und zeigte Bildung; nur daß er Ovid über die Liebeskunst denn doch mißverstanden und die Treulosigkeit gegen das schöne Geschlecht, die der leichtsinnige Römer empfiehlt, bis zur Gewaltthat getrieben haben mußte, wenn anders die Klage gegen ihn begründet war.

3. Wir Studenten verkehrten hier ungehindert mit einander; und dadurch kam noch mancherlei zur Sprache, was wir früher nicht erfahren hatten. Mein Freund Lange wußte darum, daß Bonge zuerst Diez' Angabe bestätigt habe, was Bonge mir noch nicht mitgetheilt hatte. Daß Sprewitz mit seiner Rolle des Stifters bald sehr unzufrieden geworden war, wußte ich schon von Heidelberg und Frankfurt her; daß er sich nun in Köpnick in diesem Sinne herausgelassen,

hatte der Eine oder der Andre erfahren. Von Landsfermann hörten wir, daß er trotz seines Zerfalls mit der ganzen Richtung des Bundes sich auf seine „gebesserte Gesinnung" nicht berufen habe. Hagemeister war aber keineswegs der einzige, der „die Thorheit seiner Jugend" mit der Weisheit des Spießbürgers verurtheilte. Clemen, der kühne gescheidte Jüngling, der die hallischen Korps in den Bann brachte, Clemen war gänzlich abgefallen und hatte die Herrn vom Köpnicker Gericht mit reuigen Selbstbekenntnissen und einer gründlichen Verurtheilung der Burschenschaft und ihres ganzen Treibens, ja, ihres Princips „der thörichten Schwärmerei für Einheit und Freiheit des Volks" erbaut. „Diesem unreifen Geist der Jugend" hatte er unter Anderm „die Goethische Humanität mit ihrer Freiheit von aller Politik" entgegengehalten, dabei aber von dem Spiegel jener verderbten und gemeinen Zeit geschwiegen, den der große Dichter nur zu geneigt ist, uns ebenfalls für das Menschliche und Wahre zu verkaufen.

Diese Selbstverurtheilung hatte so eingeschlagen, daß Clemen in den Kreisen der Demagogenverfolger förmlich ein Gewährsmann und in der Verurtheilung des Zeitgeistes auf den Hochschulen Tonangeber ge-

worden war. Die Herrn in Köpnick hatte sie so
freundlich gestimmt, daß sie uns mit Goethe's Werken versahen, damit dieser glänzende Geist des unter-
gegangenen Deutschlands uns das wilde ungeschlachte
Blut aussauge. Wir hatten ihn, von der Güte der
Herrn angenehm überrascht, sehr harmlos genossen;
wußten wir doch nichts von der Quelle, aus der diese
Güte floß. Jetzt fiel es uns bei, wie es wohl gemeint
gewesen sein möchte.

Clemen erschien nicht unter uns. Außer Lange
war Pirscher, Springer, Rump, Huhold, Schliemann,
Hagemeister, Bonge und ich zugegen. Willer kam
ganz zuletzt.

Ich erinnre mich nicht mehr, wer uns von Clemen's Selbstanklagen Nachricht gebracht, vermuthe
aber, daß es Willer gewesen. Er hatte in Köpnick
eine Zeitlang mit ihm zusammen gewohnt. Willer
war nicht im Entferntesten bekehrt worden, fühlte aber
eine große Hochachtung vor Clemen. Clemen's Auf-
sätze wurden bedeutend genannt, und im gewissen
Sinne waren sie es allerdings. Die Bekehrung dieses jungen Mannes überraschte uns aber nicht wenig.
Bonge sagte: „nun, wenn das möglich ist, so ist Alles
möglich!"

„„Da hat er aber seinen Beruf verfehlt"", fiel Springer ein, „„er hätte Advokat werden sollen.""

4. Clemen war etwa zwei Jahre in seinem Vaterlande Lippe-Detmold und Bielefeld unter ehrbaren Leuten gewesen und hatte dort so viel stille Unsterbliche entdeckt, daß er in diesen Selbstanklagen vernichtet und bewundernd vor „ihrem Wissen und ihrer bürgerlichen Brauchbarkeit" niederfällt, anbetet und seine auf der Universität verlorne Zeit beweint.

Mir fällt nämlich, wie ich dieses niederschreibe, Doctor Ilse's meilenlanges Buch „über die Geschichte der politischen Untersuchungen von 1819 bis 1842" in die Hände; und da erzählt denn Seite 45 der gute Ilse, die Mainzer Central-Commission sei von Clemen's Selbstbekenntnissen förmlich begeistert gewesen, habe sie durch und durch zu ihrem Glaubensbekenntniß erhoben, — „Clemen's Ansichten fänden sich in ihrem Berichte oft wörtlich wiederholt, die Uebereinstimmung sei frappant" — und ein Heft derselben der Bundesversammlung zu Frankfurt als Beilage zu ihrem ersten Hauptbericht mit eingereicht. Seite 239 bis 256 ist sodann die ganze Beilage abgedruckt. Ilse hat hier nun aber vergessen, was er Seite 45 schon verrathen, fügt nur N. N. als Unter-

schrift bei und bemerkt dazu: „Wir lassen den Namen
ungenannt, weil, wenn wir nicht irren, der Verfasser
jetzt ein sehr tüchtiger Gelehrter von ganz andrer An=
schauung ist."

Was diese andre Anschauung gegenwärtig auch
sein mag, mit Wehmuth habe ich hier die rasche Ent=
puppung des freien Jenenser Jünglings zum Lippe=
Detmolder Philister gelesen, um so mehr, da sich noch
immer der beredte feine Sinn und der durchbringende
Geist meines jungen Helden darin wieder erkennen
lassen. Freilich verläßt ihn der Geist bei der Lobrede
auf das Geistlose und die Form bei der Ehrfurcht
vor der Formlosigkeit. Es konnte nicht anders sein;
als er die Erbweisheit von Lilliput=Detmold über die
Athenienfische Demokratie, den Polizeistaat jener Zeit
über die unsterbliche Mutter aller Europäischen Frei=
heit im Denken und im Staate zu erheben unter=
nahm, mußte er irre reden: der Geist wird Fusel, hat
aber immer noch Kraft genug übrig behalten, um die
ganze Mainzer Central=Kommission, mit dem Herrn
von Blittersdorf an der Spitze, in dem Strom dieser
freiwilligen Erniedrigung zu berauschen.

Aber der Doctor Ilse ist im Irrthum, wenn er
die Wendung der Menschen gegen den Aufschwung

der Freiheitskriege und Preußens einzig und allein der Politik Metternichs und der Rheinbündler zuschreibt; es ist, wie auch heutiges Tages wieder, vielmehr ein innerer Abfall des freien nordischen Geistes von sich selbst gewesen, der unser großes Volk lahm gelegt und der Verachtung Europas blos gegeben hat. Das Zusammenbrechen Clemen's zu dieser Stunde der Prüfung wiederholt nur in dem einzelnen Fall die Sündfluth jenes Abfalls von sich selbst. Leider gab es einen solchen Geist.

Und hierin liegt die traurige Bedeutung dieser Selbstbekenntnisse unsres früher so hoch verehrten Freundes. Sein Abfall von sich selbst stellt sich in ihnen dar als ein wahrer Katechismus des deutschen Chinesenthums, das freilich, wie der Doctor Ilse ganz richtig bemerkt hat, in Oestreich gipfelt. Gewürzt finden wir nun dieses Chinesenthum mit der alten, uns bekannten Würze, mit dem alten Goethe und all dem langweiligen Kunstqualm des unpolitischen Müßigganges unsrer Vorzeit, ferner mit dem Haß gegen unsre unsterbliche Philosophie, die wir jetzt, schon bei jedem Dummkopfe gewohnt sind, die damals aber noch neu war, und mit der Lobpreisung der unphilosophischen, d. h. der ungeschulten, dem Zufall überlassenen Fachgelehrsamkeit, wobei unserm Renegaten des Chinesenthums die Pandekten und die alte Grammatik der klassischen Philologen einfallen, die allerdings Ideale eines unverbauten Sammelsuriums aufzuweisen haben.

Doch er verdient, selbst gehört zu werden. Er beginnt:

„Die Frage nach den Quellen und dem Ursprunge solcher geheimen Verbindungen und Gesellschaften, wie sie gegenwärtig zur Untersuchung einer hohen Staatsbehörde vorliegen, nach Allem, was ihr Entstehn und ihren Fortgang mit veranlaßt und befördert, wird jedem Gebildeten und Redlichen für das Wohl, namentlich der heranwachsenden Generation, aber auch des ganzen bürgerlichen Zustandes von der höchsten Wichtigkeit erscheinen."

„Es ist auch mir ein sehr befriedigendes und wohlthuendes Geschäft, dasjenige, was ich nach den an mir und Andern gemachten Erfahrungen während meines akademischen Lebens, so wie nach der späterhin mir gewordnen Ueberzeugung zur Beantwortung dieser Frage beitragen kann, hier pflichtgemäß und gewissenhaft und der Wahrheit gemäß auseinander zu setzen."

„Das Grundübel liegt nach meiner Ansicht in der politischen Richtung, welche das Leben der studirenden Jugend seit der Entstehung der Burschenschaft genommen hat, wodurch der Geist einer gründlichen, gelehrten Bildung gestört, das ruhige und stille Bestreben nach Wissenschaft und dadurch nach Charakterfestigkeit und bürgerlicher Brauchbarkeit gehemmt und das jugendliche Gemüth aus dem geräuschlosen und dem Empfangen der Weisheit allein günstigen Kreise der Schule, worin es durch edle und geliebte Lehrer einem mit Gott und der Welt versöhnten Leben zu einer segensreichen Wirksamkeit in der menschlichen Gesellschaft zugebildet wurde, hinübergezogen wird in eine fremde Sphäre, worin es, statt einer stillen, bildenden Einkehr bei sich selbst, aus sich heraustritt, und statt sich durch ungestörte Studien zu einer achtbaren Wirksamkeit in den Verhältnissen des bürgerlichen Lebens vorzubereiten, mit diesen und seinen Ordnungen zerfällt und statt zu lernen, zu begreifen und sich an dem Bestehenden durch Achtung und Liebe heranzubilden, sich mit demselben innerlich entzweit und dadurch auch zum äußern thätlichen Abfall vorbereitet und geneigt gemacht wird. Das Element, worin sich dieses Uebel bewegt und entwickelt, ist ohne Zweifel die Burschenschaft."

Dies ist schulmeisterlich genug und nicht gerade fein, aber doch in anregenden Gegensätzen ausgedrückt, was „die hohen Behörden" in Köpnick und Mainz ohne Zweifel hören wollten. Das Bekenntniß fährt fort:

„Oberflächlichkeit der Studien und der Bildung ist eine sehr häufige Folge des burschenschaftlichen Lebens gewesen; das bürgerliche Leben mit seinen Einrichtungen und Geschäften wurde nicht genug geachtet, als daß man sich mit ganzem Eifer dazu hätte vorbereiten sollen. Dies war für Juristen und Philologen eine gefährliche Klippe. Jene, welche vom Staat, seiner Verwaltung und Einrichtung weit richtigere Begriffe zu haben glaubten, als in den bestehenden Institutionen zur Anwendung gebracht worden seien und auch von der Idee einer mündlichen Justizpflege ergriffen waren (!), mochten sich weder um römisches Recht, noch um die übrigen juristischen Doktrinen bekümmern (?), sondern thaten es mit einigen Vorlesungen über Geschichte, Naturrecht und was dahin gehört, kurz ab, zufrieden, in den Burschenschaften ein Recht nach ihrer Idee zu handhaben; und von den Philologen verließen Viele den Weg der gelehrten Forschungen und der klassischen Studien, welcher doch eigentlich der unsrer Nation eigenthümliche (?) von ihr mit so vielem Ruhm betretene ist, um sich in den Spekulationen der neuern Philosophie zu verlieren — —"

Freilich verliert man sich, wenn man auf den Beifall von Geistern spekulirt, wie die Mitglieder der Mainzer Centralkommission; sonst giebt es nur Eine Art und Weise sich nicht zu verlieren, sondern sich ganz in Besitz seiner selbst zu setzen und das ist — die Spekulation der deutschen Philosophie, die uns bei Weitem eigenthümlicher und ein ganz andrer Ruhm ist, als die klassische Philologie, worin Engländer und Holländer ganz gut mit uns wetteifern können.

Nächst der spekulativen Philosophie, die übrigens wahrlich kein Fehler der Burschenschaft war, sie hatte ja Hegel förmlich in Verruf gethan, kommt die romantische Lyrik vor die Schranken; und sie, die Lützower Heldin, die auf der Tyrannenjagd fiel, wird in ihrem glorreichen Leichentuch verurtheilt, sie, die doch wahrlich ein ewig denkwürdiger Fortschritt über die Liebes- und Gespenster-Lyrik des alten, herzlosen, gemeinen Deutschlands und sicherlich noch mehr über die Zoten der Korpslieder gewarnt werden muß. Aber Clemen ist unerbittlich. „Die politische Tendenz läßt sich, abgesehen von der Konstitution der Burschenschaft, sehr leicht aus den Liedern und Gesängen, die bei ihr im Gange sind, entnehmen, und aus welchen mir, bei späterm und reiferm Nachdenken, zuerst deutlich geworden, daß dieses ganze Wesen eines wahren und haltbaren Grundes ermangle. Indem man unter allen jenen poetischen Produktionen fast nicht eine einzige findet, welche einen harmlosen, kindlichen, zufriednen und befriedigten Geist athmet, oder in welcher sich ein mit dem Leben und den Menschen versöhntes Gemüth abspiegelt, welche also ein rein menschliches Gepräge an sich trüge, haben sie vielmehr alle die offenbare Absicht, die Grundsätze von der Einheit des deutschen Volks und Vaterlands, von der Wichtigkeit der Jugend für Herbeiführung besserer Zeiten und Ordnungen — zu verbreiten und zu befestigen. Sie sind fast alle aus einem gehässigen, ergrimmten, zornmüthigen, oder doch beengten Herzen hervorgegangen, und wie sehr auch dadurch der gründlichen, wahrhaft menschlichen Bildung geschadet wird, wie sehr sich Einseitigkeit und Unrichtigkeit des Ur-

theils durch das burschenschaftliche Leben verbreiten,
davon ist mir immer ein auffallender Beweis das in
diesem Kreise fast allgemein verbrettete Urtheil über
Goethe gewesen, diesen divino maestro deutscher
Nation, welcher, weil er in erhabner und seliger Ruhe
ein schönes Dasein genießt und nichts von Volksthüm-
lichkeit, von Politik und Staatsweisheit in die Welt
schreibt und schreit, herabgewürdigt und verachtet wird,
und bei dem jungen Geschlecht so gut wie gar nichts gilt!

Und mit Recht! Andre Zeiten, andre Lieder! Die
Zeit, den Don Juan zu spielen und die lockern Wei-
ber von Weimar auf den Olymp zu bringen, war
vorüber. Der Sänger, der das neue Deutschland
hinriß, sang uns nicht, wie er in den Schooß seiner
Schönen sinkt und natürlich mit der Welt versöhnt
ist, sondern wie er auf dem Schlachtfelde der Freiheit niedersinkt, ein Jüngling aus unsern Reihen, ein
beneidenswerther Unsterblicher! Der alte Goethe dagegen fuhr mit Extrapost nach Böhmen und erklärte
den Freiwilligen, die gegen den Korsen zu Felde
zogen: „Der ist euch zu groß, den werdet ihr nicht
stürzen!" — ein bedauernswürdiger Unsterblicher!
Seine Zeit war um. Wir wären elend zu Grunde
gegangen, wäre sie es nicht gewesen!

Ich will Clemen glauben, daß er Menzel's und Börne's Ausstellungen, die später kamen, mit dem „Reinmenschlichen in Goethe" beseitigt hat; dagegen fürchte ich, hat er Pustkuchen Recht gegeben; und wenn eins zu dem andern kommt, so werden es erst die leibigen Philosophen sein, die dem divino maestro Gerechtigkeit widerfahren lassen, ohne seine Schwächen zu verkennen.

„Nach dem burschenschaftlichen Leben auf der Universität", fährt Clemen fort, „bildet sich in den Köpfen der Mitglieder desselben auch das Bild des Staatslebens mit seinen Institutionen."

„Wie dort in Einer Form sich Alle bewegen, so soll auch, nach ihrer Meinung, die ganze Welt nur Eine Staatsform haben; wie dort ein jeder an den Bestimmungen und Berathungen über das Leben und seine Einrichtungen Theil nimmt, so soll auch im Volke, meinen sie, jeder Bürger das Recht haben, mit seiner Meinung hervorzutreten, seine Weisheit in politischen Dingen zu Tage zu legen und vor ihren Richterstuhl Angelegenheiten und Einrichtungen zu ziehen, über welche die höchste Einsicht und die vielseitigste Erfahrung nur mit der größten Vorsicht und Umsicht zu bestimmen sich erlauben mögen!"

Er meint die Staatshämorrhoidarien und ist offenbar der Ansicht: wem Gott ein Amt giebt, dem giebt er auch Verstand.

„Es werden ohne Weiteres", wirft er der Burschenschaft vor, „die griechischen und römischen Freistaaten zum Muster genommen und die Bürger derselben in ihrer ganzen Glorie und Machtvollkommenheit bewundert; wie dieselben aber bei all dieser Demokratie und Selbstregierung zum Spielwerk ihres eignen Unverstandes und der Absichten egoistischer herrschsüchtiger Menschen, häufig Schreier aus der untersten Volksklasse geworden, und dadurch um allen Frieden, alle Ruhe und Sicherheit im Innern gekommen sind, dieses einzusehen und richtig zu würdigen, reicht denn die oberflächliche Kenntniß und Forschung nicht hin." —

— „Es geht alle Ehrfurcht und Achtung für Dinge, welche die Weisheit von Jahrhunderten und die bewährtesten Menschen sanktionirt haben, verloren, und während man Alles, was von den Regierungen für das Wohl des bürgerlichen Zustandes geschieht, bemäkelt, herabsetzt und darüber aburtheilt, während man strengere Maßregeln, welche das Heil des Ganzen nothwendig macht, in dem gehäſſigſten Lichte zu betrachten ſich gewöhnt, entfremden ſich nach und nach die Gemüther der bürgerlichen Ordnung, bekommen die unrichtigſte Vorſtellung von den Abſichten der Regierungen und verlieren den Haltpunkt alles Edlen und Schönen im menſchlichen Gemüthe, nämlich Ehrfurcht und Achtung, Schonung und Liebe gegen das, was im Leben beſteht."

Soll einmal die Unterwürfigkeit, die Gewaltherrſchaft der hohen und allein einſichtigen Männer, die zu dieſer Herrſchaft angeſtellt ſind, ſoll die demüthige Sklaverei geprieſen und gerechtfertigt werden, ſo, das muß man geſtehn, thut es Clemen mit Methode.

Athen iſt durch die Demagogen zu Grunde gegangen! wäre Lippe-Detmold an Athens und Clemen an Alcibiades' Stelle geweſen, die Spartaner hätten nie geſiegt; aber leider hätte dann Lippe-Detmold, der ruhige Bürger, der brauchbare Geſchäftsmann, der Philolog, der die Grammatik nicht über die Politik verſäumt, die Ruhe, die Liebe, die Ehrfurcht hätten geſiegt, und wenn Athen Lippe-Detmold geweſen wäre, wo hätte dann Clemen ſeinen Ariſtophanes dieſen ehrfurchtloſen, politiſchen Grillenfänger, ja, wo hätte er den Schüler der Griechen, wenn auch ohne allen politischen Verstand, den reinmenschlichen Goethe, diesen divino maestro der Deutschen, hernehmen sollen? Wenn Münch-Bellinghausen, Metternich und Blittersdorf Athen „mit höchster Einsicht und vielseitiger Erfahrung" vor der Demokratie bewahrt hätten, so fehlten uns heute freilich die Perikles, die Themistokles, die Demosthenes; auch Sokrates, „aus dem niedern Volke geboren", hätte sein bürgerlich unbrauchbares, philosophisches Schlaraffenleben nicht führen können! Was wäre aber erst aus dem Bierbrauer Cromwell und aus dem republikanischen Litteraten Milton geworden, der sogar gegen den König selbst zu schreiben wagt, „ohne alle Ehrfurcht und Achtung, ohne Schonung und Liebe gegen das, was im Leben bestand", wenn sie Clemen unter die Köpnicker Feder gekommen wären!

Aber leider sind es nicht die Fehler der politischen Griechen, oder die Tugenden der großen Unbekannten aus Lippe-Detmold, die Clemen seine Selbstbekenntnisse in die Feder gehaucht, es ist der Verrath an sich selbst, an seiner eignen guten Jugend, an der Philosophie und an der Republik, dem er sich hingiebt; und seine Verehrung vor dem Pedanten, dem Philister und dem geistlosen Gelehrten ist nur die

Lüge, die ein Geist ohne Ehre und Kraft in seiner Gebrochenheit ihm vorspiegelt. Er ist ein ganz andrer Verräther, als Diez; Diez verrieth nur das Geheimniß des Bundes; er verräth Alles, was den Menschen ehrt und erhebt; und während in Spanien das heilige Amt von dem Ketzer die traurige Selbstanklage und das Bekenntniß eines fertigen Glaubens erzwang, haben wir hier in Deutschland das Schauspiel, daß der Ketzer sich und seine ganze Seele freiwillig aufgiebt und den hohlen, geistlosen Larven des gemeinen Bedientenstaates seiner Zeit eine ausführliche Dogmatik dieses Bedienenthums erst einbläst, die ihnen vorher noch nicht klar geworden war.

Eine Beurtheilung des Geistes dieser Zeit ist ganz etwas Andres, als eine Verleumdung desselben vor dem Angesicht seiner bittersten Feinde. Dazu kommt noch, daß dies Köpnicker Gericht zwar weder ein ordentliches Criminalgericht alten Stils, noch ein offnes gerechtes Gericht auf dem Forum des Volks war, daß es zwar eine Inquisition war, aber nur eine Inquisition über die Thatsachen und die Zwecke der Verbindung und es mit unserm Glaubensbekenntniß, oder gar mit unsrer Besserung nicht zu thun hatte; es ließ uns unsre Ansicht, es hatte nichts dagegen, daß wir sie behaupteten.

Die andre Erscheinung, daß der Mensch bei einem Standpunkt nicht stehn bleibt, daß der Mann über den Studenten hinausgeht, ist freilich ganz in der Ordnung: über einen Standpunkt hinausgehn, heißt aber nicht, ihm die Unwahrheit andichten, die ihm nicht zukommt, sondern die Wahrheit entwickeln, die in ihm liegt. Die Ehre, die Tugend, der Sinn für das Vaterland, das Gefühl und das Wollen der Freiheit sind keine Verirrungen, sind keine Unwahrheiten, und wehe dem, der sie dafür ausgiebt! Sie sind die Wahrheit des Einzelnen und des Volks, der Einzelne und das Volk, beide haben diese Wahrheit zu entwickeln und selbst ihren unreifen Keim in höchster Ehre zu halten. Wenn sie es versäumen, so vernichten sie sich selbst, wenn sie es ausführen, so wird die Bewunderung der Welt ihnen nicht fehlen. Ich habe den Gegensatz gegen diesen Trieb zu unsterblichem Ruhme mit der Unverschämtheit hingestellt, mit der er sich selber entblößt, unsern eignen Bannerträger, der unser Palladium freiwillig in den Koth stößt; denn solche Gegensätze treiben die Gedanken der Menschen auf die richtige Bahn.

Es ist bekannt genug, daß ich selbst nicht bei der Burschenschaft stehn geblieben bin; es ist mir aber nie in den Sinn gekommen, ihr wahres Wesen zu verkennen und die schöne Begeisterung zu verwerfen, die ich in ihr fand. Noch in einem andern Punkte muß ich ihre Ehre retten. Sie hat das Gemüth in einem ganz andern Sinne der Wissenschaft zugeführt, als es irgend eine Studentenverbindung vor ihr gethan, und sie hinderte ohne allen Zweifel viel weniger an wissenschaftlicher Beschäftigung, als die Korps dies thaten. Nur das Eine ist wahr, statt zur spekulativen Philosophie zu führen, wie ihr diese Selbsterkenntnisse schuld geben, war ihr Hegel schon wegen seines unglücklichen Angriffs gegen Fries in den Tod verhaßt.

Es ist aber auch nicht wahr, daß der romantische Geist der Freiheitskriege, der die Gedanken seiner Anhänger zum Theil aufs Mittelalter und die Vorzeit zurückwarf, wissenschaftlich unfruchtbar geblieben wäre. Der Rückgang auf die altdeutsche, ja noch weiter auf die altindische Litteratur hat eine Grammatik erzeugt, die erste, die den Namen der Grammatik verdient. Gegen die tiefen Blicke, welche die Sprachvergleichung seitdem in den Ursprung, den Zusammenhang, den

Bau und das Wesen der menschlichen Sprachen eröffnet hat, sind die alten klassischen Grammatiken ein geistloser unverdauter Wust. Reisig's — Clemen nennt ihn mit Recht einen Mann von Geist — lateinische Grammatik machte davon durchaus keine Ausnahme. Ich habe sie gehört, aber keineswegs bewundert.

Ebenso wenig hat die Rechtswissenschaft durch den Zug des altdeutschen Geistes gelitten. Ja, sogar die einzig richtige Entstehung und Ausübung des Rechts, seine Entstehung aus dem Volksbedürfniß und dem Volkswillen und seine Ausübung durch geschworne Ausschüsse des Volks haben wir erst wieder von unsern germanischen Vorfahren lernen müssen. Beides lernt sich nicht aus der alten Jurisprudenz, wohl aber aus der durch unsre eigne politische Bewegung erst verständlich gewordnen römischen Rechts- und Staatsentwicklung. Jedermann weiß, daß auch diese Forschungen jenem Geist unsrer Wiedergeburt unendlich viel verdanken.

Wie die Sprachforschungen, das erstgeborne Kind jener vaterländischen Richtung, die Geschichte, die Mythologie, die ethnologischen Zusammenhänge, ja selbst die, sonst unnahbaren Uranfänge der Geschichte erleuchtet haben, das übersehen wir freilich erst jetzt, und finden unsre kühnsten Hoffnungen übertroffen. Die Philosophie, nicht die Jagdhunde der Mainzer Central-Commission, hat die Leistungen des Geistes, der durch die Wiedergeburt Deutschlands angeregt wurde, aufzugreifen und zu neuen Systemen des Denkens zu verwenden. Die ohnmächtige Anklage hingegen, die in den zwanziger Jahren gegen diesen Geist erscholl, ist zum Gespött geworden, mit dem wir bald unser Papier nicht mehr beschmutzen und unsern Odem nicht mehr vergiften werden. Hier hat einmal die Geschichte gerichtet; und es wird bald noch besser kommen!

5. Mit dem Anfange des Jahrs 1825 wurden wir an die verschiednen Festungen vertheilt; wir sollten unsre Strafe „vorläufig antreten"; das Urtheil wurde aber erst 1826 gesprochen und wir durch das Oberlandsgericht in Breslau meistens „wegen Theilnahme an einer verbotenen, das Verbrechen des Hochverraths vorbereitenden geheimen Verbindung und deren Verbreitung" zu einer 15jährigen Gefangenschaft verurtheilt. Willer und Sprewitz waren Mecklenburger, und beide in Frankfurt a. M. verhaftet worden, aber die Preußen bestraften sie, offenbar aus

Liebhaberei, damit sie doch überall bestraft würden; denn die Justizkanzlei in Güstrow hatte entschieden, „daß im Grunde gar kein Corpus delicti ermittelt und alle Aussagen in Köpnick, als vor nicht gehörig besetztem Kriminalgericht abgegeben, werthlos seien." Die Mecklenburger gaben den Köpnickern eine wohlverdiente Maulschelle und schienen nicht abgeneigt, dem Herrn von Kamptz den ganzen Kram zu verderben. Später, als ganz und gar nicht mehr ermittelt war, bequemten sie sich denn doch zum Verurtheilen und erkannten nun etwa ein Drittel der Preußischen Strafe. Das Verfahren Schwarzburg-Rudolstadts gegen Emil Schwarz, seinen einzigen Hochverräther, war aber eine unverkennbare Verhöhnung der Lärmtrompeter in Berlin und Mainz. Er wurde zu dreimonatlicher Einsperrung verurtheilt, und diese dann von der Rudolstädter Regierung in Hausarrest verwandelt. Bayern endlich, wie gewöhnlich in offner Auflehnung gegen Preußen, hob die Untersuchung auf, und ließ die Gefangnen frei, die sich nun natürlich nur vor der Preußischen Grenze zu hüten hatten, um nicht gewillert und gesprewitzt zu werden.

Die Würtemberger Gerichte erkannten auf zweibis dreijährige Festungsstrafe. Die Untersuchung gegen Adolf von Sprewitz, Robert Wesselhöft, den Müller Salomo und den Hauptmann von Fehrentheil wurde noch bis 1826 verschleppt. Das Ende vom Liede war, daß der Männerbund in Nebel aufging und sogar Preußen der Quälerei müde wurde.

Wir also und die Ausländer, die ohne alles Verdienst als Preußen beglückt wurden, mußten die Sündenböcke für die Faulheit jenes Zeitgeistes abgeben. Alle andern kamen mit einem blauen Auge davon.

6. Als wir von Berlin fortgeführt wurden, waren wir noch im Dunkeln über unser Schicksal. Selbst das Urtheil, als es endlich erfolgte, klärte uns wenig auf; drei Jahre vergingen uns auf der Festung, bevor wir erfuhren, daß wir im Ganzen sechs Jahre eingesperrt bleiben, also noch zwei Jahre Gefangenschaft ausstehen sollten. Das Jahr der Untersuchung wurde uns nämlich nicht als Strafzeit mit angerechnet.

Daß die größere Gesellschaft, in der ich bisher gelebt, aufhörte, war mir recht; sie hatte ohnehin nur meine Auswanderung in das metaphysische Reich des Geistes unterbrochen; an diese reicht kein Kerker heran; die eingesperrte Gesellschaft aber machte ihn nur um so fühlbarer; und ich war fest entschlossen, diese Auswanderung wieder aufzunehmen, wie lange es auch währen möchte.

Ich wurde mit Schliemann zusammen nach Colberg geschickt. Da Stettin auf dem Wege lag, so fuhren wir bis dahin in größerer Gesellschaft, und ich hatte unter andern wieder meinen alten Freund Willer zum Reisegefährten. Willer hatte, wie ich schon erwähnt habe, eine Zeitlang mit Clemen zusammen gewohnt, und erzählte mir, dieser erkläre Aristophanes für den größten Dichter. Da Willer ebenfalls sehr genau in dem großen Komiker zu Hause war, so gab uns dies einen unerschöpflichen Stoff zum Reisegespräch. Gleich das Urtheil unsers gemeinsamen Freundes wurde ein Gegenstand des Streites. „Ich bin gewiß ein recht partheiischer Verehrer des Dichters", sagte ich, „und wüßte nicht, welche Lustspiele ich den seinigen vorziehen sollte; aber so groß er in seiner Art ist, was kommt dabei heraus, ihn allen, auch den Dichtern von einer ganz verschiednen Gattung vorzuziehn? Ich will ihn gern den größten Komiker nennen; aber es leuchtet mir nicht ein, daß er darum nun der größte Dichter sei.

Dazu kommt, daß ich mir noch nicht klar darüber bin, welchen Platz das Komische unter dem übrigen Schönen einnimmt, ja nicht einmal darüber, ob es überhaupt zum Schönen zu rechnen sei, und wenn dies der Fall ist, warum und in wie fern?"

„„Da könnte man am Ende zweifeln, ob er überhaupt noch ein Dichter sei.""

„Ich zweifle nicht, ob er ein komischer Dichter ist, aber ich zweifle, ob das Komische unter das Ideale fällt."

„„Du bist doch noch immer der alte unverbesserliche Sophist, Jüngling! und disputirst Einem das Blaue vom Himmel herunter.""

„Da thust Du mir doch wieder gröblich Unrecht, lieber Willer. Ich scherze wahrlich nicht mit diesen Dingen, im Gegentheil, sie beunruhigen mich, weil ich nicht ganz damit im Klaren bin, und bis jetzt auch nirgends einen Aufschluß darüber habe finden können."

Der ganze Unterschied war der, daß Willer und Clemen romantische Neigungen hatten; ich aber entschieden philosophische. Klar war ich mir damals nur über meine Unklarheit, nicht über diesen Unterschied. Während ich mich lange mit den Kategorien der Aesthetik und der Logik geplagt habe, ist es den Romantikern so süß geworden, daß sie fest überzeugt sind, Logik und Aesthetik als eine angeborne Gabe des Geistes zu besitzen. Mit dem „größten Dichter" sind sie mir später an allen Ecken begegnet, dem Einen ist es Shakespeare, dem Andern Homer, wieder einem Andern Sophocles, Göthe, Cervantes. Dabei lassen sie den Unterschied der Gattung, der Stellung des Dichters zur Geschichte und den Begriff der Dichtkunst selbst einfach weg. Wie könnte man da ihrem Glauben wohl beikommen?

Hier kam ich auch wirklich mit meinem Freunde Willer nicht überein. Im Einzelnen hingegen verständigten wir uns über Aristophanes' Lustspiele vortrefflich; und mit großem Bedauern trennte ich mich in Stettin von meinem alten Freunde und Reisegenossen.

7. Schliemann war Mediziner, und im Anfange fehlte es an solchen Anknüpfungen, wie mit Willer. Wir fuhren von Stettin in die Wüste hinaus. Das Land wurde immer unwirthlicher und nordischer. Einmal fanden wir uns mit Einbruch der Nacht in einem höchst naturwüchsigen Dorfe. Die Schenke war Scheune und Viehstall zugleich. Ein großes

Zimmer mit Tischen und Bänken sollte erst zum Eß- dann zum Schlafsaal dienen. Es versteht sich, daß nur von Strohschütten die Rede sein konnte; aber schon die Verpflegungsfrage hatte ihre Schwierigkeiten.

„Was habt Ihr?" wurde der Wirth in der Pudelmütze, der ein Kind auf dem Arm trug, gefragt; „habt Ihr Bier?"

„Nein, aber Branntwein."

„Milch werdet Ihr denn doch haben?"

„Wir haben keine Kuh."

Endlich fand sich Schwarzbrod und ein Pfund Butter.

„Nun wollen wir uns ein prächtiges Abendessen zubereiten", sagte der Eine von unsern Berliner Begleitern, „meine Frau hat mir einen Schweinebraten mitgegeben, den will ich uns mit der Butter aufbraten!"

Wir erwarteten schon, wie Ulysses bei den Phäaken zu speisen, als zu unserm Schrecken der edle Waffenknecht mit dem ganzen Pfund Butter, das in der Pfanne brobelte, und dem hereingeschmittenen Schweinebraten, der darin herumschwamm, hereintrat. Mit freudestrahlendem Gesicht setzte er seine Pfanne auf den Tisch und sagte: Da, eßt! aber so einladend die Pfanne auch roch, das Gericht war nicht zu essen. Er hatte offenbar gedacht, viel hilft viel, und so sahen wir durch seinen Unverstand die Butter sowohl, als den Schweinebraten verdorben, die uns beide in ihrem unverschmolzenen Zustande vortrefflich zu Statten gekommen wären. Nun war das Fleisch völlig ungenießbar geworden und es blieb nichts übrig, als den Pumpernickel in die geschmolzene Butter zu tunken und ein Glas Kornbranntwein dazu zu trinken.

Die Geschichte gab aber mehr Stoff zum Gelächter, als zum Bedauern, und wir begaben uns auf unserm Strohlager zur Ruhe mit Stichelein auf die verschwenderische Kochkunst unsers Berliner Unteroffiziers.

Am andern Morgen überraschte uns ein angenehmer Kaffeeduft. Nach unsrer übeln Erfahrung mit dem Pfannenduft von gestern Abend waren wir zuerst mißtrauisch; aber die Wirthin rettete die Ehre ihrer Küche, und das Frühstück sollte uns für das verbrodelte Abendessen entschädigen.

So war denn doch die Kultur fortgeschritten. Im Anfang des Jahrhunderts kannten die Bauern auf Jasmund, wie ich erzählt habe, den Kaffee noch gar nicht; jetzt verstand man ihn selbst in dieser Wildniß zu kochen und wußte ihn als Frühtrunk zu schätzen.

In anderer Hinsicht waren die Leute sehr zurück; sie brannten Kienspäne statt der Talglichter; selbst eine Oellampe war nicht im Hause; und Feuer machten sie mit Stein und Stahl, wo denn ein Schwefelfaden in der Zunderbüchse angebrannt wurde. Dies fiel mir auf. Schon als ich Schüler in Stralsund war, 1818, machte der Phosphorus (der Zünder) dem Zunder den Rang streitig. Es war dies die Zeit der feuchten Entzündung der Phosphorhölzchen. Sie wurden in kleine Fläschchen getaucht, worin sich Asbest, mit Schwefelsäure getränkt, befand und die mit einem Glasstöpsel luftdicht verschlossen wurden. Diese Zeit könnte man das Mittelalter im Feuermachen nennen. Da wir zwei solche Feuerzeuge besaßen, so boten wir aus Dankbarkeit für den unerwarteten Kaffee der Wirthin das eine davon an. So dachten wir zugleich den Fortschritt in der Kultur selbst in diese Gegenden zu verbreiten. Aber die Frau Wirthin lehnte das Geschenk ab. Sie erhielte sich Feuer in der Asche von einem Tage zum andern, wenn es aber ja einmal abginge, wie in der letzten Nacht, so wäre die Zunderbüchse da, sonst hätten sie eigentlich nichts anzubrennen; und wenn die rothen Stifte, die wir ihr anböten, aufgebraucht wären, könnten sie doch nicht nach Berlin gehn, um neue zu holen. Kurz, unsre Neuerung wollte nicht fassen, und es gelang uns nicht, die Leute von ihrer „Liebe und Ehrfurcht gegen das Bestehende" abwendig zu machen und in unsre eben so unnöthigen, als gefährlichen Pläne zu verwickeln. Die Welt überstürzte sich aber dennoch, und verfiel bald sogar auf das Reibeverfahren, welches noch unendlich gefährlicher war. Nun konnte Jedermann überall ein Feuer anzünden, und das Unglück blieb auch wirklich nicht aus. Der erste oder einer der ersten Erfinder der Streichhölzchen wollte eine Sendung derselben mit der Post von Halle nach Berlin befördern. Durch das Rütteln und Schütteln entzündeten sich die Päckchen, und in der Gegend von Bitterfeld wurde der ganze Postwagen ein Opfer dieses Umsturzes der alten bestehenden Ordnung im Feueranzünden. Er ging mit allen Briefen und Päckchen im Feuer auf. Es versteht sich, daß „die hohen Behörden in ihrer Umsicht und Weisheit" die Streichhölzer verboten;

und verboten waren sie, in Dresden z. B., noch 1841, obgleich sie natürlich von Jedermann benutzt wurden. Die Streichhölzer waren mächtiger, als die hohen Behörden und ihr Verbot; sie setzten sich durch: und die Welt ist darum nicht abgebrannt.

Schliemann war unwohl und litt einigermaßen von den Unbequemlichkeiten dieser Reise nach unserm Sibirien. Ich hingegen war rüstig und gesund, und als ich Nachmittags ein muntres Reitpferd vor unserm Wirthshause angebunden fand, gerieth ich in große Versuchung, auf ihm davonzureiten und irgendwo an der Oder ein Fischerboot nach Schweden hinüber zu miethen — zu miethen? leider hatte ich keinen Pfennig Geld. Ich klopfte das Pferdchen, als hätte es mich schon aus dem großen Gefängniß meines Vaterlandes entführt, und ging wieder ins Haus, um mein Verhängniß zu erfüllen.

An's Vaterland, an's theure, schließ Dich an,
Oder laß Dich anschließen, gleichviel;
Hier sind die starken Wurzeln Deiner Kraft.

Und das muß wahr sein, ich bin der Letzte, es zu leugnen. Was auch daraus geworden ist, ich bereue es noch heute nicht, daß der kleine Renner mich nicht entführt hat. Wie hätte ich frei werden sollen, wäre ich nicht im Gefängniß geblieben?

Der Winter war gelind, es lag selbst in Hinterpommern kein Schnee, und wir erreichten Colberg, ehe er fiel.

7.
Unsre Einrichtung.

1. Wir wußten sehr wohl, daß Colberg sich nicht vortheilhaft unter den verschiednen Festungen auszeichnete, und daß in den Citadellen von Stettin oder Magdeburg eine viel gelindre Gefangenschaft zu erwarten gewesen wäre. Die Sache begann aber doch noch bunter, als wir erwartet hatten.

Auf der Kommandantur empfing uns der Platzmajor, Hauptmann Stael von Holstein, ein kleines, kränkliches, ärgerliches Männchen. „Der ist also unser künftiges Schicksal — hm!" — Er war ein sehr vermögender Mann, trieb also sein Geschäft nicht aus Noth, sondern aus Neigung. Auf einem Ritt war er mit dem Pferde gestürzt, und litt noch immer an der gebrochnen Rippe. Die Gefangnen behaupteten, diese Pein mache ihn eifersüchtig auf jeden, der frei davon wäre, und er lasse darum seinen Unmuth an ihnen aus, wo er nur könne. Vielleicht thaten sie ihm Unrecht; er hatte förmlich eine Philosophie des Gefangenwärters; aber wahr ist es, er war giftig und zänkisch, was die Soldaten sträflich nannten; und wenn er zufällig nicht so sträflich sein konnte, als er wohl gewünscht hätte, weil der alte General von Funk es verbot, so hielt er doch eine kleine Rede, worin er zeigte, was nach seiner Meinung eigentlich hätte geschehen sollen. Er führte uns selbst auf das Thor, wo der alte Aufseher der Staatsgefangnen seine Wohnung hatte, wies uns den obern Stock an, der völlig wüst war, er enthielt nur zwei leere Bettstellen, und sagte: „Hier werden Sie wohnen. Sie mögen zusammen bleiben! Sie erhalten 5 Sgr. auf den Tag zu Ihrer Verpflegung."

„„Und damit haben wir uns auch einzurichten?""
„Wenn Sie das nöthig finden."

Der alte Unteroffizier fiel ein, er werde einen Tisch und zwei Brettstühle heraufsetzen.

Stael von Holstein machte uns eine Verbeugung, wobei ihm die böse Rippe schmerzen mochte, denn er griff mit der Hand darnach, und ging mit dem Unteroffizier die Treppe hinunter.

Aus dem Hinterfenster erblickten wir die Ostsee. Sie rollte ihre winterlichen Wellen unwirthlich genug, erinnerte mich aber dennoch angenehm an die Winterfahrten meiner Heimath. Da war es wieder das Meer, das freie Meer mit seinen schäumenden muntern Wellen.

„Wir sind hier aber kläglich eingeschifft", begann mein Gefährte; und als unser Wirth mit dem Tisch und den Stühlen erschien, eröffneten wir eine ausführliche Unterhandlung mit ihm, worauf er sehr eintönig erwiderte: „Sprechen Sie mit dem Herrn Platzmajor."

Als wir bemerkten: „der schiene nicht eben verschwenderisch gestimmt zu sein", gab er uns zu verstehn, wir hätten ihm auch nicht so kurz entgegentreten sollen.

Endlich erfuhren wir, die Kommandantur werde allerdings wohl Stroh in die Betten gewähren. Er selbst verstand sich dazu, ein Betttuch herzugeben; dies wurde über das Stroh der Kommandantur gedeckt; und damit mußten wir uns nun die Nacht behelfen, so gut es gehn wollte.

Das Klima von Colberg ist im Januar nicht grade das mildeste, und es waren wohl wenig Leute in Pommern diese Nacht so kühl gebettet, als wir. Aber nach dem Ausdruck des Herrn Platzmajors konnten wir uns ja besser einrichten, wenn wir es nöthig fanden. Diese Nacht waren wir aber noch nicht eingerichtet und froren gehörig. Dazu war Schliemann unwohl.

Dies konnte so nicht fortgehn. Wir verlangten den Platzmajor zu sprechen.

„Sie haben uns einzusperren, Herr Hauptmann, aber Sie haben doch nicht das Recht, uns erfrieren zu lassen. Auch hat man uns bei den Kloaken der Stadt an die Luft geführt, während Sie doch gewiß bessere Luft eben so bequem gelegen haben."

Der Herr Hauptmann Stael von Holstein erwiderte hitzig und scharf: „Sie sind hier zur Strafe, nicht zum Vergnügen!"

„Unsre Strafe ist Gefangenschaft, nicht daß wir erfrieren, oder in verpesteter Luft ersticken sollen.""

„Mit Ihnen hab' ich kein Mitleid."

„Es wäre mir auch unangenehm, wenn ich Ihnen oder irgend jemand bedauernswürdig erschiene.""

„Wäre ich der König, Sie ließe ich nie wieder frei."

„Ich glaube doch, Herr Hauptmann, sagte Schliemann, daß Sie in der Sache etwas thun müssen. Ich bin krank in dieser Winterzeit über Land geführt worden. Wären wir aber auch beide gesund, so könnten wir es doch in diesem Klima ohne Betten nicht bleiben."

„Ich werde Sie aufs Lauenburger Thor setzen. Dort können Sie Sich gut heizen lassen. Weiter kann ich nichts für Sie thun!"

Mit diesem Bescheid waren wir noch gnädig entlassen. „Wir müssen uns wirklich selbst Betten anschaffen, so gut wir können," sagten wir zu einander, „aber wie?" Wir überlegten's. Ich besaß eine goldne Taschenuhr, ein Geschenk meines Vaters, die ich so weit bei allen Klippen vorbeigesteuert hatte; und Schliemann glaubte etwas aufbringen zu können; aber das ging nicht sogleich. Das Gerücht von unsrer Lage mußte sich jedoch verbreitet haben; denn der Dr. Simon, ein Arzt in der Stadt, schickte Schliemann Betten. Er sei mit seinem Vater bekannt, und thue dies mit Freuden, da er höre, daß es nöthig sei.

Schliemann theilte nun mit mir seinen Vorrath, denn der gute Simon hatte reichlich gespendet, und wir froren nicht länger. Hoffentlich hat dem Herrn Hauptmann Stael von Holstein darum seine Rippe nicht ärger geschmerzt.

2. Das Lauenburger Thor war ein Blockhaus über der Wölbung im innern Festungswall, welche zum Thor diente. Es enthielt zwei Zimmer, ein sehr kleines nach Norden mit der Aussicht aufs Meer und ein größeres nach Süden. In das kleine wurden wir nun eingepfercht. Unsre Koffer stellten wir aufeinander. Ein Bett stand der Quere und füllte die ganze Wand, das andre der Länge und erreichte den Ofen, der die Ecke bei der Thür ausfüllte. Wenn wir am Tische saßen, nahmen wir den ganzen Raum zwischen Bett und Tisch ein. Der Tisch stand vor dem zweiten Fenster, die Koffer vor dem ersten.

Der Platzmajor besuchte uns: „Nun, hier werden Sie nicht mehr von der Kälte leiden, und Hausrath, wie ich sehe, haben Sie mehr, als Sie stellen können!" [1])

---

1) Den Theil dieser Erinnerungen, der meinen Freund Schliemann so genau mit betrifft, wie unsre gemeinsame Gefangenschaft, hab' ich ihm vor dem Druck vorgelegt, und ihn um Berichtigung und Ergänzung gebeten, wo es ihm nöthig schiene. Er schreibt zu dieser Stelle:

Darin hatte er freilich Recht, und er wußte recht gut, daß er es war, der uns mit unserm Ueberfluß so in Verlegenheit setzte.

"Ob Stael von Holstein das Alles so gesagt hat, wie Du es ihm in den Mund legst, das weiß ich in der That nicht mehr. Seine Gesinnung aber war so, daß er es hätte sagen können, darum ist es in seinem Charakter. Du wirst Dich erinnern, wenn er seinen Winterschlaf hielt, wie wir es nannten, und Lieutenant Sanft für ihn regierte, daß alsdann immer Alles friedlich herging. Sobald er aber Frühlings zum Vorschein kam, wie der Dachs aus seinem Loche, so gab es gleich Streit und Lärm. Einmal hatte ich Rosenstöcke und Stachelbeerbüsche, die Gärtner Nürnberg uns heraufreichte, auf den Wall vor unser Fenster gepflanzt. Sanft ließ es geschehn und sagte nichts dazu. Stael von Holstein machte später einen wüthenden Lärm darum. Schließlich aber blieben die Büsche dennoch stehn" — und die Festung wurde dadurch nicht schwächer.

Ich bemerke: Was ich den Herrn Hauptmann Stael von Holstein sagen lasse und eben so was ich später dem würdigen Hänisch in den Mund lege, sind ohne alle Färbung von meiner Seite die eignen Worte der beiden Männer, was ich sonst natürlich nicht immer behaupten will, am wenigsten wenn ich lange Reden und Unterredungen nach Anlage, Charakter und Umständen wieder hergestellt habe, deren Treue im Allgemeinen keiner der mitwissenden Freunde oder Gegner bestreiten wird die aber darum nicht für wortgetreue Aufzeichnungen ausgegeben werden.

Einzelne, einschneidende Schlagwörter behält man aber wörtlich im Gedächtniß und dahin gehören die Aussprüche, mit denen mich der Herr Hauptmann Stael von Holstein über meine neue Lage unter seiner Aufsicht aufklärte.

Es ist schon schlimm genug gefangen, aber nun auch noch im Gefängniß eingepfercht zu sein, und auf eine Zeit, von der wir das Ende nicht absahn, das war eine Bosheit, die wir schweigend hinnahmen, die uns aber empfindlich genug quälte, und leicht zu großem Unheil hätte ausschlagen können.

Schliemann zog sich diese Lage mehr zu Gemüth, als mir lieb war; denn ich wollte es mit aller Gewalt dahin bringen, von der Gefangenschaft und selbst von dieser Einengung abzusehn, und mich der monatelang unterbrochnen Beschäftigung mit den Griechen ganz wieder zu überlassen.

„Welch ein abscheuliches Loch, und welch eine Bosheit, uns hier so einzupferchen und dann noch mit unserm Ueberfluß von Hausrath zu verhöhnen!" rief Schliemann aus.

Dazu kam sein Unwohlsein. Er litt vornehmlich an rheumatischem Zahnweh, und obgleich er nicht eigentlich bettlägerig war, so gab er doch seinem Unwohlsein nach, machte sein Bett zum Sopha, und raffte sich nicht immer zum Spaziergange in der kalten Luft auf. Seine Neigung, sich dem Gefühl mit wenig Widerstand zu überlassen, verschlimmerte nur seinen kränklichen Zustand. Wo wollte das hinaus? Diese Gefahr, der mein Leidensgefährte ausgesetzt war, und mein eignes Gesundheitsgefühl, mit dem ich trotz alledem und alledem etwas durchsetzen und vor mich bringen wollte, reizten mich zum Widerspruch an.

Ich fand das Zimmer zwar klein, aber ungemein hell; die ganze Außenwand wäre ja wie Ein Fenster; zum Arbeiten sei es groß genug; und Bewegung müsse man sich draußen machen, wo wir vier Stunden des Tags auf der Sohle des Walls auf- und niederlaufen durften. „Ich werde jeden freien Augenblick bei jedem Wetter draußen zubringen," sagte ich, „und alle übrige Zeit den Büchern zuwenden. Thu' das nämliche. Nur so können wir gesund bleiben und, was noch mehr ist, im Gefängniß frei sein!"

Schliemann nahm meinen Widerspruch sehr übel auf, und war selbst durch meine Familienverhältnisse, die meine Gefangenschaft so grausam verschärften, und die ich ihm natürlich mitgetheilt hatte, nicht zu bewegen, mir ein Recht zuzugestehen, seiner Niedergeschlagenheit entgegen zu treten. Zum Theil lag dies in seinem Unwohlsein; und gefühlvolle Briefe seines Bruders, der Prediger war, machten das Uebel noch ärger.

Ich sprach schroff und hart über diese höchst gefährliche Gemüthsverfassung in einer Lage, wo wir uns nur durch die äußerste Tapferkeit und durch geizige Benutzung der Vortheile, die sie böte, aufrecht erhalten könnten; ich meinte die Zeit zum Arbeiten drinnen und die freie Luft auf dem Festungswalle. Dabei griff ich seinen Bruder wegen seines schädlichen Einflusses durch Mitleidsäußerungen, stark an, und verletzte ihn so sehr in seinem gemüthlichen Treiben, daß er mich einen groben Flegel schalt, worauf ich nun wieder heftig antwortete. Der Streit hatte sich durch mehrere Tage hingezogen, als es zu diesem Ausbruche kam. Kein Mensch, der nicht mit einem widerstreitenden Element durch enge Gefangenschaft zusammen gebannt ist, kann sich einen Begriff davon machen, zu welcher Erbitterung ein solcher Streit gedeihen will, ein Streit, der nicht zu heben ist, der, wie man selbst glaubt, zu nichts führen kann, und dem gleichwohl nicht auszuweichen ist. Die Leidenschaft steigerte sich und, wie natürlich, auf der schwächeren Seite am höchsten; und als es nun zum Ausbruch kam, wurde ein förmliches Duell daraus, wobei Schliemann, um das Gleichgewicht der Kräfte wieder herzustellen, ein anatomisches Messer aus seinem Besteck riß, und mir's in den Oberarm stieß, daß das Blut aus dem Aermel strömte.

Ich war entschieden der schuldige Theil, schon weil ich der gesunde und der stärkere war, und ihn billig hätte schonen sollen. Ich nahm also meine Wunde ruhig hin, faßte ohne Mühe das Messer, und warf es unter's Bett. Dann zog ich den Rock aus und hielt ihm mein Taschentuch hin, womit er mir den Arm verbinden sollte, wir dürften uns nicht bloßgeben, wenn die Wache käme, nach der die Schildwache, die den Lärm gehört hatte, so eben rief. Aber mein armer Freund war außer sich vor Aufregung. Ohne Zweifel hatte er sich meine Wunde gefährlicher vorgestellt. Blaß und fast ohnmächtig saß er auf dem Bett, und ich hatte ihn nur erst zu pflegen, und mit Wasser zu besprengen, ehe er mir den Verband anlegen konnte. Kaum war dies geschehn, so stürzte die Wache herein: „Was ist hier vorgefallen, meine Herren?" fragte der Wachthabende.

Als wir beide sehr ruhig und heiter versicherten, es sei gar nichts vorgefallen, was ihn beunruhigen könne, schloß der Unteroffizier, der übrigens ein guter Freund von uns war, sehr verwundert die Gefängnißthür wieder zu.

Wir kamen nun allmälich aus dem Wahnsinn der Leidenschaft ganz wieder zur Besinnung, wuschen die Blutlache vom Boden weg, legten das Messer wieder in's Besteck, und hatten eine lange Unterredung mit einander, in der wir unsre Freundschaft für immer befestigten.

Schliemann hatte mir durch seine verzweifelte Vertheidigung eine beßre Meinung von sich beigebracht, und er seinerseits glaubte mir, daß ich's bei all meiner Grobheit im Grunde gut mit ihm gemeint habe. Er sagte: „Ich gebe Dir auch Recht in Deiner Ansicht von unsrer Lage; aber Du bist mir mit Deiner Kur doch zu schonungslos zu Leibe gerückt. Nun, wir wollen von jetzt an treu zusammen halten; und ich bin entschlossen, mich Deiner Auffassung anzuschließen, sie ist ebenso richtig, schon vom ärztlichen Standpunkt ist das klar, als es Dein rascher Entschluß war, unsern ganzen Streit und vollends die unglückliche Wunde, die ich Dir geschlagen, der Kenntniß unsrer gemeinsamen Feinde zu entziehen. Habe herzlichen Dank dafür!"

Wir umarmten uns und schlossen einen Freundschaftsbund, den wir unser ganzes Leben hindurch gehalten haben.

Solche Schwierigkeiten hatte die Einrichtung auf dem Lauenburger Thor; und doch war dies im Grunde erst der Plan dazu.

3. Die nächste Frage war, wie wir mit unserm Gelde auskommen sollten. Man hatte uns eine Wirthschaft empfohlen, wo wir für einige Silbergroschen unser Mittagsessen holen ließen. Dazu versuchten wir das Commisbrod der Soldaten, das 2½ Silbergroschen kostete, machten aber bald die Entdeckung, daß Bäckerbrod zwar mehr als um die Hälfte kleiner, aber doch eben so billig, weil viel nahrhafter war, und daß die Leute, die an einem so geringen Preise des Essens noch verdienen wollten, uns sehr magere, wenn auch gute Hausmannskost zukommen ließen. Nun waren nebenan in dem großen Zimmer ein Lieutenant und ein Scharfrichter eingesperrt, mit denen wir natürlich bekannt wurden. Der Lieutenant, der Schneider hieß, war ein höchst drolliger Kauz, konnte den Schiller anführen und wußte die Rangliste der Armee auswendig, hatte aber nicht das Talent, seine Einnahmen und Ausgaben in Einklang zu bringen, während er in der Theorie ein guter Wirth war, und sich auf's Kochen verstand. Er belehrte uns sehr bald, wie man bil-

liger und besser wegkomme, wenn man sich sein Mittag selbst koche; wir machten sofort Gemeinschaft mit ihm und richteten unsre eigne Wirthschaft ein, woran aber der Scharfrichter, ein Murrkopf, sich nicht betheiligte. Schneider erbot sich, da er doch nichts zu thun habe, die Küche zu besorgen.

Dies war nun zwar von der Kommandantur nicht erlaubt, sondern ohne Weiteres angefangen worden, aber alle Unteroffiziere bis auf einen oder zwei duldeten unsre Wirthschaft; sie erlaubten, daß Schneider uns um zwölf unser Mittagsessen auf den Tisch setzte. Wenn aber die Gestrengen, die keinen Verkehr der Gefangenen unter einander duldeten, die Wache bezogen, ließ Schneider unser Mittagsessen ruhig auf dem Feuer stehen, wo wir es dann vorfanden. Einer dieser wenigen, kleinlich und grausam gesinnten Menschen zeigte das eingerissene Unwesen dem Platzmajor an. Der aber erklärte zu unsrer großen Verwundrung, er halte sich nicht für ermächtigt, dies zu hindern; es werde ohnehin nicht lange dauern.

Darin irrte er sich aber; wir fanden alle Drei unsre Rechnung dabei, und es währte so lange, bis Schneider vom Thore entfernt wurde. Schliemann bemerkt hierzu, die Erlaubniß sei unter Sanfts Regierung ertheilt und dann nicht wieder zurück genommen worden.

Als nun auch der Scharfrichter entlassen wurde, erhielten wir endlich die vordere größere Stube, und ein Pole, Namens Prusky, die unsrige.

Von dem Scharfrichter hatte ich einen polnischen Schafpelz gekauft. Prusky verkaufte mir im Voraus seine Betten und schaffte sich für den Erlös Lebenswasser an. Unsre Wirthschaft hatte uns erlaubt, etwas zu dergleichen Ankäufen zu erübrigen.

Den Schafpelz brauchte ich im Winter sehr nöthig, da ich alle Morgen um drei Uhr aufstand und bis acht Uhr kein Feuer haben konnte. Als wir nämlich unsern Plan, regelmäßig vier Stunden im Freien zuzubringen ausführten, zeigte sichs, daß wir sehr wenig Zeit zum Arbeiten übrig behielten; die Wache und die übrigen Gefangnen wollten unterhalten sein und suchten unsre Gesellschaft. Auch das Schachspiel hatte uns eine Zeitlang leidenschaftlich in Anspruch genommen.

All diesen Störungen wußten wir uns zuerst nicht zu entziehn, so wenig sie auch in unsern Plan paßten. Es lag zu nahe und war eine mächtige

Verführung, sich der Unterhaltung hinzugeben, und die Zeit todtzuschlagen, mit deren langer Weile wir gestraft werden sollten. Aber ich ertrug die Absperrung von meinen geliebten Griechen nicht lange und beschloß, um Neun zu Bett zu gehn und um Drei wieder aufzustehn; dies gab dann einen schönen freien Morgen von fünf Stunden.

Schliemann fand den Einfall zuerst gradezu lächerlich und abenteuerlich, glaubte auch nicht daran, daß ich ihn ausführen würde. Als ich die neue Ordnung der Dinge aber unwandelbar fortsetzte, stand er ebenfalls früher, nämlich um vier Uhr auf; und wir hatten uns so eingerichtet, daß ich, — wenn die Wachthabenden es gestatteten, was sie in der Regel thaten — den Kaffee kochte, und er ihn um vier Uhr vorfand. Dabei hatte ich das Fenster nach dem Festungsgraben, er das nach der Straße, was später, wie ich erzählen werde, seine Folgen hatte. Wir kehrten uns beim Arbeiten den Rücken zu und redeten mit einander eigentlich nur draußen auf dem Walle, wo wir dann die lebhaftesten Erörterungen über das pflogen, was wir drinnen gelesen hatten. Das Schachspiel fiel von selbst weg, als die Gegenstände unsrer Studien uns erst recht warm gemacht hatten.

4. Seit der Entfernung des Lieutenants mußten wir nun auch unsre Wirthschaft selber führen; und merkwürdig billig waren damals die Lebensmittel. Ich erinnere mich, daß wir einen ganzen Hammel, den wir einsalzten, für drei Thaler kauften, und daß ich zwei Silbergroschen für die Stiege Eier gab. Der Bauer hatte vier Stiege, also achtzig Eier, die ich ihm abkaufte. Als es sich zeigte, daß noch eine gute Anzahl drüber war, meinte er, die sollten drein gehn, da ich ja gleich die ganze Kiepe voll genommen habe. Für Rindfleisch gaben wir vier Silbergroschen, für Schweinefleisch drei Silbergroschen das Pfund. Eines Jahrs waren aber die Kartoffeln mißrathen, und als sie bis zu zwanzig Silbergroschen der Scheffel stiegen, konnten wir sie nicht bezahlen oder, besser gesagt, fanden sie den Preis nicht werth und aßen nur Mehlklöße.

Zu der Zeit hatten wir entdeckt, daß wir beide zusammen nur zwei Pfund Rindfleisch auf drei Tage mit der Fleischbrühe und den Klößen darin brauchten, daß alle fetten Speisen schädlich und zu schwer für unsre Lebensart waren; wir schafften sie daher ab, und aßen Tag für Tag unsre Rindfleischsuppe. Ja, wir kürzten sogar noch das Klößekochen ab, kochten eine Menge auf einmal — für vier Tage — thaten sie dann in eine Schachtel, und nahmen täglich eine gewisse Anzahl heraus, die dann in der Suppe nur wieder aufgesotten wurden. Sie wurden nicht sauer, vier Tage hielten sie sich.

Als wir einmal unsre Erfahrungen gemacht und uns darnach eingerichtet hatten, blieben wir merkwürdig wohl und gesund. Schliemann war wie neu geboren, es focht ihn nichts mehr an, während es ihn früher im Kopf und in den Zähnen und überall gerissen hatte.

Aber dieser glückliche Zustand wurde nicht mit Einem Satz erreicht, sondern allmälich und mit großer Anstrengung errungen, oft erkämpft. Das Wichtigste war freilich die Küche gewesen; aber daneben trat eine höchst bedenkliche Frage auf, nämlich, wie sollten wir die Beleuchtung bezahlen, die wir Abends und besonders Morgens brauchten? Talglichte waren für uns ein unerschwinglicher Luxus. Es wurden also ein paar Lampen eingerichtet. Kleine Gläser dienten zu Oelbehältern, und ein geschlitztes Blech für einen breiten Docht wurde an Draht aufgehängt.

Dies gab ein helles, sparsam brennendes Licht, und es ließ sich erschwingen, obgleich es in den langen Nächten fast so hoch kam, als das Mittagsessen. Zum Mittagsessen schoß jeder halbmonatlich zwanzig Silbergroschen ein und verbrannte gut und gern für funfzehn Silbergroschen Oel in der nämlichen Zeit.

Als die Lampenfrage erledigt war und die Erfahrung gezeigt hatte, daß wir die Beleuchtung bezahlen konnten, trat die Schafspelz- und die Filzschuhfrage auf; denn in dem ungeheizten Zimmer war es des Morgens bitterlich kalt. Als aber endlich alle Hindernisse eines vernünftigen und wissenschaftlichen Lebens allmälich beseitigt waren, als wir, wie Robinson auf seiner Insel, Alles von der richtigen Höhle bis zu den einfachsten Voraussetzungen des menschlichen Daseins nach und nach erobert hatten; da trat wieder der leidige Platzkommandant mit seiner bösen Rippe ins Mittel und — verbot den ganzen Kram, auf den uns alles ankam, nämlich das Arbeiten des Morgens bei Licht.

5. Dies kam so. Es waren allerlei Streitigkeiten mit der Wache vorgekommen, einmal hatten wir gesungen, ein ander Mal waren wir nicht aufgestanden, wenn der Lieutenant ins Zimmer blickte,

der die Gefangnen von seinem Vorgänger übernahm; und bei diesen Streitigkeiten wurden wir dann allemal heftig gescholten und geärgert, selbst wenn wir das entschiedenste Recht auf unsrer Seite hatten. Als ich z. B. bemerkte, das Singen sei ja nicht verboten, und die Wache habe uns überhaupt nur zu hüten, nicht zu verbieten, was ihr einfiele, erwiderte der Platzmajor: „Alles was nicht ausdrücklich erlaubt ist, ist verboten, und Alles, was Ihnen der Posten verbietet, haben Sie zu unterlassen."

Um diesen Erörterungen ein Ende zu machen, brachen wir allen und jeden Verkehr mit der Wache ab, wenn es nicht die entschiedensten Freunde waren. Dies war zugleich ein großer Zeitgewinn. Um aber die Morgenzeit zu sichern, da uns jeder eigensinnige Unteroffizier das Lichtbrennen verbieten konnte, sprach ich eigends mit dem Platzmajor, setzte ihm auseinander, weshalb wir uns so eingerichtet hätten und wozu wir namentlich den frühen Morgen benutzten. Er habe doch nichts dagegen, daß wir des Morgens so zeitig Licht brennten? Zu meiner Befriedigung fand er nichts dagegen zu erinnern; und ich dankte ihm für seine Güte.

Nun ereignete sich's aber, daß ein Lieutenant

Zimpel, der besonders eifrig im Dienst war, nach einiger Abwesenheit von Kolberg, die Wache bezog. Bei der Runde des Morgens früh hielt er an, und ließ die Schildwache fragen, weswegen wir Licht brennten?

Ich erwiderte: „Wir studirten und thäten dies schon lange alle Morgen, hätten es auch dem Herrn Hauptmann Stael von Holstein ausdrücklich angezeigt."

Zimpel machte seinen Bericht an die Kommandantur, der Platzmajor leugnete, das Lichtbrennen erlaubt zu haben, erklärte auf der Wachtparade meine Angabe für eine Lüge; und es wurde ein Parolebefehl erlassen, die Gefangnen sollten nicht eher Licht brennen dürfen, als bis Reveille geschlagen würde, was geschieht, wenn man ohne Licht lesen kann, so nämlich wird der Tagesanbruch erprobt.

Der Befehl wurde uns vorgelesen, und meine angebliche Lüge war darin nicht vergessen.

Dies brachte mich in den heftigsten Zorn gegen den verbißnen und treulosen kleinen Menschen. Ich verlangte den General von Funk zu sprechen, um mich über den Herrn Hauptmann zu beschweren.

Der Auftritt war ein höchst merkwürdiger. Ich sah zuerst natürlich den Platzmajor. Er sprach kein

Wort. Ich schwieg. Schweigend führte er mich die Treppe hinauf, öffnete des Generals Zimmer, und blieb an der Thür stehn. Ich ging natürlich auf den alten Herrn zu, begrüßte ihn, und bat, ihm die Geschichte vortragen zu dürfen.

Er war nicht wenig erstaunt, daß es mir, ohne meine Einrichtung mit der Morgenlampe, im Gefängniß an ruhiger Zeit fehle; diese Ansicht der Lage sei ihm neu, und doch müsse er gestehn, sie sei richtig, wenn man gesund bleiben und zugleich etwas vor sich bringen wolle.

„Ich kann gegen diese Ansicht und Absicht der Herrn Studenten nicht das Mindeste haben, Herr Hauptmann."

„Auch ich habe sie sehr gebilligt."

„Allerdings!" fiel ich ein, „und dafür sind wir dem Herrn Hauptmann sehr dankbar gewesen, als wir ihm unsre Absicht, von 3 Uhr ab Licht zu brennen anzeigten, und er darauf erwiderte, er habe nichts dagegen."

„Ist das wahr, Herr Hauptmann?"

„Ja, Herr General."

„Nun, dann will ich Ihre ursprüngliche Erlaubniß nun bestätigen, und unsre Kommandantur soll einem so vernünftigen Lebenswandel, als er hier vorliegt, auf keine Weise in den Weg treten."

„Darf ich dies so verstehn, Herr General, daß wir, wie bisher, den ganzen Winter von drei Uhr Morgens an Licht brennen dürfen?""

„Der Herr Platzmajor wird in meinem Namen den Befehl an die Thorwache erlassen."

„Ich bin Ihnen und dem Herrn Hauptmann für Ihr gütiges Eingehn auf unser Bedürfniß und unsern Wunsch sehr verbunden.""

Der Herr Hauptmann Stael von Holstein führte mich schweigend die Treppe hinunter. Ich wartete noch einen Augenblick; denn es war doch eigentlich eine Erörterung nöthig. Endlich begann er: „Sie haben mich hart verklagt, und wissen doch, daß ich es gut mit Ihnen meine!"

Ich war nicht thöricht genug, ihn zu reizen (er war empfindlich genug gestraft) und erwiderte schlau: „Ich hätte nie an seinem guten Willen gezweifelt und bäte ihn nur, mir denselben nun auch zu erhalten!"

Er ärgerte sich über meinen diplomatischen Gebrauch der Sprache und antwortete nicht. Am andern Tage erließ er dann seinen Parolebefehl, worin es hieß, auf Befehl des Herrn Generalmajors von Funk solle den Festungsstuben-Gefangnen, das war unsre Bezeichnung, Ruge und Schliemann, erlaubt sein, von 3 Uhr Morgens an Licht zu brennen, jedoch habe die Wache darauf zu sehn, daß der Lichtschein den Nachbarn nicht lästig werde.

„Der Lichtschein!" — er war nichts anders, als der Schein des Aergers, daß der Hauptmann und nicht ich die Unwahrheit gesagt hatte und er das grobe Verbot zurücknehmen mußte. Den Nachbarn aber konnte der Lichtschein nicht leicht lästig werden, denn unser nächster Nachbar in seiner Richtung war der Sirius. Unser Häuslein lag nämlich hoch auf der Courtine der Festung und unser Fenster sah den Wall entlang, dergestalt daß wir keine andern Häuser unserm Lichtschein gegenüber hatten, als das Schilderhaus und die Häuser des Himmels.

Wir wohnten in der That den Sternen näher, als ganz Kolberg, und ich pflegte diesen Umstand hervorzuheben und die philosophische Erhebung über das Gefängniß damit in Verbindung zu bringen, wenn ich an alte Freunde schrieb. Einmal hatte ich dies auch gegen meinen alten väterlichen Freund Gilbe-

meister gethan, und einen priesterlich gepfefferten Ver=
weis über meinen Hochmuth zur Antwort erhalten, den
der Herr Hauptmann Stael von Holstein, der unsre
Briefe durchlesen mußte, mit großer Genugthuung
genossen hatte. Der würdige Mann kenne mich und
habe sich sehr richtig ausgedrückt, bemerkte er mir.

Natürlich! Wer im Gefängniß sitzt, hat Unrecht,
und vornehmlich den Predigern kommt es zu, ihm
den Kopf zu waschen.

Nur unsre Eltern und Geschwister blieben uns
treu; der Rector Kirchner stellte mich in Gegenwart
meines Bruders als die Schande des Stralsunder
Gymnasiums hin, so sehr hatte er schon damals „den
heldenmüthigen Jüngling Karl Sand" vergessen; die
ganze übrige Welt ließ uns schmählich in Stich. Zwei
Freunde von Halle her, die aus dieser Gegend waren,
die Succos, hatten eifrig zur Burschenschaft gehalten
und der jüngere war aus meinem nächsten Umgange.
Sie kamen, ich weiß nicht in welcher Eigenschaft,
eine Zeitlang in Kolberg zu wohnen. Oft gingen sie
an unserm Spaziergange vorbei, aber sie kannten
uns nicht mehr, sahen weg, wenn sie unserm Blick
zu begegnen fürchteten, und grüßten uns nicht. Sie
glaubten offenbar, sich ihre werthvolle Stellung durch

so gottlose Bekanntschaft zu verderben. Schliemann bemerkt, es habe nur Ein Succo in Kolberg gewohnt; das ist möglich, ich habe sie aber beide vorbeigehn sehn.

6. Hiervon machte der alte Jahn eine Ausnahme. Er kam an den Wall heran — er war nur auf Ehrenwort gehalten, in der Festung zu wohnen, und ging frei umher — sprach mit uns, lieh uns die Akten seines Prozesses, woraus man sich von der vollständigen Abgeschmacktheit aller gegen ihn erhobnen Anklagen überzeugen konnte; es wurde ihm und den Turnern, mit denen er auf Stubbenkammer gewesen war, unter andern vorgeworfen, daß sie auf dem Rückwege von Jasmund sich im Spielerschen See gebadet und dadurch öffentlichen Anstoß gegeben hätten, während ohne Zweifel die Strandläufer und die Möven die einzigen Zeugen dieser Ausschweifungen gewesen sind, denn nichts kann einsamer gedacht werden, als die Ufer des Spielerschen See's zu jener Zeit. Er lieh uns aber nicht nur diese Selbstanklage der damaligen Machthaber, die von einem Ende zum andern aus kindischem Gellätsch über Jahn's Reden und Turnfahrten bestand, sondern auch Bücher über den Festungsbau und ein lithographirtes Manuscript

eines Preußischen Prinzen über Strategie und Taktik. „Diese Bücher müßt ihr lesen, sagte er, damit ihr doch in eurer Umgebung Bescheid lernt und mit den Soldaten in ihrer eignen Sprache reden könnt!" Die Bücher waren äußerst leichte Waare und machten uns wenig Kopfbrechen. Dann versorgte er mich mit Thiersch' Pindar, es war das Widmungsexemplar an ihn. Ich schrieb den ganzen Text ab, weil ich den Pindar nicht besaß, und ihm natürlich sein kostbares Buch zurückgeben mußte. Auch die Nibelungen und den Schah Nameh des Firdussi, von Görres, lieh er uns, lauter Prachtwerke, mit denen wir sehr zart umgingen. Sie waren durch einen Feldwebel, dem er vertraut war, an uns gelangt, heimlich, ohne daß es eigentlich nöthig war, aus dieser unschuldigen Sache ein Geheimniß zu machen. Wir gaben die Bücher natürlich an den Feldwebel zurück. Als ich aber später in Halle Privatdocent bei der Universität wurde, sandte mir Jahn, der in der Nähe von Naumburg wohnte, Boten über Boten, ich möge ihm seine Bücher wieder geben; und als ich dies begreiflicher Weise nicht konnte, ihn vielmehr, mit Berufung auf Schliemanns Zeugniß an den Feldwebel verwies, wurde er sehr zornig und erklärte in einem Briefe an Professor

Eiselen: „meine Seele wäre so schwarz, daß sie selbst der Teufel nicht zum A .. W .. brauchen würde."

Jahns Zorn bezog sich aber viel weniger auf die veruntreuten Bücher, als auf meine Auflehnung gegen sein Ansehn, die er aus meinem Briefe herauslesen mußte und zu der er in Kolberg selbst den Grund gelegt hatte. Wenn es wahr ist, daß wir Empörer gegen Königthum und Preußenthum waren, so that man dem alten Jahn gröblich Unrecht, als man ihn zum Hochverräther stempeln wollte. Er ist in Hinsicht auf staatliche Freiheit all sein Lebtag nichts anders gewesen, als ein durch und durch königlich, ja, hohenzollerisch gesinnter Mann, der sich in der Welt nichts anders zu Schulden kommen ließ, als gelegentlich einige große Worte und den Wunsch, sich durch seine Stichworte einen Ruhm und einen Einfluß zu erwerben. Sein Altdeutschthum bestand wesentlich in dieser wohlgewürzten Grobheit und war seiner Preußischen Unterthänigkeit so wenig im Wege, daß er es ganz natürlich fand, in Preußischem Solde zu stehn und die Republikaner anzugreifen. Eben so königlich gesinnt war Ernst Moritz Arndt. Beide haben dies 1848 im Frankfurter Parlament und später zum Erstaunen vieler ihrer jungen Verehrer mündlich und schriftlich bestätigt. Unserm Freunde Jahn war meine Aufklärung über seine unterthänige Gesinnung zu einer Zeit, wo er noch überall für einen zuverlässigen Anführer der Volkspartei galt, höchst unbequem; daher sein Brief an Professor Eiselen. Er wollte aber damals noch nicht den Philosophen und den Republikaner angreifen, der von ihm abfiel — für den Verfolgten hätte es sich nicht geschickt, nun Andere zu verfolgen — so beklagte er sich nur über meinen Abfall als eine Schlechtigkeit des Herzens und der Gesinnung, freilich in einer etwas derben Ausdrucksweise. Der Witz ging herum, und wurde bekannt genug, erregte aber nur Belustigung; denn ich war in Halle nicht der Einzige, bei dem sich der alte Herr um sein Ansehn gebracht hatte. Selbst sein wahres Verdienst, das um die Turnerei, litt darunter; und man ist ihm erst später wieder gerecht geworden.

Jahn wurde bald gänzlich von Kolberg entlassen, nahm Abschied von uns, sagte kein Wort von den Büchern und verschwand aus unserm Gesichtskreise.

7. Später änderte sich die Stimmung. Die Leute verloren die Furcht. Außer dem alten Jahn begrüßte uns eines Tages der Bruder eines alten ungemein heitern Genossen von Jena her, ein Mecklen-

burger, Namens Strecker, und vertraute uns an, sein
Bruder habe sich dadurch gerettet, daß er sich zwei
Jahre auf seines Vaters Glashütte verborgen. Er
war nicht wenig erstaunt, als ich ihm mittheilte, das
wäre ganz überflüssig gewesen, da er ja nie zum Bunde
gehört hätte.

Darauf besuchte uns mein Bruder Reinhold und
brachte mir beruhigende Nachrichten von Hause. Mein
Vater war Stadtsecretär in Triebsees geworden. Ich
ließ mir unsern jüngern Bruder Ludwig und die bei=
den Schwestern beschreiben, die ich als Kinder ver=
lassen hatte; und es war mir kein geringer Trost,
daß es zu Hause doch so leidlich stand und offenbar
die schlimmste Zeit vorüber war. Auch Schliemanns
Brüder kamen.

Endlich besuchte uns Schliemanns Vater. Der
erzählte uns, wie ein Freund ihn mit traurigen Ge=
behrden auf die Nachricht habe vorbereiten wollen,
daß sein Sohn in Spandau erschossen sei, und er er=
widert habe: „sparen Sie sich die Mühe; ich habe
spätere Nachrichten von meinem Sohne selbst, unmit=
telbar aus dem Himmel, und darin schreibt er mir,
daß er lebe und gesund sei."

8. Selten erlangten wir einmal einen Stoß Zei-

tungen, und hörten so, was draußen in der Welt vorging. 1826, als in Petersburg die Verschwörung von Pestel und Murawieff ausbrach, als Nicolas nur mit Mühe die empörten Regimenter wieder zügelte, die schon seinen Abgesandten, den General Miloradowitsch niedergeschossen hatten, als also der Schwiegersohn und die Tochter des Königs in so drohende Gefahr gerathen waren, da suchten gewissenlose Schreiber von der Kamptzischen Farbe, wenn nicht Kamptz selbst der bisweilen dergleichen Schriftstellerei trieb, die Petersburger Ereignisse mit unsrer Verschwörung in Verbindung zu bringen. Sie konnten ihre erfundnen Enthüllungen zwar drucken lassen, aber nicht beweisen, und die gewissenlose Darstellung blieb ohne alle Folgen für uns. Es war dies die Zeit, wo der Schrecken, den der Männerbund zuerst erregt hatte, verblaßt war; und die Leute, die durch dieses Gespenst des Müllers Salomo zu Ehren gekommen waren, griffen eifrig nach der Gelegenheit, die sie in dem Russischen Aufstande zu finden glaubten, um dem Könige einzuheizen und die Verfolgungssucht wieder aufzustacheln, scheiterten aber vollkommen damit. „Man merkte die Absicht und ward verstimmt."

Anregend war die Nachricht von der Seeschlacht

bei Navarino. Alles sah darin einen Triumph der öffentlichen Meinung Europas und freute sich herzlich darüber, daß selbst die Engländer, sehr gegen die Politik ihrer Minister, welche die Zerstörung der ägyptischen Flotte im Parlament ein „unangenehmes Ereigniß" genannt hatten, mit fortgerissen worden waren.

In dieser Zeit kamen auch die Dampfschiffe auf, aber vergebens sahen wir auf der Ostsee darnach aus; es waren viel civilisirtere Gewässer, wo diese Verwirklichung der alten Fabel von Jasons Feuerstieren, mit denen man jetzt die Wogen durchpflügte, zu sehn war, und wirklich sollte ich erst nach meiner Befreiung das erste Dampfboot erblicken und zwar auf dem Lago maggiore. Im Gefängniß gehörte dies zu meiner Sehnsucht; ich schrieb 1829 in einer Elegie[1]) diese Worte nieder, die sich seltsam verwirklicht haben:

Dann führt wieder mein Pfad, seit lange zuerst, mich zum Meere;
Und in die kühlende Fluth taucht mich ein rüstiger Sprung.
Flieht nicht, spielende Wellen, o, wellt zu süßer Umarmung,
Daß uns, schwimmend gesellt, wiege das schwimmende Meer
Welt in die See! — Dort segelt — o nein, dort rollet auf
Rädern,

---

[1]) Gedruckt im 10. Bd. meiner sämmtlichen Werke 1847.

Dampfend, ein freier Vulkan; — führe mich, mächtiges Schiff!
Fern zur leuchtenden Insel Brittanien flieget der Wimpel;
Und bei dem freiesten Volk weil' ich ein glücklicher Gast.
Aber es zieht mir das Herz zu der Heimath traulerem Boden;
Laßt mich zurück, und des Rheins muntern Wirbel mich schaun.

Noch weiter weg waren die Eisenbahnen, — in Amerika und in England. Doch hörten wir auch schon von ihnen.

8.

Wissenschaft und Erlebnisse auf dem Jnenburger Thor.

1. Als wir uns Alles, das Lager, die Kost, den Raum, die Luft, das Licht, ja selbst die Ruhe im Gefängnisse mit beharrlicher Anstrengung errungen, als wir uns mit unsrer Umgebung auf den Fuß gesetzt, daß sie uns in der Verwerthung unsrer Zeit gewähren ließen oder gar zum Theil unterstützten, wie der alte Jahn mit seinen Büchern; gingen wir eifrig ans Werk, und jeder faßte ernstlich ein wissenschaftliches Ziel ins Auge.

Schliemann glaubte unter diesen Umständen die Medicin, die sich doch nicht aus Büchern und in

solcher Abgeschlossenheit von der Natur studiren ließ,
aufgeben zu müssen, und wandte sich ebenfalls den
Alten zu. Ich rieth ihm sehr zu, wegen seiner Kenntnisse in der Chemie und wegen all der Vorarbeiten,
die er schon gemacht, bei seiner Wissenschaft zu bleiben, wenn er auch einstweilen zu den Alten zurückkehrte. Er ergab sich um so eifriger der Philologie,
weil er einige Jahre dabei blieb, er wolle Schulmann
werden. Endlich überwog aber doch die alte Grundlage und die ganz richtige Betrachtung, daß bei unserm Bruch mit den politischen Gewalten der Arzt
immer noch der freiste Gelehrte sei.

Ich selbst blieb unwandelbar bei meiner ursprünglichen Absicht, nicht ohne Ahnung der Macht und
Genugthuung, welche dem Menschen die Einsicht in
die innerste Werkstatt alles geistigen Lebens gewährt.

2. Von Aristophanes gerieth ich zunächst auf
Thucydides, den ich zum Theil schon sehr genau und
wiederholt gelesen hatte. Ich wußte also, welch eine
überlegne Staatsweisheit und welch ein Abbild hoher
menschlicher Bildung hier zu finden war. Außerdem
war dies ein Schritt von dem Spaß in den Ernst,
vom Theater in die Volksversammlung, der zu meiner
damaligen Stimmung sehr gut paßte. Denn ich war

durch meine Gefangenschaft keineswegs ein Bewundrer
meiner Gefangenwärter und der unerhörten politischen
Rohheit eines solchen Volks und einer solchen Staatsverfassung geworden, wie dies zu meinem Erstaunen
andern Leuten wirklich begegnet war; und nachdem
ich dreizehn Jahre in England gelebt und die Freiheit
hier und die Knechtschaft des Kontinents gründlich
habe kennen lernen, bestätige ich die Ansicht meiner
Jugend in allen Punkten. Erst die politische Freiheit giebt dem Menschen seine Würde und dem Leben
seinen Werth.

Zuerst dachte ich daran, den großen Geschichtschrei-
ber zu übersetzen; einige Bücher vollendete ich wirklich; dann wurde ich darin durch Studien über die
Form und durch dichterische Versuche unterbrochen.
Ich habe aber noch ein Stück dieser Arbeit gerettet,
das ich hier mittheilen will, weil ich immer noch
finde, daß es in den weitesten Kreisen gelesen zu
werden verdient und mir dennoch nirgends in einer
lesbaren, ja nicht einmal richtigen Form vorgekommen
ist. Es ist Perikles' berühmte Rede über Athen.
Wer diese schönen Worte einmal begriffen hat, wird
sie sein ganzes Leben lang nicht wieder vergessen; sie

enthalten die Gedanken eines ganzen Mannes und eines vollkommnen Menschen.

3. Perikles' Rede, Thucydides II. 34—46.

II. 34. — — Nach der schönsten Vorstadt Athens begleiten Bürger, Fremde und die weiblichen Angehörigen in feierlichem Zuge die Gebliebnen. Ihre Gebeine werden in cypreßnen Särgen hinausgeführt. Jeder Volksstamm hat seinen Wagen.

Wenn die Särge beigesetzt und mit Erde bedeckt sind, tritt ein angesehner Mann aus der Stadt, der dazu gewählt worden ist, auf und hält die Rede.

Bei der ersten Bestattung in diesem Kriege hatte Perikles zu sprechen. Als der Augenblick gekommen war, stieg er von dem Grabmal auf die hohe Plattform, die so aufgebaut war, daß ihn die Versammlung möglichst weithin hören sollte, und sagte:

35. „Die vor mir an dieser Stelle gesprochen, haben meist den Gesetzgeber gerühmt, der die Rede eingeführt, und ihren Vortrag zu Ehren der Gefallnen eine schöne Sitte genannt. Mir will es fast scheinen, als genüge es, Männern, die durch Thaten groß geworden, auch durch Thaten Ehre zu bezeigen, wie ihr sie hier, in diesem öffentlichen Begräbniß, vor Augen habt, und als sei es nicht gerathen, die Ver-

dienste so vieler Männer der mehr oder minder guten Darstellung eines Einzelnen auszusetzen. Denn es ist nicht leicht, da angemessen zu sprechen, wo man kaum die wirklichen Thatsachen aufzufassen und festzustellen im Stande ist. Der unterrichtete und wohlmeinende Zuhörer wird leicht finden, daß die Auffassung hinter seinen Wünschen und seiner Sachkenntniß zurückbleibt, der unkundige hingegen wird oft an Uebertreibung glauben und bei Allem, was über seine Kräfte hinausgeht, neidisch aufhorchen. So lange nämlich, als man selbst noch im Stande zu sein glaubt, etwas von dem zu leisten, was man preisen hört, läßt man sich fremdes Lob schon gefallen; was aber über unsre Kräfte geht, sehn wir sogleich mit Neid und Mißtrauen an. Nun hat es aber unsern Vätern einmal so recht geschienen; daher muß auch ich der Sitte folgen und euer Aller Wunsch und Ansicht so viel als möglich zu genügen suchen.

36. „Ich werde von unsern Vorfahren beginnen, sie verdienen es; und zugleich ist es in der Ordnung, ihnen bei dieser Gelegenheit ein ehrenvolles Andenken zu widmen. Sie haben das Land immer in demselben Geiste regiert und es von Geschlecht zu Geschlecht durch ihre Tapferkeit frei erhalten. Sie verdienen

alles Lob; mehr aber noch verdienen es unsre eignen
Väter, die zu dem, was sie von den Vorfahren über-
kamen, nicht ohne Anstrengung noch die Macht, welche
wir jetzt im Besitz haben, dazu erwarben und uns
hinterließen; und die Hauptsache haben wir selbst, die
wir jetzt noch im kräftigen Alter stehn, dabei gethan
und diesen Freistaat zu Krieg und Frieden mit voller
Kraft und Sicherheit ausgerüstet. Die kriegerischen
Thaten, wodurch dies Alles errungen worden, und wie
wir selbst oder unsre Väter Angriffe von Barbaren
oder Hellenen tapfer zurückgewiesen, dies Alles ist euch
bekannt, und ich will mich nicht weiter dabei aufhalten. Durch was für ein Leben wir aber dazu gelangt
und aus welcher Staatsverfassung und Sitte so Großes
entsprungen ist, dies will ich zuerst zeigen und dann
weiter auf den Ruhm unsrer Gefallenen übergehn; ich
bin nämlich der Meinung, diese Darstellung sei hier
nicht am unrechten Orte, und es werde sein Gutes
haben, wenn die ganze Versammlung von Bürgern
und Fremden sie höre.

37. „Die Verfassung unsers Staates hat sich
nicht nach den Gesetzen unsrer Nachbarn gebildet, ist
vielmehr eher ein Vorbild für Andre, als eine Nachahmung, und führt den Namen Demokratie oder

Volksherrschaft, weil der Staat nicht für eine Minderzahl, sondern zum Wohl der Mehrheit verwaltet wird. Denn Alle genießen gleiches Recht vor Gericht; die Geltung eines Jeden hängt allein von seinem Rufe ab; nicht nach seinem Stande, sondern vielmehr nach seinem Verdienste wird er zu öffentlichen Ehrenstellen gewählt; auch Armuth hindert ihn nicht daran, bei seinen Mitbürgern in Ansehn zu stehn und dem Staate so viel Dienste zu leisten, als er vermag. Während wir in öffentlichen Angelegenheiten so vorurtheilsfrei verfahren, sind wir im täglichen Verkehr arglos gegen einander, verdenken es keinem, wenn er sich etwa dem Vergnügen hingiebt, und halten Niemand zu Beschwerden an, die ohne grade Strafe zu sein, einen schmerzlichen Anblick gewähren. Ungezwungen im Privatverkehr, halten wir uns im öffentlichen Leben größtentheils durch gute Gesinnung in unsern Schranken, gehorchen der jedesmaligen Obrigkeit und den Gesetzen, besonders denen zum Besten der Unterdrückten und jenen ungeschriebnen, die nur mit Entehrung in der öffentlichen Meinung strafen.

38. „Mit gutem Bedacht haben wir manche Erholung von der Arbeit angeordnet, Kampfspiele und jährliche Opferfeste eingesetzt und unsre häusliche Ein-

richtung zu einer solchen Annehmlichkeit gebracht, daß ihr tägliches Behagen keine trübe Stimmung aufkommen läßt. Dazu werden uns bei der Größe der Stadt alle Güter der Erde zugeführt, und wir sind mit dem Genuß unsrer heimischen Erzeugnisse nicht besser vertraut, als mit dem Genuß der Güter aller andern Weltgegenden.

39. „Auch in der Sorge für das Kriegswesen unterscheiden wir uns vortheilhaft von unsern Gegnern. Unsre Stadt steht Allen offen, Fremde werden nicht ausgewiesen und Keinem gewehrt, zu erfahren und zu sehen, was offen vorliegt, und der Feind sich also merken und zu Nutze machen kann; denn wir verlassen uns nicht sowohl auf Vorbereitungen und Ueberraschungen, als auf unser Selbstvertraun, womit wir die Sache angreifen. Unsre Gegner gehn gleich von Jugend auf in der Erziehung mit mühseliger Einübung auf ein männliches Wesen aus; wir hingegen leben sorglos hin und bestehen darum nicht schlechter in gleichem Kampf und gleichen Gefahren mit ihnen. Dies ist klar. Ziehn doch die Lacedämonier nicht allein, sondern mit ihrer ganzen Bundesmacht gegen uns ins Feld; wenn wir aber unsre Nachbarn angreifen, erringen wir auf fremdem Boden gegen die

Vertheidiger ihrer eignen Heimath gewöhnlich einen leichten Sieg. Auf unsre Gesammtmacht aber ist noch nie ein Feind gestoßen, weil wir zugleich für die Flotte zu sorgen und uns zu Lande nach vielen Orten zu zerstreuen haben. Wenn sie nun mit einem Theil unsrer Macht zusammengerathen und Einige von uns überwältigen, so rühmen sie sich, alle geschlagen zu haben, und wenn sie unterliegen, allen zusammen unterlegen zu sein. Und wenn wir nun lieber aus unsrer Bequemlichkeit als aus einer mühseligen Abhärtungsschule heraus, und mit einer Männlichkeit, die wir weniger den Gesetzen, als unserm Charakter verdanken, die Gefahr bestehen wollen; so haben wir das voraus, daß wir uns nicht schon vorher abgequält, ehe das Ungemach eintrat, und wenn wir uns dann hineinstürzen, daß wir eben so kühn auftreten, als die sich von jeher geplagt haben.

40. „Hierin und noch in manchen andern Dingen ist unser Staat bewundernswerth. Wir fördern die Kunst ohne übermäßigen Aufwand und die Wissenschaft ohne Verweichlichung; unsern Reichthum haben wir bei der Hand, wenn die That es erfordert, nicht in prahlerischen Reden; Armuth nicht einzugestehen, wäre schimpflich, ihr nicht durch Anstrengung ein Ende

zu machen, aber noch schimpflicher. Bei uns widmen sich dieselben Leute zugleich ihren eignen und den Staatsangelegenheiten; und manche, die sich gänzlich den Geschäften zuwenden, sind darum keineswegs ungründlich in Staatssachen unterrichtet; denn wir allein halten den, der daran keinen Theil nimmt, nicht für einen ruhigen Bürger, sondern für einen unnützen Menschen; und nur wir beurtheilen und erwägen auch die Angelegenheiten gehörig, weil wir nicht der Meinung sind, Reden seien den Thaten schädlich, sondern schädlich sei es vielmehr, sich nicht vorher durch Reden zu unterrichten, ehe man, wo es nöthig, zur That schreitet. Und so unterscheiden wir uns auch darin vortheilhaft von unsern Gegnern, daß wir nicht nur am meisten wagen, sondern uns auch gehörig überlegen, was wir unternehmen, während sie ihre Verwegenheit nur aus der Unwissenheit, hingegen aus der Ueberlegung nur Zaghaftigkeit schöpfen. Man wird aber und mit Recht die tapfersten Herzen die nennen, denen Gefahr und Annehmlichkeit am besten bekannt ist, und die sich dadurch doch nicht von gewagten Unternehmungen abschrecken lassen.

Auch über freundliche Leistungen haben wir unsre eignen Ansichten. Nicht durch empfangne, sondern durch erwiesne Wohlthaten erwerben wir uns Freunde. Wer eine Gunst gewährt, wünscht eifrig, sich den Vortheil des Wohlwollens bei dem Empfänger zu sichern; wer aber einen Gegendienst zu leisten hat, ist nachlässig, weil er sich bewußt ist, daß seine Leistung keine Gunst, sondern eine Schuld ist. Wir allein helfen Andern unbedenklich, nicht sowohl aus Berechnung des Vortheils, als im Vertraun auf ihre anständige Gesinnung.

41. „Mit Einem Wort: ganz Athen ist eine Schule Griechenlands und jeder Einzelne von uns nach meiner Ansicht im Stande, sich für alles Mögliche tüchtig zu machen und dabei mit Anmuth und Gewandtheit aufzutreten; und daß dies nicht nur ein Wortgepränge für diese Gelegenheit, sondern Thatsache und Wirklichkeit ist, beweist die Macht unsers Staates selbst, die wir durch diese unsre Eigenschaften gegründet haben. Er allein geht mächtiger, als sein Ruf, aus allen Proben hervor; er allein flößt dem Feinde, wenn er ihm Niederlagen beibringt, kein Gefühl der Schande ein und zwingt die Unterworfnen nicht zu der Klage, daß sie von Unwürdigen beherrscht würden. Von dieser Macht haben wir große Denkmäler und sprechende Zeugnisse aufgestellt und werden dafür

von Mit- und Nachwelt Bewundrung einerndten, ja, wir bedürfen nicht einmal der Lobgesänge eines Homer oder wer sonst mit Heldengedichten den Augenblick erheitert, aber seine Dichtung sehr bald durch die Wirklichkeit widerlegt sieht, haben uns vielmehr in allen Ländern und Meeren mit kühnen Unternehmungen Bahn gebrochen und überall unvergängliche Andenken im Guten oder Bösen hinterlassen.

Für ein solches Gemeinwesen, dessen Besitz sie sich nicht rauben lassen wollten, sind diese Männer heldenmüthig kämpfend in den Tod gegangen, und wird gewiß jeder Ueberlebende einen gleichen Kampf zu bestehen bereit sein.

42. „Deswegen habe ich nun auch unser Staatswesen ausführlicher besprochen und damit erstens gezeigt, daß unsre Gegner, die in keiner Hinsicht solche Güter besitzen, wie wir, auch nicht um den nämlichen Preis kämpfen, wie wir; sodann habe ich zugleich den Ruhm der Männer, von denen wir hier reden, auf glänzender Grundlage festgestellt. Und das Wesentlichste zu ihrem Ruhme ist damit gesagt. Denn was ich von unserm Staate Rühmliches hervorgehoben, damit haben ihn diese Männer und ihres Gleichen durch ihre Anstrengungen geschmückt; und wenig

Hellenen werden mit ihren Thaten so vollständig ihrem Lobe gleichkommen. Ihr Ende scheint mir, sei es nun als erste Probe oder als letzte Bekräftigung, ein Beweis ihrer Mannestugend. Ja, selbst die sonst nicht fehlerfrei gewesen, muß ihre Tapferkeit im Kampfe für das Vaterland darüber hinausheben; sie haben Uebel durch Gutes in Vergessenheit gebracht und dem Gemeinwesen mehr genützt, als sie im Einzelnen geschadet haben können. Und keiner von den Gefallnen hat sich im Reichthum um des Genusses willen weichlich gezeigt, oder aus Hoffnung, der Armuth zu entgehn und Reichthum zu erwerben, die Gefahr hinauszuschieben gesucht. Die Züchtigung der Feinde lag ihnen mehr am Herzen; von allen Gefahren schien ihnen diese die ehrenvollste; und so beschlossen sie, den Strauß zu bestehn und die Landesfeinde zu züchtigen, gaben der Hoffnung den ungewissen Erfolg anheim, gingen mit Selbstvertrauen an's Werk, so weit sie es vor Augen hatten, und als sie darin waren, setzten sie lieber ihr Heil in Kampf und Wunden, als in's Zurückweichen, und sind allem Tadel entgangen, haben ihr Werk mit dem Leben besiegelt, und in einem kurzen Augenblick, auf dem Gipfel ihres Ruhmes, wurben sie nicht sowohl der Furcht, als der Banden des Schicksals ledig.

43. „So sind sie unsers Freistaates würdig zu Helden geworden, und wir Ueberlebende dürfen keine minder kühne Gesinnung gegen den Feind hegen, wenn wir auch wünschen mögen, daß sie uns weniger gefährlich werde. Dabei müssen wir uns den erwiesenen Dienst nicht bloß durch Worte vergegenwärtigen (man könnte leicht in langer Rede ausführen, was ihr selbst schon wißt, wie viel Gutes mit der Vertheidigung des Vaterlandes gestiftet wird), sondern wir, die wir die Macht des Staates täglich in Wirksamkeit sehn, müssen uns lieber dafür begeistern, und wenn wir die Größe dieser Macht begriffen haben, uns sagen, daß kühne Männer, die ihre Pflicht kannten und bei ihren Thaten von Ehrgefühl beseelt waren, dies Alles erworben haben, und wenn sie auch einmal in einem Unternehmen gescheitert sind, dennoch den Staat ihrer Dienste nicht berauben wollten, ihm vielmehr die schönste Liebesgabe darbrachten. Für das Gemeinwesen haben sie ihr Leben hingegeben, für sich unsterblichen Ruhm erworben und das glänzendste Grabmal, nicht dies, worin sie hier begraben sind, sondern das, worin ihr Ruhm sie bei jedem Anlaß in

Rede und That unvergeßlich überlebt. Denn ausgezeichneter Männer Grab ist die ganze Erde, und nicht nur der Säulen Inschrift in der Heimath zeigt es an, sondern auch in der Fremde lebt ihr Andenken, ohne Inschrift, im Herzen eines Jeden besser fort, als auf Denksteinen.

Ihnen eifert also nach, seid überzeugt, glücklich sein heißt frei, frei sein heißt tapfer sein; und darum verliert die Wechselfälle dieses Kriegs nicht aus den Augen. Nicht die Unglücklichen, die keine Hoffnung auf Verbesserung ihrer Lage haben, sollten sich eher bewogen fühlen, ihr Leben einzusetzen, als die, in deren Leben eine Veränderung zum Gegentheil zu fürchten wäre, und für die es einen großen Unterschied macht, wenn sie ein Unglück treffen sollte. Denn für einen Mann von Selbstgefühl ist, Mißhandlung bei weichlichem Wohlleben zu erdulden, schmerzlicher, als ein überraschender Tod bei kräftiger That und in einem hoffnungsvollen Augenblick der Republik.

44. „Darum will ich auch euch, ihr Eltern dieser Gefallnen, die ihr hier zugegen seid, nicht bedauern, sondern aufrichten. Ihr wißt, daß der Mensch unter vielfältigen Gefahren heranwächst. Glücklich ist, wem ein so rühmliches Ende, wie diesen, und eine Trauer wie die eurige, zu Theil wurde, wem ein Leben,

in dem er seine Befriedigung und eine Befriedigung,
in der er seinen Tod fand, bestimmt wurde. Wohl weiß
ich, daß es schwer sein wird, euch zu überzeugen, da ihr
durch das Glück Andrer so oft daran erinnert werdet,
was einst auch euch erfreute, und man nicht über den
Verlust dessen trauert, was man nie genossen, sondern
um die Entbehrung eines Gutes, an das man sich gewöhnt hatte. Ihr müßt aber gutes Muthes sein, und
wer von euch noch im kräftigen Mannesalter steht, muß
sich mit der Hoffnung auf neue Kinder trösten; denn er
selbst wird über den Nachgebornen den Verlust derer
verschmerzen, die nicht mehr sind, und dem Staate
wird dies den doppelten Gewinn bringen, daß er neue
Bürger und so viel mehr Sicherheit erwirbt; wer
nämlich bei den Gefahren des Gemeinwesens nicht
eben so gut, wie jeder Andre, Kinder zu verlieren
hat, wird im Rathe des Volkes nicht leicht billig und
gerecht stimmen. — Ihr Andern hingegen, die ihr
über das Mannesalter schon hinaus seid, genießt den
Vortheil, den größten Theil eures Lebens glücklich
hingebracht zu haben, und der Gedanke, daß der Rest
kurz sein werde, so wie der Ruhm eurer Verlornen,
wird euch eine Erleichterung gewähren. Denn nur
der Wunsch nach Ruhm altert nicht, und in der Ruhe

des hohen Alters ist es nicht der Gewinn von Gütern, wie man wohl sagt, sondern Ehre und Ansehn, was uns am meisten erfreut.

45. „Söhne und Brüder der Bestatteten, die ihr hier zugegen seid, für euch sehe ich einen großen Kampf sich eröffnen. Jeder ist gewohnt, von den Hingeschiebnen nur Gutes zu reden; und ihr werdet bei so unerreichbaren Vorbildern kaum für ihres Gleichen, gewiß für etwas Geringeres gelten. Im Leben ist man aus Wetteifer ungerecht gegen einander, was Einem aber nicht mehr im Wege steht, ehrt man mit neidlosem Wohlwollen.

Wenn ich nun auch eurer, die ihr hinfort im Wittwenstande leben werdet, und dessen, was eurem weiblichen Wesen ziemt, zu gedenken habe, so will ich Alles in ein kurzes Wort der Mahnung zusammenfassen. Euch wird es zu großer Ehre gereichen, von dem weiblichen Sinn eures Geschlechts nicht abzuweichen, und so wenig als möglich in Lob oder Tadel unter Männern erwähnt zu werden.

46. „Hiermit habe ich nun der Sitte genügt, und was mir geeignet schien, in Worte gefaßt; durch die That hingegen ist den Bestatteten eines Theils schon ihre Ehre geworden, dann aber wird auch der

Staat ihre Kinder von jetzt an bis zum mündigen Alter auf öffentliche Kosten erziehen und dadurch den Gefallnen und ihren Hinterbliebnen einen nützlichen Siegeskranz für so große Dienste überreichen; denn in einem Staate, wo dem Verdienste die größten Kampfpreise winken, bewähren sich auch die Bürger als die besten Männer.

Und jetzt erweist noch, jeder den Seinigen, die letzte Ehre der Trauer; und dann geht auseinander."

4. Ich habe noch das besondre Verhältniß zu diesem Meisterwerk der Einfachheit, der bewußten Größe und der gedrängten Kürze, daß ich mir schon damals die Frage nach der Bedeutung Athens, dieser Schule nicht nur Griechenlands, wie Perikles sagt, sondern des ganzen werdenden freien Europas, vorlegte und, wie später im Plato die wissenschaftliche, so hier die politische Antwort auf diese Frage fand. In Athen begegnen wir einer Fülle von Männern, deren geistige Höhe und Freiheit von wenigen unsrer Zeitgenossen verstanden, von noch viel wenigern erreicht wird. So niederschlagend diese Thatsache ist, so sehr reizte mich ihre Entdeckung zur Vertiefung in die Schätze jener großen Vorzeit. Zugleich war mir's klar, die Dichter werden nicht von den undichte-

rischen, die Philosophen nur von denkenden Männern und Thucydides nicht von den Sklaven der Europäischen Despotieen verstanden. Gleiches wird nur von Gleichen begriffen. Nur wer die Griechen mit diesem Bewußtsein liest, ist ihrer werth. Sie erfinden die Freiheit in allen Gebieten.

Die Asiaten haben ihren König, ihren Herrn. Sie sind so hündisch gesinnt, daß, keinen Herrn zu haben, ihnen das größte Unglück, ja der Untergang aller menschlichen Ordnung zu sein scheint. Anarchie, Herrenlosigkeit, ist ihnen ein erschreckender Gedanke.

Erst die Griechen, und unter ihnen vornehmlich die Athenienser, erscheinen in voller Herrenlosigkeit und gehorchen, frei und gleich, nur ihren eignen Gesetzen und ihrer selbstgewählten Obrigkeit. Ihre Verfassung ist Anarchie oder Selbstbeherrschung, sie haben keinen Herrn und keine andern Herrscher, als sich selbst, die Gemeinde der Freien. Nur wer sein eigner Herr ist, ist frei; eine andre politische und sociale Freiheit giebt es nicht.

Sie sind auch die Ersten, die neben diesem höchsten Gut der bürgerlichen Freiheit, die vollendete Schönheit, den idealen Menschen, und alle jene vom Gedanken gebändigten schönen Formen hervorbringen, während der Asiate nur ungeheure, vom Gedanken noch nicht gebändigte Phantasieen kennt.

Und sie sind endlich die Denker und die Gründer des freien und befreienden Wissens. Bei ihnen sind unsre Philosophen und Gelehrten in die Schule gegangen. Nur bei ihnen konnte und kann man sich wahrhaft unterrichten. Der ganze Orient ist ohne alle Wissenschaft und lehrt gar nichts. Die Asiaten, die Juden natürlich mit eingeschlossen, wissen nichts, sie phantasiren nur.

Wir unterhielten uns eifrig über diese Gegenstände auf unsern Wanderungen über die siebzig Schritte Festungswall, die wir unzähligemale, aber immer mit neuen Streitfragen und ohne alle Rücksicht auf Wind, Wetter und Umgebung zurücklegten.

Für den Fortschritt der Menschheit ist es von der höchsten Wichtigkeit, den Ausgang der wirklich menschlichen Entwicklung nicht aus den Augen zu verlieren. Der Athenienfischen Republik verdanken wir Alles, was noch Gutes und Menschliches in der Welt ist; dann sind es wieder die Holländischen Freistaaten gewesen, welche zuerst die abscheulichste Tyrannei, die Spanische, gebrochen, nachher England gerettet, in eine freie Entwickelung hineingebracht, Ludwig XIV.

aber, wie er es verdiente, an den Bettelstab gebracht. Und in unsern Tagen ist es die große Republik der Vereinigten Staaten von Nordamerika, die nicht nur zeigt, daß die Freiheit auch für große Staaten, sondern daß sie für die größten und für eine Verbündung Aller untereinander die einzig richtige Verfassung der menschlichen Gesellschaft ist.

Was Athen betrifft und die Griechen, so ist es kindisch, den Griechen den Untergang der Republik vorzuwerfen, da sie grade in das untergehen, worin die Vorwerfenden sich immer befinden, in den Despotismus. Die noch nie den Kopf über dem Wasser gehabt haben, werfen denen, die doch Einmal glorreich gelebt haben, vor, daß sie nicht noch am Leben sind. Nicht daß ein Mensch lange lebe, sondern daß er Großes leiste, ist die Aufgabe; nicht daß ein Staat, wie die Aegyptische Sklaverei, sich durch viele Jahrtausende hinschleppe, sondern daß er in so kurzer Zeit, wie der Athenensische Freistaat, solche Männer, solche Thaten und solche Werke hervorbringe, darauf ruht sein ewiger Ruhm.

So dachten die Gefangnen des Königs, und solche Gedanken tauschten sie auf den Wällen seiner urpreußischen Festung, des uneroberten Kolbergs, aus.

5. Vom Gefängniß abſehn, obgleich wir darin waren, hieß nicht von der Politik abſehn, und wenn die Tagespolitik eine Jammerperiode war, von der wir außerdem, wie ich ſchon erwähnt, nur ſpärlich und unregelmäßig Nachricht erhielten — das treue Kolberg hatte natürlich keine Zeitung — ſo hielt uns dies nicht ab, den politiſchen Gedanken freier Männer in vergangner ferner Zeit mit eben ſo reger Theilnahme zu folgen, als wir es in der Freiheit gethan. Wir ſelbſt waren ja Vorläufer einer beſſern Zeit, Pioniere in einer politiſchen Wüſtenei. Auch mußte man, daß wir uns für die Freiheit aufgeopfert; aber wir erlebten es nicht, daß uns dafür auch nur eine ſterbliche Seele begrüßt hätte, außer dem alten Jahn, deſſen Feinde damals auch die unſrigen waren und der noch friſch genug fühlte, um von dem Verdienſt derer zu reden, die, wie Harmodius und Ariſtogiton und wie unſer Schill die Vorläufer machten, wenn ein Volk frei werden ſolle, die aber meiſt in ihrem Opfer ſelbſt ihren Lohn ſuchen müßten.

Es iſt wahr, ſagte ich, auch die griechiſchen Jünglinge brangen nicht unmittelbar durch; aber ihr Volk wurde doch mit fortgeriſſen, und in wahrhaft rührender Liebe ſang es zu ihrem Gedächtniß bei feſtlichen

Gelagen einen einfachen Rundgesang im Myrthenkranze. Ich hab' ihn übersetzt, ich will ihn Dir schicken.

„Ich kenn' ihn", sagte Jahn: 'Ἐν μύρτου κλαδὶ τὸ ξίφος φορήσω; aber schick' mir nur Dein Lied; ich will Dir dafür ben Royalisten Pindar schicken."

Ich hatte das Harmodiuslied schon in Köpnick übersetzt, als ich es unter meinen Papieren zum Aristophanes wiederfand, es meinen Freunden vorgelesen und auch an Besucher einige Abschriften verschenkt. Da es nun gewiß ist, daß kein Volk frei werden kann, welches aus reiner Unterthänigkeit allemal dem Drachen gegen den Ritter Georg beisteht — drang in unsern Tagen doch selbst Garibaldi nach der Eroberung Neapels nicht durch mit seiner Anerkennung des jungen Helden Milano, der dem Tyrannen bei offner Heerschau und an der Spitze seiner Söldner mit blankem Stahl zu Leibe ging — so haben die Athenienser es wieder voraus, daß sie sich ehrlich und mit guter Art dankbar gegen ihre Vorkämpfer bewiesen.

Ich war immer der Meinung, diese schöne griechische Lyrik könne von uns Deutschen nur in deutscher Form genossen werden. Ich machte mir also meine eigne Melodie für den berühmten Rundgesang und übertrug ihn so:

Das Harmodiuslied.

Feierlich im Kranz der Myrthen
Soll auch mich das Schwert umgürten,
    Wie Harmodius es trug,
Und Aristogitons Waffe,
Daß sie freie Bürger schaffe,
    Den Tyrannen niederschlug.

O Harmodius, Du lieber,
Nicht gestorben, nur hinüber
    Zu dem sel'gen Inselreich
Bist Du, und mit dem Tydiden
Und dem raschen Alaciden,
    Sagt man, wohnst Du dort zugleich.

Feierlich im Kranz der Myrthen
Soll auch mich das Schwert umgürten,
    Wie Harmodius den Stahl
Und Aristogiton trugen,
Die Hipparch, den Herrn, erschlugen
    Bei Athenens Opfermahl.

Ewig, ewig wird auf Erden
Euer Ruhm gefeiert werden,
    Die ihr diese Waffe trugt,
Die ihr mit der kühnen Waffe,
Daß sie freie Bürger schaffe,
    Den Tyrannen niederschlugt!

6. Die Gespräche über die Vorläufer der Befreiungen und das Scheitern ihrer Unternehmungen brachten uns öfter auf Schill zurück. Dabei waren noch mehrere alte Soldaten in der Besatzung, die

unter ihm gedient und in Toulon in der Gefangen=
schaft gewesen waren. Diese fragte ich viel aus;
aber wie es mit dergleichen Kriegsnachrichten geht,
sie waren weit beredter über die gesegnete Gegend
von Toulon, wo sie Austern und andre Seefrüchte
für ein Geringes, und Wein, Oel und Weißbrod
gehabt, ja wo sie besser in der Gefangenschaft, als
sonst je zu Hause in der Freiheit gelebt hätten; von
dem Schill'schen Zuge wußten sie wenig zu sagen,
doch beschrieben sie den Mann, wie er ausgesehn und
wie er sich betragen hätte.

Dies Alles regte mich an. Dazu war mir die
Stralsunder Gelegenheit genau bekannt, und ich be=
schloß, Schill zum Helden eines Trauerspiels zu ma=
chen, und in seinem Schicksal das unsrige darzustellen.
Ich arbeitete immer in der ersten Frühe an dem
Gedicht. Dies ist auch später gedruckt worden unter
dem Titel: „Schill und die Seinen"; aber kein
Mensch hat die Absicht unsrer Rechtfertigung darin
entdeckt. Das ästhetische Volk jener Zeit hatte nur
abstracte ästhetische Aufgaben im Kopfe; daß Einer
seine Erfahrung und sein Schicksal in solcher Weise
möge dargelegt haben, fiel keiner Seele ein. Sie
konnten die Sache nur auf ihre Weise nehmen, ich

nur auf die meine; und ein halbes Jahrhundert mußte vergehn, ehe wir uns in einander fanden. Außerdem war ich zur Zeit der Veröffentlichung des Schill selbst schon dem Gefühls=Gesinnungs= und Aufopfrungstreiben entwachsen, hatte ganz andre Pläne im Kopf und vergaß mein Werk eben so schnell, als das Publikum.

7. Zu diesem Schritt über die Burschenschaft hinaus legte ich schon in Kolberg den Grund. Das erste war eine große Anstrengung zur Erlangung der poetischen und prosaischen Form. Dem Thucydides widmete ich eine Sorgfalt und einen Eifer, der mir seine gedrängten und schönen Darstellungen selbst im Schlaf vor die Seele führte. Dann übersetzte ich die Eumeniden von Aeschylus in dem griechischen Versmaß, verwarf aber die ganze Arbeit und begann den Oedipus in Kolonos von Sophokles, in der Art, wie das Harmodiuslied. Wie ich über Aneignung und völlige Hinübertragung der Alten in unsre Weise dachte, habe ich in der Widmung an Hänisch von Jena, den 30. Juni 1830, wo das Stück zuerst gedruckt wurde, ausgesprochen:

„Nicht zu der Schulen eingeschränktem Trost,
Nicht für den Klügler, der um todte Rhythmen

> Und längst verklungne Weisen sich erbost:
> Dem Leben ein Lebendiges zu widmen,
> Des Alten Lied im wohlbekannten Ton:
> Das ist mein Dichten; und mein ganzer Lohn,
> Daß Du, und wer gewellt wie Du, die Chöre
> Mit freiem Ohr und mitbegeistert höre."

Worauf es hiebei ankam, den Sinn der Chöre wortgetreu und ganz im Geist unsrer Sprache, zugleich aber in so enggebundnen Reimen wieder zu geben, dieß war eine schwierige Aufgabe, die aber bisweilen, in großer Erregtheit rasch und fließend gelöst wurde. Das Gelingen gab mir einen unendlichen Genuß; und ich pflegte meine Strophen laut zu wiederholen. Dies gab einmal einen närrischen Auftritt. Ein Unteroffizier fragte mich, was ich da mit mir selber spräche, es schienen Verse zu sein. Ich erwiderte: ja, es ist ein Gebet an den Höllenhund.

„An den Höllenhund? Ei, das möchte ich lernen." Ich mußte's ihm vorsagen; es war ihm aber lange nicht graufig genug, und ich sah wohl ein, für seinen Geschmack müsse das Gebet ganz anders gepfeffert und gesalzen werden. Einem gebildetern Gaumen ist es hoffentlich noch immer willkommen, und es mag neben Perikles Rede zeigen, wie diese Formstudien gemeint waren und gelangen.

Chor.

„Wenn die dunkle Göttin mein Gebet
Und dich, Fürst der Nachtumgebnen,
Aidoneus, ehren darf, es steh!
Itzo: Laß des Hades Ebnen,
Wo wir All' in's Dunkel wallen,
Und den stygisch tiefen Hallen
Unserm Gast mit lindem Tod
Nahn und ohne Schmerzensnoth!
Denn, nachdem er unverschuldet
Vieles Mißgeschick erduldet;
Sollt' ein Gott es billig wenden,
Und auch einmal Gutes senden."

„Göttinnen der unterirdschen Nacht,
Und Du wilder Wächterhund,
Der, — durch alte Sagen wurd' es kund, —
Fürchterlich gelagert, wacht
An des Hades ehr'nem Thor,
Und aus tiefer Schlucht hervor
Grollend bellt, Du Sohn der Erde
Mit dem Tartarus gezeugt,
Naht dem Fremdling ohne Fährde,
Wenn zu Euch er niedersteigt.
Ihm den Eingang leicht zu machen,
Bitt' ich Dich, den Immerwachen."

Darauf verfiel ich auf Pindar, Theokrit und Homer, die ich alle drei sehr genau, wiederholt und mit großem Genuß durchlas. Von Theokrit habe ich noch ungedruckte Uebersetzungen aus dieser Zeit. Homer nahm ich es nicht übel, daß er ein Volksverächter ist und die Dynastie Odysseus' mit dem weißen Schrecken wieder herstellt, obgleich ich allerdings fand, daß er eine rohe Freude am Hängen und Würgen hat, und besonders durch das Aufhängen der Mägde ein widerliches Bild giebt. Kein Wunder, daß Pisistratus und den Pisistratiden Homer's Gesänge gefielen; aber der Geist Athens ließ sich selbst durch Homer's bezaubernde Epen nicht in Fesseln halten; er durchbrach die Anschauungen der alten tyrannischen Zeit, ließ die Könige den Dichtern und der Bühne und richtete sich ein, wie es freien Männern geziemt.

8. Ohne Zweifel ist die Uebung an großen Vorbildern das Wesentlichste. Nur das ist dein, wozu du dich erhebst. Dennoch ist die Theorie, die mächtige klare Göttin, von Keinem zu verachten, der nicht im Handwerk verkommen will. So gerieth ich denn unter Andern über Voß' Zeitmessung der deutschen Sprache und fand zu meinem Erstaunen, daß er in diesem kleinen Buch viel vernünftiger war, als in seiner Ausübung. Wir pflegten über seine Wendungen vielfältig zu scherzen, und wenn wir auf dem Wall Sauerampfer für unsre Küche pflückten, so wurde gewiß Voßens Horaz spottend angeführt mit seinem:

„— und Sauerampfer meiner Wies',
„Gesunde Kost dem schweren Leib!"

Voß schlägt dem Geist und Gebrauch des Deutschen fortwährend ins Gesicht, und wenn man ihm dies einmal aufgestochen, so erscheint Alles komisch, wie man es nur anführt.

9. Von unsrer gleichzeitigen Philosophie hätt' ich gern mehr erfahren, als was ich durch Fries und Gruber wußte; allein die Bücher waren unbezahlbar, ja, zum großen Theil sollten sie noch erst gedruckt werden; ich hatte also das Vergnügen aufzuschieben. Schliemann besaß zwar aus Berlin ein unvollkommnes Heft der Logik, das er bei Hegel nachgeschrieben; aber in diesem Gewande entdeckte ich den Schatz nicht; es schien mir nichts weiter gesagt zu sein, als was jeder schon wisse, ein Schein, der mir jetzt ganz unbegreiflich ist; aber das Heft wurde verächtlich bei Seite geworfen, dagegen sonderbarer Weise Jean Paul's Vorschule der Aesthetik mit vieler Sorgfalt gelesen. Sie ist das beste von allen seinen Werken und höchst geschmackvoll und geistreich abgefaßt. Zu meinem Schrecken fand ich nun aber, daß ich dem Inhalt der schönen Rede nicht beikommen konnte, und ich erinnre mich, daß ich eine lange mühsame Arbeit,

ein wiederholtes Lesen und ein langes Ueberlegen brauchte, um nur sicher zu sein, daß ich den Philosophen von Baireuth wirklich verstanden hatte. Die Schwierigkeit war eine doppelte. Es fehlte mir zuerst die kantisch-fichtisch-schellingsche Voraussetzung unsrer Entwicklung; auch Herder's Schriften gegen Kant, denen Jean Paul in Ton und Anschauung anhängt, waren mir unbekannt: und ich nahm zweitens die dichterischen Wendungen und Gleichnisse für baaren Unterricht über Begriffe, die mir allerdings nicht geläufig waren. Als ich mich mit großer Anstrengung und verzweifelter Wiederholung in diese geistreichen Räthsel eingelebt hatte, wurde ich das Letzte wohl gewahr und trat eines Tages auf unserm peripatetischen Walle mit der Behauptung auf, Jean Paul und die meisten Menschen setzten alle Begriffe voraus und erörterten, oder entwickelten keinen einzigen; das sei keine Philosophie. So sei Schönheit und Liebe in aller Munde, und jeder bilde sich ein, zu wissen, was Beides sei; ich aber fände, je mehr ich mir die Sache überlegte, daß ich nicht im Stande sei, diese Begriffe zu entwickeln.

Schliemann glaubte, ich wolle ihn aufziehn, und ich erinnre mich, daß ein heftiger Streit entstand, bis ich mich näher erklärt und gezeigt hatte, daß die Entwicklung jedes dieser Begriffe eine ganz reiche Wissenschaft geben müsse, daß es dieselbe Bewandtniß mit Freiheit, Geist, dem Denken, also dem Begriff selbst und mit dem Verhältniß der metaphysischen Welt zur geistlosen Wirklichkeit habe. Ich fügte hinzu, ich habe bisher nirgends, als im Plato, dessen Gastmahl ich eben beendigt hatte, die Entwicklung eines Begriffs zu der ganzen Fülle seines Inhalts gefunden, Plato scheine mir deshalb ein tiefer Denker, Jean Paul aber ein unphilosophischer, wenn auch geistreicher Phantast zu sein.

Plato in seinem Gastmahl, so fuhr ich zu meinem Freunde fort, schließt die Geheimnisse der tiefen Begriffe, Liebe und Schönheit auf; aus dem einfachen Kern entwickelt sich der herrliche Baum der Idee voll schöner Blüthen und Früchte; belehrt und einer neuen Welt mächtig legst Du sein Buch aus der Hand, und niemals ist Dir der Ariadnefaden des sich entwickelnden Gedankens entschlüpft. Ich weiß jetzt, was Philosophie ist und was sie leistet. Du mußt es lesen.

Und so geschah es. Plato wurde unser einziger Umgang, und vor den freien Hallen seines unsterblichen Geistestempels verschwanden die gemeine Welt und das elende Gefängniß, die uns umgaben; sie reichten nicht zu der Sphäre hinauf, in die wir uns zu voller metaphysischer Freiheit zurückzogen. Als Schliemann's Bruder sich verheirathete, feierten wir die Hochzeit mit einer Flasche Wein und dem Wiederlesen des Platonischen Gastmahls.

10. Die Heiterkeit und Kraft, welche dem Menschen eine solche Hingebung an die Wahrheit und eine solche Auswandrung in die metaphysische Welt des freien Geistes giebt, ist ein unschätzbares Gut. Wenigen ist es zugänglich; und unter ihnen sind wieder wenige, die so von der Noth und dem Zwange aus in Charakter, Gesinnung und Leben Philosophen werden, ehe sie es noch durch Belehrung und Einweihung in die Wissenschaft geworden sind. Uns wurde es nun so gut durch den göttlichen Alten, und wir verwandelten das Gefängniß in einen Tempel der Freiheit.

Schliemann, jetzt Physikus, Amtsarzt und Sanitätsrath zu Ribnitz an der Mecklenburgischen Grenze nach Pommern zu, schreibt mir noch unterm 15. April 1863: „Freilich, mein alter Ruge, bin ich noch am Leben, und noch so frisch und rührig, daß wer mich in meinem zwanzigsten Jahre gekannt hat, mich im sechzigsten kaum für denselben halten will" und: "wie sollte ich nicht Dein Andenken in Ehren halten? wenn ich bedenke, mit welchem frohen Lebensmuth ich das Gefängniß verließ, und wie dagegen mancher unsrer Freunde, dem ich wahrlich nicht weniger Seelenstärke zutrauen kann, als mir selber, durch die lange Haft verzagt und niedergebeugt war, ebenso auch viele aus späterer Zeit, so muß ich immer mehr einsehn, was ich schon damals sehr wohl erkannte, daß ich wohl in eben solche Gemüthsverfassung, wie andre versunken wäre, hätte ich nicht einen solchen Freund, wie Dich, zur Seite gehabt, und solche Studien, wie die unsrigen zur Erhebung über Gefangenschaft und Elend gemeinsam mit Dir betrieben." — "Mein häusliches Glück erhält mir die heitere Stimmung, und der frohe Sinn, den ich aus dem Gefängniß mitgebracht, hält noch immer vor."

So bin ich es nicht allein gewesen, dem diese Studien des göttlichen Plato zu Gute gekommen sind. Bezeichnend ist auch der Abschied, den ich Schliemann in seinen Hesiodus schrieb, als er im Mai 1829 aus dem Gefängniß entlassen wurde und ich allein zurückblieb. Zufällig finde ich die Verse unter meinen Papieren:

Der Kerker schwieg, ein Ton gebar
Sich aus der Stille Schoß,
Drang voller vor von Jahr zu Jahr,
Und riß dich hin und los, —
Geweihter Geister weltbefreiend Tönen, —
O selig, wen sie weihend sich gewöhnen!

Der Kerker schweigt, der Riegel klirrt,
Strömt Lebensstrudel ein;
Und wie er wallet, schwankt und irrt
Und fesselt, bist Du sein:
Auch dem Bewegten sollst Du dich vertrauen,
Doch steuernd auf die festen Sterne schauen!

11. Merkwürdiger Weise trat mit unsrer Verurtheilung eine wesentliche Verbesserung unsrer Lage ein, und zwar durch die Bekanntschaft mit dem Regierungs- und Kriegsrath, Friedrich Wilhelm Hänisch. Wir wurden nämlich eines Tages vor den Garnison-Auditeur Müller geführt. Der las uns das Urtheil vor und fügte dann in seiner Sprache hinzu: „15 Jahr, 13 Jahr! haben's gehört? Können sich aber vertheidigen lassen. Wählen Sie sich doch einen Vertheidiger."

„„Wir kennen hier ja keinen Menschen.""

„Nun, so schlage ich Ihnen den Regierungsrath Hänisch vor."

Wir nahmen den Vorschlag an und wurden am

andern Tage wieder auf die Kommandantur beschieden, zu einer Berathung mit unserm Vertheidiger.

Diese Unterredung verlief ganz eigenthümlich. Hänisch begann: „Ich will Sie vertheidigen. Zuerst muß ich aber bemerken, daß ich durchaus kein Anhänger der Europäischen sogenannten Freistaaterei bin. Die Türkische Regierung ist die beste. Da kuckt man nicht Jedem in die Tasche, und der Mensch ist Herr in seinen vier Pfählen. Doch das hält mich nicht ab, Sie zu vertheidigen, denn Sie sind unrichtig verurtheilt worden, Sie hätten zum Schwert verurtheilt werden sollen. Darauf werde ich meine Vertheidigung begründen."

„„Aber, verehrtester Herr Regierungsrath, es würde unsre Lage nicht eben verbessern, wenn Sie mit Ihrer Ansicht durchbrängen!""

„Doch, doch! es handelt sich nur darum, die Schwäche dieser Verurtheilung nachzuweisen, und das Widersinnige so scharfer Gesetze gegen solche rein theoretische Vergehungen hervorzuheben. Geschärft kann das Urtheil nicht werden, eine Milderung wäre möglich, wahrscheinlich ist sie eben nicht; Sie dürfen aber wohl darauf rechnen, daß die ganze Strenge dieser Gesetze nicht gegen Sie in Anwendung gebracht wird. Mit der Vertheidigung kann ich nicht viel, wenn gleich etwas für Sie thun. Es wird gewiß von allen Seiten nur Eine Stimme über diese Angelegenheit laut werden, und das muß eine gewisse Wirkung ausüben. Dagegen glaube ich, Ihnen auf andre Weise nützlich werden zu können. Ich höre, daß Sie eifrig Ihrer Wissenschaft obliegen, und da biete ich Ihnen meine Bibliothek an, die ich selber wegen meiner Augenschwäche jetzt leider weniger benutzen kann. Ich habe viele und gute Bücher und will Ihnen gleich einen Vorrath senden."

Auf diese Weise verständigten wir uns bald, gaben die Bücher an, die uns nützlich werden könnten, und ich habe hier nachzuholen, daß wir Jean Paul's Vorschule, den Plato von Ficinus und den von Schleiermacher, die deutschen Klassiker und gute Ausgaben der Alten, von deren Studium ich oben gesprochen, erst durch Hänisch erhielten. Gleich des Nachmittags traf ein ganzer Schubkarren voll Folianten ein. Wir jauchzten vor Vergnügen. Dazu ließ Hänisch uns sagen, er werde uns morgen mit dem Platzmajor besuchen.

Dies geschah. Es wurde eine förmliche Berathung über unsre Studien gehalten, und Hänisch wünschte, ich möge die Römer nicht zu sehr bei Seite liegen lassen. So las ich denn, was er mir zuschickte, und zuerst den Hasenfuß Ovid, der meine Geduld fast ermüdete, da er sich endlos über Alles und noch etwas verbreitet und dabei ein verächtlicher Charakter ist. Dann gerieth ich hinter den Philister Juvenal, und schrieb sogar etwas über die zehnte Satire, was Hänisch nach Berlin schickte.

Die Art und Weise, wie Hänisch sich auf unsre Arbeiten einließ, und seine amtliche Stellung als Vertheidiger zähmten den Platzmajor so vollständig, daß er förmlich unser Zeugniß verlangte, ob er nicht immer ein väterliches Wohlwollen gegen uns gezeigt habe:

Hänisch wünschte, wir möchten unsre Bärte abschneiden, damit er uns auch einmal zu sich einladen könne. Wie hätten wir da wohl widerstehen können? Dazu kam noch der Abgang des Auditeurs Müller; und sein Nachfolger, ein freundlicher Mann von Kenntnissen und Bildung, der Strathmann hieß, holte uns eines Tages ab und führte uns wirklich zu Hänisch in Gesellschaft.

Obgleich wir nach der Beseitigung des Bartes und nach Anlegung unsrer besten Röcke, die wir uns

von unsern Ersparnissen gezeugt hatten, uns ganz
menschlich vorkamen, so fanden wir uns doch in einem
Kreise von feinen hübschen Mädchen und freien Männern etwas eingeengt. Der Gedanke an unsre Lage
verließ uns nicht, und wir glaubten, das Nämliche
bei unsrer Umgebung zu bemerken. Zudem waren
wir etwas eingerostet und gegen die Gesichtspunkte
der leichten und heitern Geselligkeit abgestumpft.
Ich sprach fast nur mit Hänisch, und über Gegenstände, an denen alle Uebrigen nicht den mindesten
Theil nahmen. Der weibliche Theil der Gesellschaft
war daher von diesen befangnen Gefangnen wenig
erbaut, und der Versuch wurde nicht wiederholt.

Dagegen besuchte Hänisch uns von Zeit zu Zeit
auf dem Thore, versorgte uns immer mit neuen
Büchern, wenn wir die alten hinlänglich genossen
hatten, und theilte uns namentlich die Werke des
Domherrn Dietz über die Türkei und die Türken
mit, von denen eins die Lehren des Königs an seinen Sohn enthält, und dem der alte Goethe nach-
singt:

Wie man bedächtig auf der Erde wandelt,
Und wie man Menschen, wie man Pferde handelt,
Das alles lehrt der König seinen Sohn.

Dieß war mit Hänisch befreundet gewesen und hatte ihm offenbar wesentlich zu seiner Vorliebe für die Türken verholfen.

Ueber Hänisch schreibt mir Schliemann: „Mein Vater bot ihm, wie er es bei Mecklenburgischen Advocaten gewohnt war, Vorschuß an, weil er doch nicht verlangen könne, daß der Vertheidiger Auslagen machen solle. Allein Hänisch lehnte dies Anerbieten ab, worüber mein Vater ganz erstaunt ausrief: ein Advocat, der kein Geld nimmt! Solchen Glauben hab' ich in Israel (Mecklenburg) nicht gefunden!" —

„Als Hänisch einmal mit dem Platzmajor zusammen bei uns war, setzte er diesen dadurch in große Verlegenheit, daß er ihn mit Kämmerers, — eines blondgelockten Mitgliedes der polnischen Verschwörung, — Liebschaft und Vaterschaft aufzog. Schöne Aufsicht der Kommandantur! Wie Amor dem Mars ein Schnippchen schlägt!"

Unsre Verurtheilung wurde, wie Hänisch erwartet hatte, vom Naumburger Oberlandsgericht bestätigt. Als aber etwa viertehalb Jahre von unsrer Gefangenschaft verflossen waren, brachte uns Hänisch die Nachricht, der König habe zwei Drittel der Strafzeit gestrichen, also hatte Schliemann noch Ein und ich noch anderthalb Jahr im Gefängniß auszuhalten.

„Dies habe ich erwartet, und Ihnen vorhergesagt", waren die Worte des vortrefflichen Mannes, „Sie sehen nun das Ende Ihrer Lage ab, und haben die Aussicht, nach Ihrer Befreiung Sich und der Welt mit den Kenntnissen zu nützen, die Sie hier mit so viel Fleiß und Ausdauer erworben haben, und noch erwerben werden. Ich werde nicht aufhören, Ihnen darin nach besten Kräften beizustehn."

Wir hatten seit einiger Zeit etwas Aehnliches erwartet, und geglaubt, man werde irgend einen Zeitpunkt, wie den Geburtstag des Königs oder dergleichen, ergreifen, und uns erklären, es sei nun genug, wir möchten unsrer Wege gehen.

Einmal stachen wir in die Bibel, wie man sich wohl Orakel holt, und ich erhielt auf meine Frage, ob uns der König das Jahr entlassen werde, zur Antwort: „Du bist ein Greuel vor den Augen Seiner Majestät."

Das Federmesser saß mit seiner Spitze grade auf dem Du, welches auf Jerusalem folgte. Wir lachten nicht wenig über die gute Antwort und fragten nun auch nach dem Glück bei unsern Schönen, denn jeder von uns hatte sich in eine verliebt. Da paßte nun zwar die Antwort wieder sehr gut, denn sie hieß:

„Milch bot sie, da er Wasser forderte, und Honig brachte sie dar in einer goldnen Schale"; aber sie wurde nicht wahr, denn unsre Angebeteten hatten sich bereits aus der Besatzung die Eine mit einem Feuerwerker, die andre mit einem Lieutenant von der Artillerie versehn und versorgt.

12. An dieser höchst unplatonischen Stimmung der Verliebtheit, mit der wir alle beide unserm philosophischen Himmel entrissen und mit der Einbildung an die irdische Wirklichkeit gefesselt wurden, trug mein Freund Schliemann ganz allein die Schuld, oder soll ich sagen, der Umstand, daß er mit dem Gesicht nach der Straße hinaussehn konnte, wenn er an seinem Tische saß, ich aber nur nach dem Wallgraben. Die Augen sind die Anstifter der Phantasie und die Verräther des Herzens. Sie hatten sich ohne Zweifel manchmal vom Buche nach der Straße verirrt, und waren dort einer schönen Nachbarin begegnet, die sie sehr bald meinem Freunde in den Kopf setzten. Vielleicht ist es auch wahr, was er behauptet, daß seine Augen die Schöne nur auf dem Spaziergange

entdeckt; doch über die Entdeckung selbst waltet kein Zweifel. Nun gingen wir einmal zusammen über unsern Wall, und ich spottete über das Mädchen, dichtete ihr große Füße an, und dergleichen mehr, und zog mir dadurch einen Strom von Vorwürfen auf den Hals. Denn ohne Zweifel hätte ich es lange gemerkt, daß sie ihm nicht gleichgültig sei, und nun wolle ich ihn geflissentlich verletzen.

Ich war wie aus den Wolken gefallen, nicht im Traume hatte ich daran gedacht, und erklärte auch ohne Bedenken, in unsrer Lage sei es ganz ungehörig, sich solchen Gedanken hinzugeben.

Als ich aber erfuhr, die Sache sei einmal nicht zu ändern, und Niemand könne seiner Neigung gebieten, blieb mir nichts übrig, als die neue Thatsache anzuerkennen, wegen meiner Spöttereien um Vergebung zu bitten und endlich mich sogar ernstlich für die Sache zu erwärmen.

Dies ging eine zeitlang so fort, ich war der Vertraute seiner Sorgen und seiner Pläne, bis ich eines Tages gewahr wurde, daß ich von der Krankheit angesteckt war, und auch nicht lange zu suchen brauchte, um einen Gegenstand meiner schwärmerischen Verehrung zu entdecken.

Nun waren wir beide auf dem Ocean der Sehnsucht eingeschifft, und beide ohne alle andre Hoffnung, als die wir uns selbst vorspiegelten. Unsre Schönen standen unter dem Gemeingefühl der Kolberger Welt, dem wir mit einem Makel behaftet erschienen; und es war wohl Niemand, als der eble und weitsehende Hänisch, der uns als ebenbürtige Männer oder gar als junge Leute, die eine Zukunft hätten, anerkannte. Hänisch war Allem, was uns als das Theuerste galt, entschieden fremd; wir berührten uns nur in der Wissenschaft; und die gründliche Humanität, die sein ganzes Wesen durchzog, rührte uns sehr. Wenn er an uns vorbei nach seinem Garten ging, so kam er sicher mit einem Korbe voll Blumen oder Früchte wieder, die er uns durch die Wache auf's Thor schickte. Außer seiner Türkenfreundschaft hielt er's auch noch mit den Juden, glaubte Alles, was sie der Welt aufzubinden für gut gefunden haben, und las, wie er selbst sagte, die Bibel alle Jahr einmal von vorne bis hinten durch. Trotz all dieser Abweichungen hatten wir ein wahres Liebesverhältniß zu dem eigenthümlichen Manne, und sein Verdienst um uns war so groß, daß wir nothwendig für immer seine Schuldner bleiben mußten. Unser Verhältniß zu Hänisch war ein viel besser begründetes als das zu unsern Schönen. Obwohl diese nun unsre Verehrung nicht erwiderten, die wir für sie hegten, und höchstens in zarten Gedichten anzudeuten wagten, so war doch diese Phantasie eine Störung in unserm alten Gleichmuth, die uns das Gefängniß wieder empfindlich machte.

„Die Frauenzimmer wären mir nicht in den Sinn gekommen, pflegte ich zu meinem Freunde zu sagen, wenn Du sie nicht ohne alle Noth entdeckt und mich mit dieser heillosen Entdeckung angesteckt hättest." Aber das Unheil war nun einmal geschehen, und erst unsre Befreiung aus der Gefangenschaft befreite uns auch aus unserm Wahn; denn die jungen Damen boten keine Milch, als wir Wasser forderten, noch brachten sie Honig in einer goldnen Schale, im Gegentheil, Milch und Honig waren schon versagt an die Schützen in des Regenten Sold, gegen den wir in Aufruhr gestanden.

13. Endlich bekamen wir auch noch einen neuen Platzmajor. Gegen diesen war der alte Platzmajor, Stael von Holstein, ein Stück von einem Gelehrten gewesen; der neue war ein Husar. Der alte hatte Hänisch verehrt, wie es die ganze Stadt that, denn

Hänisch war Auditeur unter Gneisenau gewesen und gehörte zu den berühmten Namen der Belagerung. Nun kam der Husarenhauptmann; dem war Hänisch ein Federfuchser und wir unangenehme Studenten. Er konnte das gelehrte Volk nicht ausstehn. Das hielt ihn aber nicht ab, uns zu Weihnachten einen mächtigen Kuchen und einige Flaschen Wein zuzuschicken, und wenn er uns besuchte, war er heiter und scherzhaft. Er legte uns weiter nichts in den Weg, und wir nahmen ihm seine Grillen nicht übel, im Gegentheil, sahen ihn gerne im vollen Putz heranschreiten, da er ein hübscher stattlicher Mann war, der mich an meinen Freund Flauschmüller erinnerte.

9.
Vor dem Innenburger Thor.

1. Vom Wall sah man das Persantethal hinauf. Der Fluß war reich an Lachsen, und es wurden früher so viele gefangen, daß den Herrschaften verboten worden war, den Dienstboten öfter als drei Mal die Woche Lachs zu geben. Zu unsrer Zeit war der Fisch aber schon seltner und kostbar geworden, und wir haben ihn nicht häufig gekostet. Nicht

weit von dem Flußthal, der Stadt gegenüber zeigte sich ein Wald, und die Ferne war im Sommer lockend mit ihrem Duft und ihrer sanften Erhebung. Das Meer, der Wald und die Ferne wurden immer reizendere Gegenstände unsrer Sehnsucht, je länger wir sie entbehrten. Im Frühjahr boten aber die Wälle eine Entschädigung für den Wald, denn sie bedeckten sich über und über mit Veilchen, und strömten, wenn der Wind über sie hinstreifte, den Duft in unsere Fenster.

Im Winter wurden wir gewöhnlich von tiefem Schnee und bitterer Kälte heimgesucht. Das Thor setzte sich nicht in einer geraden Straße in die Stadt hinein fort, sondern wies auf eine Häuserreihe, die nach beiden Seiten im Bogen herumlief. Die Bauern, die im Winter zu Schlitten hereingekommen waren, hatten also diesen Bogen zu machen und dann in's Thor einzubiegen. Der abschüssige Weg und die scharfe Biegung beim Thor, dazu das genossene Lebenswasser, brachten fast alle Schlitten an der gefährlichen Ecke zu Falle, und die Bauern purzelten regelmäßig heraus. Dies war unterhaltend mit anzusehen; wir mußten genau, wo sie zu liegen kommen mußten, und der Hinterste ließ sich durch den Vordersten durchaus nicht warnen; jeder flog heraus, wie es um die Ecke ging.

2. Die Bevölkerung, die in dieser Wallstraße wohnte, gehörte nicht gerade zu den Vornehmen. Einmal bei bitterlicher Kälte kam ein starker alter Mann in weißen Hemdsärmeln und kurzen Hosen heraus, um sein Schwein wieder hereinzutreiben, das auf die Straße gesprungen war. Aber wie, Alter, rief ich ihm zu, frieren Sie nicht in Ihrem leichten Anzuge?

„Frieren? ich weiß nicht, was frieren ist, junger Mann, ich habe die russische Belagerung noch mitgemacht. Wir sind harte Leute!"

Stolz blies er den Dampf aus seinem Pfeifchen, rückte seine Schlafmütze, und trieb sein Schwein in's Haus.

Nicht weit davon wohnten zwei Frauen, die sich bitterlich haßten; und eines Tages genossen wir die Unterhaltung, daß sie sich von einer Hausthür zur andern lebhaft auszankten, und sich gegenseitig alle ihre Sünden vorhielten. Die Ordnung und Abwechslung, womit dies lebhafte Gespräch in Strophe und Gegenstrophe vor sich ging, war bewundernswürdig. Auch hatte sich ein würdiger Kreis von Zuhörern gebildet, und Alles war neugierig auf die Entwickelung. Wird Eine den Sieg davon tragen, und welche? endlich kams. Die Eine hatte ihre Rede beendigt und wartete nun auf die Erwiderung ihrer Gegnerin. Aber diese nahm plötzlich ihre Hände aus den Seiten, und rannte, anstatt zu antworten, in's Haus. Einen Augenblick glaubten wir, sie erkläre sich damit für besiegt; aber wir irrten uns: sie kam wieder zum Vorschein mit dem Besenstiel in der Hand, und nun glaubten die Zuschauer schon an den Bruch der diplomatischen Verhandlungen, und an die Eröffnung der Feindseligkeiten, man hörte das an dem allgemeinen Aufjauchzen; aber wir hatten uns alle noch einmal geirrt. Die Dame nahm den Besenstiel, setzte ihn mit großer Anmuth vor die Thür, deutete auf ihn hin, und sagte zu ihrer Gegnerin: „Da! zanke Dich mit dem!" Sie verschwand. Die Wendung war geistreich und entscheidend. Was sollte ihre Gegnerin thun? Reden? das hieß mit dem Besenstiel zanken. Schweigen? das hieß, sich besiegt erklären. Sie zog sich in sichtbarer Verwirrung und unter dem schallenden Gelächter der Umstehenden zurück! Sie war besiegt.

3. Weiter hinunter hatte der Auditeur Müller

seinen Pferdestall, in dem noch Raum für ein zweites Pferd war. Das verführte den Lieutenant L.. sich auch ein Pferd zuzulegen; denn nichts ist für einen Lieutenant anziehender, als ein Pferd. Nun war das aber ein etwas kühner, wenn nicht gar voreiliger Gedanke, da er monatlich nur 15 Thaler zu verwenden hatte. Aber das Pferd war nun einmal angeschafft, und mußte versorgt werden. Dies griff die Kasse unsers Helden, der ein alter Schulgenosse von mir war, stark und sichtlich an. Er ging zur Mittagszeit auf dem Walle spazieren und stocherte sich die Zähne, als ob er gegessen hätte; wurde aber zusehends schlanker, und sein Mantel immer schäbiger. Wenn der große Augenblick des Ausreitens kam, waren wir gewöhnlich draußen, oder wenn Einer nicht da war, so rief ihn der andre: Komm, der Lieutenant L. und sein Pferd sind da! Wir waren nicht die Einzigen, die ihn beobachteten; Einige behaupteten, er werde es durchsetzen, Andere, er werde das Pferd nicht halten können. Eine Weile blieb die Sache unentschieden; dann sahen wir ihn mehrere Tage hintereinander nicht ausreiten. Ich fürchtete schon, er wäre krank geworden und bedauerte, daß ich nicht die Mittel hatte, dem armen Kerl zugleich einen guten Tisch zu verschaffen, und ihn auch retten zu lassen. Da erschien er eines Tages auf dem Wall in einem neuen Mantel und sichtlich wohlgenährt. Wie wir ihn erblickten, riefen wir beide aus: Er hat sein Pferd verkauft, er ist gerettet!

4. Der Auditeur Müller, obgleich er ein Rechtsgelehrter sein mußte, verstand doch besser mit Pferden, als mit Begriffen umzugehen. Dies brachte mich einige Male, sehr wider meinen Willen, scharf mit ihm zusammen. Als wir einmal wegen Singens im Gefängniß vor ein Standrecht gebracht wurden, hatte er das Verhör zu führen. Nun sagte die Schildwache, auf ihr Verbot hätte ich erwidert: Sie haben mir 'n Sch... zu befehlen. Ich bemerkte dazu, das sei im Wesentlichen richtig, nur habe der Füsilier meinen Ausdruck: „Sie haben mir nichts zu befehlen" in seine Sprache übersetzt. Das, behauptete Müller, sei eine Majestätsbeleidigung, die Schildwache stehe da im Namen des Königs, und auf den Ausdruck käme es gerade an. Als ich diesen nun nicht zugab, mußte der Füsilier ihn beschwören. Dies ging sehr feierlich zu. Das ganze Gericht, aus einem Hauptmann, einem Lieutenant und einigen Gemeinen bestehend, und wir selbst mußten dazu

aufstehen. Die Sache erregte aber in Berlin ein wohlverdientes Gelächter; die Kommandantur bekam eine Nase, und wir, um den Schein zu retten, einen Verweis. Noch ärger als dieser Schwur gegen mein „Nichts" war ein andres Verhör des Herrn Auditeurs. Die Frage kam von Weimar, und hieß: ob die Brüder Schmid die Gesetze des Bundes angenommen gehabt? Nun fragte Müller, ob sie die Grundsätze des Bundes angenommen. Ich berichtigte seine Frage und sagte, er müsse sich verlesen haben, es handle sich hier offenbar um die ungeschriebnen neun Bundesgesetze, nicht im Allgemeinen um unsre Grundsätze. Hierauf wurde er sehr böse und behauptete: Gesetz und Grundsatz seien ganz das Nämliche, und ich habe ihm nicht vorzuschreiben, wie er fragen solle.

„Das kann nicht Ihr Ernst sein, Herr Auditeur, da Sie ein Rechtsgelehrter sind, den Unterschied also wohl wissen."

„„Nun, was wäre denn der Unterschied?""

„Gesetz ist der Grundsatz des Staats und Grundsatz ist das Gesetz des Einzelnen."

„„Da sagen Sie's ja selbst, daß beide das Nämliche sind.""

Und nun schrieb er nieder, wie ich mich widersetze, Auskunft auf seine Frage zu geben, indem ich erkläre, Grundsatz und Gesetz seien zwei verschiedne Dinge, während doch Jedermann wisse, daß sie ganz das Nämliche seien, wie ich denn dies auch selbst eingestanden, indem ich gesagt hätte, Gesetz sei der Grundsatz des Staats und Grundsatz das Gesetz des Einzelnen.

„So, nun unterschreiben Sie!"

„Nein, ich weigere mich nicht, Auskunft zu geben, Sie aber weigern sich, mich richtig zu fragen. Schreiben Sie dies dazu, dann will ich unterschreiben."

Dies geschah, und so wurde das Papier nach Berlin und Weimar befördert.

5. Bei weitem geistreicher, als der Auditeur Müller, und ein wahres Prachtstück aus alter Zeit war der alte Schwammklöpper (Halbinvalide) Aurich, der manchmal Wache vor unsrer Thür stand und uns alle Mal, wenn wir zu seiner Zeit herauskamen, aus seinem Leben erzählen mußte. Er hatte früher getrunken, dies war nun aber vorüber. Denn eines Tages ermannte er sich und schwur, er wolle keinen Branntwein mehr trinken; und nun trank er Rum.

Rum war aber ein theures Getränk, viel zu theuer für Aurichs beschränkte Mittel, der zwei und einen halben Silbergroschen den Tag erhielt, den Schlappermentstag, der das Nadelgeld für die Fürstin von Liegnitz hergab, abgerechnet; im Gegensatz zu dem Schlappermentstag, hießen die übrigen Tage Tractamentstage; und von diesem Lohn hatte Aurich noch Frau und Kinder zu erhalten. Der hohe Preis des Rums mäßigte also von selbst seinen Verbrauch. "Als ich noch Kornbranntwein trank", erzählte er, "kaufte ich ihn mir einmal für einen falschen Groschen wohl ein ganzes Vierteljahr lang. Dies machte ich so: Ich hatte zwei Flaschen, eine mit klarem Wasser, das ganz wie Kornbranntwein aussieht, und eine ebensolche leere. Die leere ließ ich mir dann für meinen Groschen füllen, und nahm sie herunter. Dann legte ich den Groschen auf den Tisch. Regelmäßig sagte darauf der Ladenjunge: aber der Groschen ist ja falsch! — So? oh, dann bin ich damit betrogen. Da haben Sie Ihren Schnaps wieder. Nun gab ich ihm aber das Wasser hinauf, das er dann ruhig in seine große Kümmelflasche goß. Das ging eine Zeitlang gut, bis der Groschen zu bekannt wurde; da mußte ich aufhören."

Aurich wußte nicht, wo er zu Hause gehörte, hinter Busch und Hecken sei er geboren und frühzeitig habe er Dienste genommen, zuerst unter Czerni Georg; dort habe er manchen delicaten Schweinebraten verzehren und die Türken wacker durchgerben helfen. Darauf sei er zu den Oestreichern desertirt, wo es mehr Prügel, als gute Worte gegeben, von denen zu den Preußen, damals ungefähr ebenso wie die Oestreicher, nur etwas großmäuliger; er sei ein Zugvogel aus dem Süden gewesen; in der Mark habe er es ungemüthlich gefunden; und so sei er zu den Dänen entsprungen. Nicht immer sei der Fahnenwechsel so glatt abgegangen, wo man denn habe Spießruthen laufen müssen. Einen theuren Freund und lieben Genossen, Schuhmacher, habe er im Leben gefunden. Mit diesem sei er auf seine alten Tage wunderbar wieder vereinigt. Früher nämlich habe das Schicksal sie getrennt, bis er wieder zu den Preußen gestoßen sei; da plötzlich in Potsdam, als er eingetreten, sei ihm sein Nebenmann mit Thränen der Freude um den Hals gefallen, und als er ihn nicht gleich erkannt, habe jener ausgerufen: Bruder, kennst Du mich denn nicht mehr? weißt Du nicht mehr, wie wir in Kopenhagen zusammen Spießruthen laufen mußten? ich bin Dein Schuhmacher!"

Seitdem sind wir immer zusammen geblieben, sagte Anrich, und noch heute unzertrennliche Freunde.

Das freie Leben des Ausreißers, das Umherschweifen unter dem weiten blauen Himmel, und die Fußreisen von Einem Ende Europa's zum andern schilderte er mit wahrem Genuß und mit lebhaftester Erinnerung an Land und Leute. Dann kamen seine Abentheuer mit dem schönen Geschlechte daran, und sein unglaubliches Glück bei ihm, als er noch in der Blüthe seiner Schönheit gestanden; und er war wirklich noch immer ein hübscher Mann mit feurigen schwarzen Augen und einer wohlgebildeten Adlernase. Da er nur hochdeutsch sprach, so stammte er wohl aus Süddeutschland her. —

6. Eines Tages, als ich auf den Wall hinauskam, stellte sich die Schildwache vor mich hin und sagte mit einem höchst gefühlvollen Ton: „Arnold, kennst Du mich denn nicht mehr?" Ich sah ihm ins Gesicht, es war Illies, mein alter Schulgenosse von Langenhanshagen her. Der vor meinem Fenster als Posten aufgepflanzt! Ich war ihm gegenüber immer das tugendhafte Prinzip gewesen; und

nun spielte er mir gegenüber den Diener der Themis! Welch ein seltsames Verhältniß! Ich reichte ihm die Hand und fragte: „Wie kommst Du hierher?" — Er wollte neun Jahre dienen, und dann in die Gensd'armerie treten. „Hm", sagte ich, „das ist ein sehr solider Plan"! Aber er hatte nicht Talent genug zur Gesetzlichkeit; man beschuldigte ihn nach einiger Zeit, er habe die Sachen des Königs, mit denen er ausgerüstet war, mit den seinigen verwechselt und sie gottloser Weise verpfändet; und so sahen wir ihn eines Tages an unserm Spaziergange vorbei auf die Wache ins Gefängniß wandern. Zu meiner Freude erholte er sich aber von seinem Mißgeschick und erschien nach einigen Monaten wieder als Oekonomie-Verwalter zu Pferde, in einem stattlichen Fuchskragen und mit neuen, weit über den Gensd'armen hinausgehenden Entwürfen. Möge es ihm gelungen sein, trotz des Wurmes, der an seinem Innern nagte!

10.

Ende der Gefangenschaft.

1. Der eilfte Mai 1829 erschien. Schliemann war frei. Mitten im Sommer hatte er den Genuß

des schönen Gegensatzes der freien Natur gegen das dumpfe Mauerloch. Er kam treulich zu mir zurück, und als er noch einmal Abschied von mir nahm, gab er mir über manches Auskunft, worauf wir beide lange gespannt gewesen waren.

Nun war ich allein. Ich überlegte mir, was ich in den nächsten 6 Monaten noch alles zu beendigen hätte, und machte Pläne, was ich drucken lassen wollte. Da plötzlich begann eine äußerst unangenehme Arbeit unter meinem Fenster. Der Festungsgraben wurde ausgeräumt; der süßliche Sumpfgeruch des alten Mobers drang zu mir herauf, und ich bekam das Wechselfieber. Der gute Doctor Simon erschien, zum erstenmal in all den sechs Jahren, brachte mir Chinin und versprach baldige Besserung. Er entdeckte bald die Ursache meiner Krankheit, und fragte, ob ich nicht lieber in's Militärhospital wollte. Dies war mir aber ein höchst unangenehmer Gedanke, und ich erkundigte mich, ob das Chinin nicht auch hier wirken werde. Simon glaubte, es werde es wohl thun. Dann müsse ich aber doch einige Wartung und Pflege haben. Ich schickte nach dem Platzmajor, und trug ihm vor, statt der Wache draußen, möge er mir doch eine ins Zimmer geben.

Er erwiderte: ich hätte wohl Lust, statt des Gefangnen den Kommandanten zu spielen; soweit seien wir aber noch nicht; er habe keine Krankenwärter für mich. Und damit ging er stolz ab.

Ich bin überzeugt, sein Widerwille gegen die Studenten und gegen meinen „Hochmuth" insbesondere, womit ich mich zurückhielt und abschloß, bewogen den sonst gutmüthigen Mann zu dieser Härte. Aber in's Lazareth wollte ich durchaus nicht.

Dies gab nun eine böse Zeit. Ich hatte, durch Thiersch Grammatik angeregt, gerade wieder den Homer durchgelesen; und wenn man ihn viel und lange hintereinander lies't, wird man bald ein Homeride, und lernt ihn nachäffen. Dies hatte mir auf meinem einsamen Walle Spaß gemacht, wenn ich nicht von Aurich oder irgend einem andern lebenden Epiker, z. B. Schuhmacher, darin unterbrochen wurde; jetzt sollte mir aber eine peinliche Qual daraus erwachsen. Denn in meinem Fieber wurde ich nun die griechischen Hexameter nicht los, und regte mich damit zu einer gewaltigen Hitze auf. Das Aergste war, daß ich mich nicht aufraffen, und das Trinkwasser nicht erreichen konnte, wo mir dann nichts übrig blieb, als den Wasserkrug und alle Flußgötter in homerischen Versen anzusingen, und um Beistand gegen den Barbaren zu bitten, der mich dursten ließ.

Viele von den Unteroffizieren waren mir aber sehr gewogen. Der gescheuteste und liebenswürdigste unter ihnen hieß Wiesner, manche setzten sich zu mir, andere kamen jede halbe Stunde auf's Thor, und sahen nach, ob ich was brauche. Dann wirkte auch das Chinin des Doktors. Ich genas.

Nun erschien auch der Platzmajor wieder und erkundigte sich. „Sind Sie wieder gesund, Herr Philosoph?"

„„So ziemlich, Herr Oberstwachtmeister!""

„Nun, meine Frau soll Ihnen etwas Hühnerbrühe und Gelée schicken. Haben Sie sonst noch etwas zu befehlen?"

„„Sie spotten, Herr Platzmajor. Aber darf ich Ihnen einen Vorschlag machen?""

„Nun, lassen Sie hören."

„„Ich bin jetzt nur noch drei Monate hier, Sie haben also nicht zu fürchten, daß ich Ihnen durchgehe. Ziehen Sie doch die Schildwache ein, und lassen Sie mich hier auf Ehrenwort auf dem Thor.""

Er konnte sich des Lachens nicht erwehren. „Das

sieht Ihnen ähnlich! Sie wollen ganz freie Hand haben: hm! nicht übel; das könnte schöne Geschichten geben! Aber darin haben Sie Recht, den Posten kann ich sparen. Ich will Sie auf's Geldern Thor setzen."

Er gab mir lächelnd die Hand, und ich wurde zu guter Letzt noch auf's Geldern Thor in das schlechteste Loch gesetzt, das dort zu haben war, wozu ich mit Odysseus sagte:

„Trag' auch das, mein Herz, viel hündischeres ja erträgst Du!

2. Der Winter kam heran, mir diesmal ein willkommner Besuch, denn mit ihm, am ersten Januar 1830 sollte ich frei sein. Die Gefangnen auf diesem Thor waren polnische oder westpreußische Verschwörer gegen unsern vortrefflichen Polizeistaat, ein Forstmann, Herr von Puttkammer, und ein Verwalter, Herr Fitzner. Dieser war auf Lebenszeit verurtheilt. Ich wurde natürlich mit ihnen bekannt, und nahm ernstlich an ihrem harten Schicksale Theil, das ihnen noch härter erscheinen mußte, da ich bei ihnen fast nur auftrat, um in Freiheit gesetzt zu werden. Denn was sind drei Monate Gefängniß gegen solche Verurtheilungen?

Zwischen Weihnachten und Neujahr, als mich nur

noch wenige Tage von der neuen Welt trennten, auf die ich immer gespannter wurde, je näher ich ihr rückte, und von meinen Theuren, denen ich mich nun mit verdoppelter Kraft widmen konnte; da ging eines Tages die Gefängnißthür auf, ein Geistlicher trat herein, der Superintendent Maß; die Thür wurde sogleich wieder hinter ihm verschlossen, und so standen wir uns plötzlich einander gegenüber. Ich kannte ihn, er hatte uns bisweilen Zeitungen geschickt, auch hatte ich ihn predigen hören. Ich ging also auf ihn zu, und hieß ihn willkommen:

„Was verschafft mir die Ehre Ihres Besuchs, Herr Superintendent?"

„Ich komme im Namen Seiner Königlichen Hoheit des Kronprinzen und der Gesellschaft zur Besserung der Strafgefangnen."

„Da freut es mich, daß ich gerade noch den Nutzen davon haben soll, noch mit gebessert zu werden, denn in wenigen Tagen hätten Sie mich nicht mehr hier gefunden. Bitte, nehmen Sie Platz! Wollen Sie den Koffer, oder ziehen Sie den Brettstuhl vor?"

Er setzte sich auf den Brettstuhl, ich mich ihm gegenüber auf den Koffer. Ich sah ihn erwartungsvoll an; er schwieg; ich hatte nichts zu sagen. Endlich nahm er die Stütze des Stockes von seinem Kinne weg und fing an:

„Oder ziehen Sie es vor, so können wir uns auch von der Politik unterhalten."

Worauf ich erwiderte: „wie könnte ich wohl irgend etwas in der Welt meiner eignen Besserung vorziehn, und was würden Sie dazu sagen, wenn ich es thäte? Fangen Sie also nur an, mich zu bessern."

„Sind Sie in der Kirche gewesen?"

„Ja, vorigen Sonntag; ich hörte Sie predigen. Sie sprachen über die Rotte Korah, und da trafen Sie denn freilich den Nagel auf den Kopf, ohne daß Sie vielleicht wußten, welch einen Aufrührer Sie unter Ihren Zuhörern hatten."

„Wie so? habe ich etwa unfreisinnig gesprochen?"

„Das habe ich nicht zu entscheiden. Aber Sie erinnern sich, daß Sie die Aufrührer verdammten, wie sich's gehört, und ihre strenge Bestrafung rechtfertigten."

Hier trat eine bedeutende Pause ein, und der Elfenbeingriff seines Handstocks setzte sich wieder unter das Kinn meines Besuchs. Endlich begann er von neuem:

„„Was halten Sie von dem Verein?""

„Die Frage ist wohl eher, was der Verein von mir, als was ich von ihm halte."

„„Nun, ich will Ihnen aufrichtig gestehen, daß ich glaube, Sie sind unserm Einflusse wohl entwachsen, ich habe Ihnen gegenüber keine Autorität, und kaum eine andere Stellung, als die eines Gleichen, kann also bei Ihnen wohl schwerlich andre Gedanken erzeugen, als ich vorfinde.""

„Das käme auf den Versuch an, und da Sie ihn doch nöthig finden müssen, sollten Sie ihn ja unternehmen."

„„Aber Sie sprechen sich nicht aus!""

„Worüber soll ich mich aussprechen?"

„„Ueber den Verein zur Besserung der Strafgefangenen.""

„Was kann Ihnen an meiner Meinung liegen, da Sie die Autorität Seiner Königlichen Hoheit für sich haben?"

„„Ich stimme mit der religiösen Richtung Seiner Königlichen Hoheit so wenig überein, als mit der Ihres Freundes und Beschützers, des Kriegsraths Hänisch.""

„Und doch hat der Kriegsrath Hänisch mich wesentlich gebessert, und den einzigen Weg eingeschlagen, auf dem man überhaupt einen Menschen bessern kann."

„„Den einzigen Weg? und der wäre?""

„Daß man dem Menschen die Mittel giebt, sich durch Arbeit in seinem Fach zu vervollkommnen und zu befreien."

„„Wie meinen Sie das?""

„Sie erinnern sich, Herr Superintendent, daß Sie so freundlich waren, uns von Zeit zu Zeit Zeitungen mitzutheilen. Dies machte mich zudringlich und ich bat um Bücher aus Ihrer Bibliothek. Diese schlugen Sie aber ab.

„„Hätte ich das gethan?""

„Und seitdem habe ich nur von der Kanzel herab von Ihnen gehört. Der Kriegsrath Hänisch hingegen hat mir seinen Glauben, so stark er auch ist, nicht geprebigt, mir dagegen freiwillig seine reiche Bibliothek zur Verfügung gestellt, und mich dadurch eine Reihe von Jahren mit den Mitteln versorgt, in meiner Wissenschaft weiter zu kommen und im Gefängniß frei zu werden."

„„Hänisch ist das Haupt der Frommen, er ist mein Gegner in der Stadt, und als er sich Ihrer einmal angenommen hatte, war ich von selbst ausgeschlossen.""

„Ich glaube nicht, Herr Superintendent, daß Hänisch sich hätte ausschließen lassen, wenn Sie vorher auf meine Bitte um Bücher eingegangen wären. Ist er kein Rationalist in der Religion, so ist er äußerst rationell im Leben. Er war keinen Augenblick darüber im Zweifel, wie man mir in meiner Besserung am besten unter die Arme greifen konnte, und wenn er kein Mitglied des Vereins ist, so hat er des Vereins nicht bedurft, um den einzigen Weg zur Besserung der Menschen zu entdecken, über den Sie selbst der Verein noch in Zweifel gelassen hat."

„„Sie halten nichts von der Seelsorge, wie ich sehe.""

„War etwa Hänisch' Sorge um mich eine Körpersorge?" Und dachten Sie an meine Seele — oder wollen wir nicht lieber die Seele des Menschen den Geist nennen? — als Sie mir Ihre Bibliothek abschlugen? Verschiedene Seelen wollen verschieden besorgt sein; und Sie konnten wohl wissen, daß die meinige aus Ihrer Bibliothek und nicht aus dem Katechismus zu versorgen war."

Dies war freilich stark, und der Besserungsversuch hatte sich vollkommen herumgedreht. Er wurde sehr kleinlaut und hätte, ich weiß nicht was darum gegeben, wenn der Unteroffizier mit den Schlüsseln meine Worte übertäubt und ihn erlöst hätte. Aber es war keine Rettung. Er war mein Gefangner.

„Sie sind grausam, Sie sind härter gegen mich, als ich es verdiene!" rief er aus, „ich stehe Ihnen in vieler Hinsicht näher als Hänisch, Sie wissen das, und Sie stellen mir diesen Mann, meinen erbittertsten Gegner zum Muster auf! Versprechen Sie mir nur Eins, lassen Sie diese Unterredung unter uns bleiben! Wollen Sie das thun?"

„Nein, Herr Superintendent, aber was Sie eigentlich sagen wollen, ich solle sie Hänisch nicht mittheilen, das will ich versprechen. Denn ich will die Gegensätze dieser Stadt, die mir völlig fremd sind, nicht vergiften. Ich und mein hiesiges Schicksal gehören da nicht hinein, und Hänisch spricht lieber mit mir über Rom und Griechenland, als über Kolberg."

Dies beruhigte ihn wesentlich, und er begann wieder von dem Verein, über den er nach Berlin zu berichten habe: „Wenn Ihnen durch wissenschaftliche Arbeit wesentlich geholfen war, so ist doch nicht jeder in Ihrem Falle. Wie z. B. würden Sie vorschlagen, daß wir dem Herrn Fitzner und dem Herrn von Puttkammer unter die Arme zu greifen hätten?"

"Das ist leicht gesagt. Beide rechnen darauf, einmal der Freiheit und dem bürgerlichen Leben wiedergegeben zu werden. Ist es nun wohl recht, einem Menschen, den man viele Jahre einsperrt, nur einfach die Thür des Gefängnisses zu öffnen und ihn ohne alle Mittel und ohne alle Anknüpfung — denn seine alten Verhältnisse sind abgebrochen — in die entfremdete und unbekannte Menschenmenge hinauszustoßen?"

"Gewiß nicht; aber was können wir für diese beiden Männer thun?"

"Wenn Sie mir nichts nützen konnten, Herr Superintendent, so nehmen Sie Sich ihrer an. Fitzner arbeitet sehr geschickt in Bernstein. Lassen Sie Sich seine Sachen zeigen, wenn Sie ihn besuchen, und verhelfen Sie ihm durch Ihre Verbindungen zu einer Verwerthung seiner kleinen Kunstprodukte, die ich nie schöner gesehn habe."

"Das ist ein sehr zweckmäßiger Vorschlag, und ich werde ihn nicht vergessen. Und wie wäre es mit dem Herrn von Puttkammer?"

„Verschaffen Sie ihm Arbeit beim Gerichte und versorgen Sie ihn mit Büchern über das Forstwesen, das er auf der Meininger Academie studirt hat. So wird es Beiden möglich werden, sich einige Thaler zu verdienen, mit denen sie sich forthelfen können, wenn sie aus der Haft entlassen werden."

Kaum hatten wir diese Frage erledigt, so erschien der erlösende Unteroffizier. Beim Abschiede versprach er noch einmal, meine Winke zu benutzen, ich möge aber auch meinerseits mein Versprechen halten, und Hänisch unsre Unterredung nicht mittheilen.

Ich glaube, daß selbst diese Veröffentlichung der in mehr, als einer Hinsicht merkwürdigen Begegnung streitender Zeitrichtungen keine Mittheilung an meinen unvergeßlichen Freund Hänisch sein wird. Denn er ist ohne Zweifel längst zu seinen Vätern versammelt. Den Herrn Superintendenten hingegen konnte ich keine bessere Rolle spielen lassen, als er sich selbst gewählt hat.

Die Königliche Hoheit ahmte auf diese Weise mit dem Verein die Quäker nach, aber nicht die richtigen, die republikanischen Quäker Pensylvaniens, welche die Verbrecher einem bürgerlichen Beruf und der

Religion, in der sie die Theorie des bürgerlichen Lebens finden, zuführen. Das wesentlich Brauchbare der Pönitentiarien ließen Seine Königliche Hoheit weg, und so blieb nichts übrig, als das öde Predigen. Der deutsche Despotismus hat sodann die Zellengefängnisse ohne den Geist und Zweck der republikanischen Pönitentiarien eingeführt; und ich habe später wiederholt die Erfahrung gemacht, daß unsre frommen Staatsmandarinen mit keiner Gewalt zu dem brauchbaren Theil der quäkerischen Fürsorge für Verbrecher zu bringen waren, sondern immer hartnäckig auf den unbrauchbaren zurückfielen. Auch mein eindringlicher Unterricht an dies ehrwürdige Mitglied des Vereins zur Besserung der Strafgefangnen wird kaum denen genützt haben, auf die er sich ausdrücklich bezog.

3. Es ist ein großer fruchtbarer Gedanke, die Strafe der Verbrecher so einzurichten, daß sie durch ihre Gefangenschaft selbst der Freiheit und der menschlichen Gesellschaft wieder zugeführt werden, indem man sie bürgerlich brauchbar macht, also die Hauptquelle der Verbrechen schließt. Zur Durchführung dieses Gedankens gehören aber ein freier Staat und denkende Menschen. Ein Staat, der auf

die Gemeinheit der Menschen, auf ihre Furcht, ihren Eigennutz, ihren Abschluß von dem Gemeinwesen gebaut ist, und dessen Verfassung das Verbrechen selbst in der Form der Gewaltherrschaft ist, ein solcher Staat, der nur eine kommandirte Galeere ist, kann den Gedanken, den Verbrecher durch die Strafe zum freien Menschen zu machen, nicht durchführen. Seine Grundlagen sind die Nichtachtung des Rechtes, die Liederlichkeit, das Todtschlagen im Großen und im Kleinen, das Nichtachten des Eigenthums und der Person, der Raub im Innern und wenn er es vermag nach Außen. Mit dem Grundsatz: die kleinen Diebe hängt man, die großen läßt man laufen, die kleinen Mörder köpft man, die großen krönt man, schafft man die Verbrechen nicht ab und bessert man die Gefangnen nicht. Die Tyrannei ist der Verbrecherstaat; der hat erst sich selbst abzuschaffen, ehe er die Verbrecher bessern kann.

Welch ein seltsamer Abschluß meiner Gefangenschaft war es nun, daß diese unreifen, äffischen Geister mit einer solchen Frage auf mich einstürmten, und ihre katechetischen Besserungsversuche mit mir vornehmen wollten, statt die Besserung bei sich selbst anzufangen und erst denken und frei sein zu lernen, ehe sie andre zu belehren und zu befreien unternahmen. Und es war mir keine geringe Befriedigung, daß ich ihnen mein eignes Beispiel und das des grundguten und durch und durch vernünftigen Hänisch mit seiner thatsächlichen Durchführung eines richtigen Verfahrens entgegenhalten konnte. Mit ihnen über Principien zu streiten, dazu waren sie mir zu gering. Die Thatsachen reichten zu ihrer Züchtigung vollkommen aus.

Aufgeregt ging ich im Gefängniß auf und nieder. Der Auftritt ging mir noch einmal durch den Kopf. Es war doch zu grausam, dachte ich; — der arme Teufel! Aber sitze ich nicht hier, wie eine Spinne in meinem dunkeln Winkel, was mußte mir auch diese Fliege ins Netz fahren? Er hat es sich selber zuzuschreiben.

Als nun der erste Januar 1830 herangekommen war, wurden mir die wenigen Stunden, die von Rechtswegen schon mein eigen waren und die man mich noch hinter Schloß und Riegel zurückhielt, länger, als es all die Jahre geworden waren, in denen ich von der Freiheit meines äußerlichen Menschen ein für allemal abgesehn hatte. Eine Leidenschaft der Ungeduld kam über mich, und ich dachte, sollten sie dir am Ende nicht Wort halten? Wer könnte sie zwingen? Sind sie nicht die souveräne Willkür? — —

Endlich später, als gewöhnlich, erschien der alte Gefangenaufseher, wünschte Glück zum neuen Jahr und mir zur Befreiung.

Meine Sachen wurden mir von willigen Soldaten in ein Kolberger Gasthaus getragen; und ich eilte zu — Hänisch.

VI. Freiheit und Revolution.
1830.

Die Welt geht aus den Fugen überall;
Ihr stützt umsonst, und donnernd rollt ihr Fall
Dahin mit alten Kirchen, Ketten, Thronen;
Und Raum wird für befreite Millionen.

Das bürgerliche Leben.

Mit der freien Bewegung, die mir nun wieder gegeben war, that sich eine neue Welt vor mir auf, das bürgerliche Leben des Privatmanns; ein politisches Leben gewährte Preußen damals noch nicht; ich war aber sowohl durch den Besuch der Universität Jena, als durch das Urtheil der beiden Oberlandsgerichte vom Staatsdienst, d. h. von der Verwerthung meiner Kenntnisse auf dem gewöhnlichen Wege ausgeschlossen. Was war also wohl mit dieser bürgerlichen Gesellschaft anzufangen, in die ich jetzt als selbstständiges, aber immer noch geächtetes Mitglied eintrat? Vor Allem war ich neugierig, wie sich von nun an die Menschen zu mir, und ich mich zu ihnen stellen würde. Die Knechtschaft nimmt dem Menschen den halben Werth, sagte schon der Alte. Wir hatten dies gehörig bewährt gefunden; und nun war mir mit einem Schlage der volle Werth wieder gegeben.

Es war leicht möglich, daß der Staatsdienst mir für immer verschlossen blieb, auch war es nicht mein Ehrgeiz, aus Einer Gefangenschaft in die andre zu treten; aber, dacht' ich, sollte es Dir nicht gelingen, ein Buch zu veröffentlichen, welches mindestens alle Jahr einmal aufgelegt würde? Das muß versucht werden; so wirst Du unabhängig und machst Dir zugleich einen Namen in der Welt.

Ich hatte den Schill, ich hatte den Oedipus in Kolonos fertig. Kein Mensch konnte mir das gleichthun. Das Eine war meine Erfahrung, das andre meine Form. Und was konnte ich nicht alles noch leisten? Ich war fest überzeugt, wer nur was Rechtes leiste, den werde das Leben nicht im Stich lassen; und ich habe nun zu erzählen, wie ich mit meinem Glauben fuhr und mich in der bürgerlichen Welt zurechtfand.

Mein Schiff stieß ab, ich war in See.

1.

Winterreise von Colberg nach Triebsees.

1. Es war ein stiller kalter Wintertag. Der Schnee lag tief, und die Büsche hingen voll schwe-

ren Rohrreifs; hätte sich ein Lüftchen geregt, so müßten viele zusammengebrochen sein. Dies war ein anziehender Anblick für mich, als ich zum ersten Mal seit so vielen Jahren die Anlagen vor dem Thore betrat, die wir von unserm Spaziergange aus immer hatten sehen können und zu denen wir oft gern einer geliebten Schönen gefolgt wären. Aber man suchte heute nicht lange das Freie, kein Mensch, kein Vogel war draußen, ich war allein in den verschneiten Anlagen. Ich eilte in die Stadt zurück und war bald so lebhaft mit Menschen beschäftigt, daß ich die Natur vergaß. Als ich Hänisch zur Besuchszeit im Kreise seiner liebenswürdigen Familie gefunden und beglückwünscht hatte, denn es war ja Neujahrstag, lud er mich zu Tische und auf den Abend ein, wo, wie mir die Mädchen verriethen, ein Tanz sein sollte. Bis dahin zog ich mich in mein Gasthaus zurück, um an die Meinigen zu schreiben. Hier fand ich den Artillerie-Lieutenant Kaiser. Als Feldwebel war er oft am Lauenburger Thor auf Wache gewesen; er wurde nun zum Lieutenant befördert und nach Stralsund versetzt. Es wurde sogleich verabredet, daß wir zusammen reisen, und zwar von Stadt zu Stadt einen Bauernschlitten miethen wollten. Als dies abgemacht, und in Eile ein paar Zeilen an meinen Vater aufgesetzt waren, zeigte mir der liebenswürdige Kaiser den Weg zum Platzmajor und zum Doctor Simon, von denen ich Abschied zu nehmen hatte; den alten Generalmajor von Funk wußte ich allein zu finden. Alle fragten mich nach meinen Plänen für die Zukunft; ich sagte, ich wolle an ein Gymnasium gehen und behielt meine Schriftstellerpläne für mich. Der Platzmajor spielte spöttelnd darauf an, und meinte, ich wollte wohl höher hinaus, als ich sagte. Ich erwiderte, die Gymnasiallehrer wären die größten Bücherschreiber.

Wenn ich den Doctor Simon ausnehme, so fand ich überall eine ganz andre Aufnahme, als bisher. Selbst in Hänisch Hause fühlte ich mich diesmal vollkommen frei. Nur Hänisch persönlich und dem guten Simon gegenüber hatten wir nie den Verlust der Hälfte unsers Werthes empfunden.

Gegen Hänisch sprach ich mich ohne Rückhalt über Alles aus. Er sagte dazu: „Rechnen Sie nicht auf Einnahmen von Ihren Schriften, aber lassen Sie die Sachen nur drucken, es wird Ihnen auf andre Weise zu Gute kommen, und behalten Sie das Gymnasium oder die Universität im Auge. Ich würde an Ihrer Stelle über ganze Schriftsteller, so z. B. den Juvenal, den Aristophanes, den Sophocles lesen, und die Kleinmeisterei mit der Worterklärung Andern überlassen; das wäre neu, und gewiß sehr nützlich. Außerdem weiß ich, daß es Ihnen zusagen würde. Und wenn Sie vollends Thucydides und Plato auf diese Weise behandelten, so müßten Sie, sollt' ich denken, einen großen Erfolg haben."

„Ich bedaure nur, daß ich nicht ordentlich zum Aristoteles gekommen bin. Ich hatte immer einen gewissen Widerwillen gegen sein lebloses Dociren, dem die Form der Entwicklung fehlt; und als ich den unendlichen Schatz, der in ihm zu heben ist, endlich dennoch gewahr wurde, da war es zu spät. Auch kenne ich Hegel nicht und weiß auch nicht, wie ich ihm beikommen soll. In dieser Unwissenheit wage ich den Mund nicht aufzuthun über irgend etwas Philosophisches."

Hämisch wurde sehr heiter, und rief den Damen zu, die um uns herumstanden: „da habt Ihrs, was ich Euch immer gesagt, unser junger Freund bedauert, daß er nicht noch einige Jahre, und zwar mit Aristoteles und Hegel eingesperrt worden. Nun, Sie haben bei alledem Ihre Zeit nicht verloren."

Einem hübschen jungen Mädchen, die abseit am Fenster saß, rief er zu, "hole mir mal die Kellerschlüssel!" Sie war aber offenbar mit irgend einem Gegenstande draußen vor dem Fenster beschäftigt, denn sie hörte nicht, und erst nach wiederholtem Rufen stand sie auf, verweilte immer noch, und ging erst, nachdem sie einen Gruß von außen höchst zierlich erwidert hatte. "Da sehn Sie", sagte Hänisch, "wozu die Theorien nützen; ich bin für das unbedingte Königthum, und mein Haus ist ein richtiger Freistaat! Wären Sie nicht dagewesen, ich hätte mir sicherlich die Schlüssel selber holen müssen!"

Ich hatte es aber wohl entdeckt, warum die Schlüssel so zögernd geholt wurden; es war Paradezeit, und ein hübscher Artillerieoffizier war gerade noch zur rechten Zeit vorbeigegangen, um seinen erwarteten Gruß zu empfangen. Sie kam mit den Schlüsseln zurück und sagte: "Sei nicht böse, Väterchen, ich war noch so müde vom Sylvesterball!"

"'Ich habe nie gehört, daß man vor Müdigkeit taub wird'", erwiderte er scharf. Dann ging er in den Keller, und ich blieb mit der Schönen allein, die mir nun von dem Balle erzählte und mich nicht in Zweifel ließ, daß sie das meiste Glück gemacht hatte

und mit dem ganzen Sylvesterabend höchlich zufrieden
war; ja, sie erzählte sogar, wer am meisten mit ihr
getanzt habe, und erröthete nicht sehr, als ich sagte,
daß ich dies errathen haben würde, denn ich hatte
den Glücklichen grüßen sehen.

2. Ich bat Hänisch beim Abschied um die Er=
laubniß, ihm den Oedipus in Kolonos widmen zu
dürfen, und versprach gern, ihm öfter zu schreiben.
Wir blieben fortdauernd in Verkehr; und er hat mir
später, als die Jahrbücher schon im Gange und ich
mit den Frommen, die ein Geschäft und eine politi=
sche Parthei aus der Gottseligkeit machten, in eine
scharfe Fehde gerathen war, noch eine Tasse geschenkt
mit seiner eigenhändigen Inschrift: „zur Erinnerung
an den 1. Januar 1830 bei Hänisch"; sie ist mit
dem Kolberger Rathhause geziert; und ich habe sie
als ein werthes Kleinod aus allen Stürmen gerettet.

Spät Abends begab ich mich in großer Aufregung
über die Ereignisse und Erfahrungen dieses verhäng=
nißvollen Tages in mein Gasthaus. Hier fand ich
meinen Reisegefährten schon vor. Er hatte einen
Schlitten besorgt; und am andern Morgen in aller
Frühe ging's zum Thor hinaus. Mein getreuer
Schafpelz und meine Filzschuhe thaten mir jetzt noch

einmal gute Dienste, und wir segelten rasch in den kalten Januarmorgen hinaus. Da lagen die Wälle und Thürme von Kolberg hinter mir. — Der Schlitten war bis Kammin an der Oder genommen. Unsre Pferde waren muthig, die Bahn spiegelglatt und wir flogen nur so durch die endlose Schneefläche Pommerns, dennoch wurde Kammin nicht in einem Tage erreicht, und wir hielten es für klug, uns nicht in die dunkle Nacht hinauszuwagen. Denn hier zu Lande waren die Wege nur an der Spur zu kennen, weder Gräben noch Bäume faßten sie ein. Wir fanden in einem Dorfe eine große Schenke, wo wir übernachten konnten; allein zu unserm Schrecken wurde die ganze Nacht gegeigt und getanzt, an Schlaf war nicht zu denken. Ich stand auf und sah nach dem Wetter. Ich weiß nicht, ob wir Mondschein hatten, genug, ich berichtete um vier Uhr Morgens, es sei hell genug, wir könnten immer aufbrechen, und als wir unsern Kutscher beredet hatten, fuhren wir wirklich ab.

Zuerst ging die Fahrt vortrefflich von Statten, dann schliefen wir ein und holten unwillkürlich unsre Versäumniß von der unruhigen Schenke in dieser sanften Wiege des Schlittens nach. Aber plötzlich gab es einen Ruck, — wir lagen im Schnee, Einer purzelte über den andern weg, die Koffer hinterdrein, und der Schlitten löste sich in seine losen Theile auf. Der Kutscher war nämlich auch eingeschlafen gewesen, und wir hielten in einer langen, breiten Allee, die wir zuerst für eine Heerstraße erster Ordnung ansahen, aber nicht weiter verfolgen konnten, denn sie führte auf ein Holz zu und hörte dort auf.

Unser nächstes Geschäft war, uns auf unserm Schlitten wieder einzurichten und uns zu überzeugen, daß nichts zerbrochen oder verrenkt war. Alsdann riefen wir fast zugleich aus: „Kutscher, wo sind wir?"

„Das weiß ich nicht! Hier können wir aber nicht weiter, der Weg hört auf."

Wir wendeten also um, und fuhren Stunden lang fort, ohne daß wir ein Haus oder Gehöft entdeckt hätten. Freilich fiel der Schnee in so dichten, schweren Flocken, daß wir alle Aussicht verloren. Wir waren vollkommen in der Irre, und ich wußte aus Erfahrung, wie man bei solchen Gelegenheiten im Kreise herumzufahren pflegt. Der Kutscher hielt endlich in Verzweiflung an, und es entstand die Frage, was zu thun sei. Das gewöhnliche Mittel bei solchen Verirrungen, den Pferden ihren Willen zu lassen, wo sie denn nach Hause laufen, war hier nicht anzuwenden, denn wir wollten ja gerade von ihrem Stalle weg. Der Schlitten hielt; wir besannen uns, was wir sagen sollten; einen Augenblick also wurde es still. Da hörten wir ganz deutlich unsre Geigen, die uns aus der Schenke vertrieben hatten und die uns jetzt eine willkommne Rettungsmelodie vorsangen. Wir steuerten drauf los, über Stock und Stein, dem Klange nach; aber wir hatten richtig gehört, und so langten wir nach einer Irrfahrt von mehreren Stunden dort wieder an, wo wir abgefahren waren. Es war unsre Schenke.

Wir erfrischten uns und unsre Pferde, ließen das Schneegestöber vorübergehn, und machten uns dann von neuem auf den Weg. Nun hüteten wir uns aber wohl vor dem Einschlafen und riefen auch von Zeit zu Zeit den Kutscher an, damit auch er dem Schlaf widerstände. So gelang es uns diesmal, den Weg inne zu halten, obgleich er stark überschneit war, und Kammin bei guter Zeit zu erreichen.

3. Wir hatten nun die gefrornen Arme des Haffs zu überschreiten, um nach Wollin und Usedom zu gelangen; und es entstand die Frage, ob das Eis auch trüge und mit Sicherheit zu befahren wäre.

Wir hörten, die Eisfahrt sei ganz sicher, aber auf den Inseln sei keine Schlittenbahn, sie höre mit dem Eise auf; wir mietheten uns also einen Korbwagen von der Art, die man Holsteiner Wagen nannte und die damals gebräuchlich waren; so fuhren wir bei weitem bequemer und angenehmer, als auf den Strohsäcken unsers Bauernschlittens über die beiden bewaldeten Inseln. Auf Usedom wohnte Schliemann's Schwager. Er war Pfarrer und hatte mich längst eingeladen, bei ihm vorzusprechen. Dies geschah nun; wir blieben einen ganzen Tag bei ihm; und er machte mich sehr glücklich, als er sich den Oedipus vorlesen ließ und zugab, daß Einem der Alte auf diese Weise bedeutend näher gebracht werde. Die Frau Pastorin, eine schöne, schwarzäugige kleine Frau, Schliemann's Lieblingsschwester, von der er mir oft erzählt hatte, bewirthete uns vortrefflich, und es wurde mir hier ein zweites Befreiungsfest gegeben, wobei wir Alle sehr vergnügt zu Tische saßen.

Als wir aber gerade so angenehm beschäftigt waren, erschien noch ein Gast, — der Kornhändler des Pastors. "Der kommt mir sehr ungelegen", sagte der Pastor, "aber ich muß ihn zu Tische laden, ich brauche seinen guten Willen. Nun, es wird schon gehen."

Der Kornhändler wurde also eingeführt, uns vorgestellt und auf einem Ehrenplatze am Tische untergebracht. Zuerst richtete der Pastor einige Worte an ihn; dann fiel er bald weg und mußte sich an's Essen halten, weil unsre Gespräche ihm böhmische Dörfer waren. Die Frau Pastorin hatte zu Ehren der Gelegenheit einen Auflauf gemacht, der uns allen sehr zusagte, den aber der Kornhändler dankend vorbeigehn ließ. Er wagte sich nicht gleich an die Herrlichkeit und wollte genöthigt sein; der Pastor im Eifer des Gesprächs versäumte das. So verlor der arme Kornhändler seinen Antheil an dem Gerichte, das wir andern zur Freude unsrer jungen Wirthin sehr lobten. Eine Weile saß er still und unschlüssig da; dann plötzlich machte er eine große Anstrengung, langte sich den Auflauf, den er grade noch erreichen konnte, und platzte mitten in unser Gespräch hinein mit dem unerwarteten und völlig unvorbereiteten Ausruf: „Na, wenns denn durchaus nicht anders sein kann, so will ich mir etwas davon nehmen!"

Wir hatten Mühe ernsthaft zu bleiben; der Ausruf blieb aber unvergessen und mit ihm der Korn=

händler, der den Uebergang zum Auflauf nicht finden konnte, und uns nach der Mahlzeit verließ.

Wir waren hier sehr vergnügt und schieden ungern von den jungen Leuten, denen es wirklich ein Fest war, den alten treuen Freund und Leidensgenossen ihres Bruders bei sich zu bewirthen.

Ich habe immer einen großen Gefallen daran gefunden, den Humor im Leben aufzustechen und andre durch Wiederholung darauf aufmerksam zu machen. Es ist ein dankbares Geschäft und sehr häufig hilft uns ein glücklich angeführtes Beispiel mehr zur Verdeutlichung und Ueberzeugung, als lange Beweise. Im Gefängniß, sollte man doch denken, spräche man sich aus, und da man wenig Neues erfährt, müsse der Stoff der humoristischen Geschichten ausgehn. Merkwürdiger Weise war dies aber nicht der Fall, und neue Bedürfnisse riefen immer neue Belege in der Erinnerung hervor; ich überraschte Schliemann bis zuletzt mit immer neuen Geschichten, wenn wir in der Erörterung an einen Punkt gelangten, wo eine solche Aushülfe wünschenswerth war.

Ueberall sind die Menschen geneigt, die Dinge heiter zu nehmen, wenn man ihnen nur diese Seite zeigt; es ist dies ein geselliges Talent, welches mir wohl hin und wieder einen Feind, aber unendlich viel mehr Freunde erworben hat, und womit auch der Besuch bei unserm Pastor aufs Angenehmste gewürzt wurde. Freilich ist der gute Wille allein nicht ausreichend, um Humor in die Leute zu bringen; es kostet eine gewisse geistige Vergangenheit, in der man mit offnen Augen gelebt, und eine menschliche Theilnahme an der Gesellschaft, der man angehört. Ich will gern gestehn, daß ich vier große Lehrer in dieser Tugend gehabt habe, meine Eltern, die beide voll davon waren, Jean Paul, Plato und Aristophanes.

4. Die Fahrt über die Inseln und über das Eis des Haffs erinnerte mich an ähnliche Fahrten meiner frühen Jugend; das alte Leben ging wieder auf, und als ich mich vollends in Greifswald von meinem Kolberger Reisegefährten getrennt hatte, fand ich mich sehr bald von Studenten umringt, und wurde von ihnen als ein alter bewährter Bundesbruder mit großen Ehren aufgenommen. Die Rede kam auf die Fortsetzung meiner Reise nach Triebsees. Da wurde sogleich vorgeschlagen: es solle mich doch Einer von ihnen mit einem Einspänner hinüber fahren. Das war ein Vergnügen, denn hier war

wieder Schlittenbahn. Ich nahm es an, und wir
fuhren fröhlich und angenehm dahin. Unser wohl=
genährter Brauner trug ein helles Glöckchen.

Auf dem Wege liegt das Städtchen Grimmen.
Hier spannten wir aus und aßen zu Mittag; dann
machten wir einen Gang durch die Straßen. Zu
meiner Freude begegnete mir mein alter heitrer
Freund Behm als ein dicker breiter Pächter. Wir
begrüßten uns: „Nun, Du hast Dich ausgebreitet!"
rief ich aus.

„Und Du bist dünn geworden, wie ein Wind=
hund!"" erwiderte er und scherzte über diese Erfolge
meiner Gelehrsamkeit, wie ich schon[1]) erzählt habe.

Dann führte er mich zu einem andern Schul=
freunde, der hier wohnte, verheirathet war und sich
als Schulrector nützlich machte. Zu meiner Ver=
wunderung war auch er zu einem bedeutenden Um=
fange gediehen, und ich fand, daß es in unserm Falle
ganz umgekehrt zugegangen, wie in der Fabel, wo
der gefangne Hund fett und der freie Wolf mager
wird. Die junge Frau war ebenfalls eine Jugend=
freundin, und ich mußte ihnen meine Schicksale er=

---

[1]) I, 321.

zählen. So saßen wir beim Kaffee, gedachten alter
Erlebnisse und verplauderten unsre Zeit. Endlich fiel
es uns ein, daß wir eilen müßten, um Triebsees
noch bei guter Zeit zu erreichen.

Eine Zeitlang ging die Fahrt noch gut. Dann
trat mit der Nacht das alte Uebel dieser unwirthba-
ren Gegenden wieder ein, kein Weg war zu sehen,
und die Nacht wurde durch einen dichten Schneefall
noch mehr verdüstert. Wir hatten uns verirrt, oder
wenn wir richtig fuhren, so war es Zufall, wir kamen aber auf ein großes Gehöft und fuhren bei dem
Gutsherrn vor. Ich ging hinein, nannte meinen
Namen, sprach von meinem Vater und bat um Aushülfe in unsrer Verlegenheit.

„Sie sind der junge Ruge?" rief der Gutsherr
aus, „ei, wie freut es mich, Ihre Bekanntschaft zu
machen! Ich kenne Ihren Herrn Vater sehr gut
und verkehre öfter mit ihm, da er die Klassensteuer
einnimmt. Wir sind hier dicht bei Triebsees, und
ich will Ihnen einen Mann zu Pferde mitgeben;
der soll Sie hineinbringen, das ist das Sicherste!
Wer nicht weiß, wie der Weg ohne Schnee aussieht,
der kann sich bei diesem Wetter arg verfahren."

Ich war froh und dankbar, unterhielt mich so

lange mit der Familie, bis der Reitende vor der Thür mit der Peitsche knallte, und fuhr dann ab. „Leben Sie wohl, in einer halben Stunde sind Sie zu Hause!" rief mein Gastfreund mir nach.

So hätt' es auch wohl sein sollen, und so würde es gewesen sein, hätte unser Führer nur noch eine Minute länger Geduld gehabt. Als aber ein Heckenzaun mit einer Oeffnung darin dicht vor uns lag, sagte er: „dort ist das Thor von Triebsees", indem er auf die Oeffnung deutete, „nun können Sie nicht mehr irren!" das dachten wir auch. Ich gab ihm ein Trinkgeld, er grüßte und verschwand in vollem Galopp.

Wir fuhren nun auf das Thor zu. Der Weg führte vor einen Ausschnitt, der mannshoch voll Schnee getrieben war.

„Da können wir nicht hindurch, das ist klar!" hieß es, „wir müssen offenbar links oder rechts daneben hinfahren." Wir bogen rechts um die Höhle; irren konnten wir nicht mehr, denn das sogenannte Thor lag uns immer vor Augen; aber wir hatten nichtsbestoweniger eine verhängnißvolle Wahl getroffen. Kaum waren wir neben dem Hohlwege auf der Ebene, so brach unser Pferd ein, und der Schnee schlug über ihm zusammen. Dabei war es auf die Gabel des Schlittens gefallen und hatte den rechten Schaft zerbrochen. Ich sprang heraus, mein Gefährte desgleichen. „Ist es der Fluß?"

„Nein, es ist nur ein Loch, ich sehe kein Wasser."

„Aber wie bringen wir das Pferd wieder heraus?" Wir schnitten es los; ich wagte mich vornehin und führte auch wirklich das Thier über einen höchst verrätherischen Boden, wo immer neue Löcher auftauchten, bis an's Thor. Dort band ich es fest. Nun war noch der Schlitten durchzulootsen; und als wir dies mit vereinten Kräften durchgesetzt hatten, fragte sich's, wie wir das Pferd wieder einspannen sollten. Es zeigte sich bald, daß wir weiter nichts thun konnten, als den zerbrochnen Gabelbaum in den Schlitten legen, den andern an das Sielenzeug des Pferdes binden, und dann zusehn, wie wir fahren würden. Ich leitete das Pferd, und mein Genosse steuerte den Schlitten, der sonst natürlich immer quer ausfuhr.

So zogen wir langsam und höchst abentheuerlich durch die Straßen von Triebsees. Es war 10 Uhr in der Nacht. Glücklicher Weise fanden wir in unserm Hause noch Licht. Mein Freund, das Pferd und der Schlitten wurden ins Gasthaus geführt; und ich war wieder im Kreise der Meinigen. Wir blieben bis tief in die Nacht zusammen. Was hatten wir uns nicht Alles zu sagen?

Was lange unmöglich geschienen, war geschehen; was wir Alle kaum zu hoffen gewagt, war erfüllt. Das Glück des Augenblicks erschien uns um so ergreifender, je schwärzer sich die letzten Jahre das Unglück in allen Gestalten mit seinem unerbittlichen Schatten über unser Haus gelagert hatte.

2.

Der Winter in Pommern.

1. Meine Schwestern waren erwachsene hübsche Mädchen geworden. Ich freute mich über sie und machte ihnen den Hof. Sie erwiderten meine Artigkeiten und versicherten mir, alle junge Mädchen müßten sich in mich verlieben.

„Das ist nun wohl weniger wahr, als gut gemeint", erwiderte ich ihnen, „und stimmt ganz und gar nicht zu meinen Erfahrungen. Auch kommt bei unser Einem nicht viel darauf an."

„„Doch! doch!"" riefen sie alle beide, „„Du wirst schon sehn!""

Nun, so machte ich doch schon bei ihnen Glück, und es war mir ein Trost, daß sie nicht aufhörten, mich so zärtlich zu behandeln und mir tausend ermunternde Dinge zu sagen; dennoch war ich weit davon entfernt, an mein Glück bei dem schönen Geschlechte zu glauben. Auch gehörte das noch lange nicht in meine Pläne.

Meine Mutter war noch rüstig, wie immer, und führte das Hauswesen mit fester Hand. Ja, sie war darin so berühmt, daß die Mägde vor Eifer, ihr's recht zu machen, förmlich den Kopf zu verlieren pflegten. Kurz nach meiner Rückkehr wollte sie einmal die Magd ausschicken. Ehe sie ihr noch den Auftrag gegeben hatte, rannte diese schon fort mit dem Ausruf: „Ja, Frau Secretärin, ich bin den Augenblick wieder da, Frau Secretärin!" Womit wir Mutter nicht wenig aufzogen. So habe sie die armen Mädchen in Angst gejagt, daß sie gleich fortliefen, ehe sie noch den Auftrag erhalten hätten.

Mein Bruder Reinhold war Tischler geworden, befand sich grade zu Hause und machte uns allerlei hübschen Hausrath. Mein jüngerer Bruder Ludwig besuchte in Stralsund die Secunda des Gymnasiums, war aber so groß und stark geworden, daß er bei seinem ersten Besuch in Triebsees mir einen Ringkampf vorschlug und sich wunderte, als er unterlag.

So war die Familie herangewachsen. Aber Vater war gealtert und einiger Maßen leidend. Als er sich daher mit mir allein fand, sprach er seine Besorgniß aus, er möge plötzlich einmal seinem Leiden erliegen, und es würde ihm eine große Beruhigung sein, wenn ich es vorher zu etwas brächte und mich der Familie annehmen könnte.

Ich erwiderte, er wisse, daß ich eifrig gearbeitet und auch etwas fertig gebracht habe; damit wolle ich nun zunächst etwas zu erwerben suchen.

Mein Vater verstand sich nicht auf das Geschäftliche der Schriftstellerei und ging daher auf meine Hoffnungen ein.

„Was willst Du dann aber weiter unternehmen, mein Sohn?" fragte er mich; und bei meiner gänzlichen Unkenntniß der Mittel und Wege, wie ich an eine Schule gelangen sollte, was doch die Aufgabe war, konnte ich keinen andern Bescheid geben, als ich wolle mich in Stralsund und Rostock darnach umthun.

2. Die Winterreise war ein starker Abstand gegen das sechsjährige Stubensitzen gewesen; all meine Bewegungs- und Abhärtungsbemühungen hatten mich vor einer gewissen Verweichlichung nicht schützen können; und so zeigte sich's denn bald, daß ich mich heftig erkältet hatte, also eine Zeitlang das Haus hüten und mich der Pflege meiner guten Mutter und meiner liebenswürdigen Schwestern überlassen mußte. Auch entdeckte ich, daß ich einiger Maßen kurzsichtig geworden, was ich dem blendenden Papier des Plato von Ficinus zuschrieb, der mit der Schärfung des geistigen Auges das leibliche abgestumpft habe; denn früher hatte ich auf dem Kolberger Walle noch die Mondphasen der Venus mit bloßem Auge unterscheiden können.

Sobald ich mich wieder kräftig fühlte, berieth ich mit meinem Vater und Bruder eine Reise nach Rostock; denn ich war selbst äußerst ungeduldig, etwas zu beginnen. Der Schnee lag noch. Wir Brüder machten uns zu Fuß auf. Ich hatte meine Manuscripte eingesteckt.

Nun sollte ich aber auch die Erfahrung machen, daß ich mit den Füßen ebenfalls außer Uebung gekommen war, und während mein Bruder die Anstrengung einer Wanderung von fünf Meilen durch den Schnee ganz gut ertrug, ermüdete ich kurz vor Rostock so vollständig, daß ich mich nicht von der Stelle rühren konnte und im Schnee sitzen blieb. Ich hätte das für ganz unmöglich gehalten, schämte mich sehr und wurde ungehalten über meine Schwäche.

Mein Bruder tröstete mich: ich sei nur aus der Gewohnheit gekommen, die alte Rüstigkeit werde sich schon wieder finden. Jetzt nur einen Augenblick Ruhe; Rostock sei ja so gut, als erreicht.

Mir aber wurde diese letzte kurze Strecke unendlich sauer, und ich war heilfroh, als wir's uns in unserm Gasthause bequem machen und namentlich die durchnäßten Stiefel abstreifen konnten.

3. Am andern Tage begab ich mich zu einem großen Buchhändler und bot ihm meine beiden Dramen an. Der Mann war sehr trocken und sagte, ohne das Heft zu öffnen, das sei kein Geschäft, ich werde auch wohl nirgends einen Verleger finden.

„So? Also so sieht es damit aus", brummte ich in den Bart. Dann setzte ich laut hinzu: „Aber das Publicum hat doch ähnliche Sachen gekauft; sonst könnten wir sie nicht gelesen haben."

„Die sie gedruckt haben"", meinte der Rostocker,

„„werden keine Seide dabei gesponnen haben. Solch Zeug, wie Lafontaine und Kotzebue, ja, das ist was anders, dafür ist die Million.""

Niedergeschlagen und nachdenklich ging ich zu Professor Türk und theilte ihm Alles mit. Er sprach sich weniger entmuthigend aus, aber freilich, er war kein Buchhändler.

„Wissen Sie was? Veröffentlichen Sie doch die Sachen auf Subscription. Hier, ich will gleich den Anfang machen."

So tröstete mich der liebenswürdige Mann. Auch bei alten Freunden von Jena her fand ich Anklang und allen möglichen Beistand.

Das war doch ein Plan! Der Schill sollte also auf Subscription erscheinen und natürlich in Stralsund.

Mein Bruder hatte noch Einiges für seine Tischlerei anzuschaffen, was in Triebsees nicht zu haben war. Mehr richteten wir nicht aus, und namentlich konnten mir meine Freunde für den Schulplan keine Aussichten eröffnen.

Zu meiner großen Freude ertrug ich die Rückreise ohne wesentliche Erschöpfung; die Anstrengung selbst hatte mich wieder gestählt; außerdem war freilich die

Ausbeute der Reise wieder nur eine Hoffnung, die freilich jetzt mit einem bestimmten Plane und etwa zehn Unterschriften zusammenhing.

4. „Du mußt jetzt also nothwendig nach Stralsund", sagte mein Vater; „das ist aber eben so weit als Rostock, da rathe ich Dir nicht, zu Fuß zu gehn. Ich will Dich mit Graf Wachtmeister, der in der Nähe auf seinem Gute wohnt, bekannt machen. Der fährt alle Woche hinein und nimmt Dich gerne mit."

Graf Wachtmeister und sein unverheiratheter Bruder, der Baron Clas, wohnten nicht weit von einander. Als mein Bruder Ludwig zu Hause kam, besuchten wir sie auf mehrere Tage. Ludwig war dort ganz zu Hause, da des Grafen Sohn sein Schulgenosse war; ich wurde ebenfalls bald heimisch, denn nichts konnte liebenswürdiger sein, als die schwedisch-pommersche Gastfreiheit des guten Grafen, obgleich seine Wirthin mit den Kindern in der Stadt wohnte. Wir lebten, wie Odysseus bei den Phäaken, aßen und tranken den ganzen Tag und spielten des Abends Whist oder Boston, womit der Pommer freilich noch über den Phäaken hinaus geht. Der Graf erzählte mir in der Zwischenzeit und während er seine vielen Hunde, die ungebührliche Freiheiten genossen und sie schmählich mißbrauchten, in Ordnung hielt, von seinem Leben in Stockholm und fragte mich dagegen aus über die geheimnißvolle Angelegenheit, in die ich verwickelt gewesen und über die er nie recht ins Klare gekommen sei.

Als er meinen Bericht gehört hatte, sagte er: „Deutschland ist ein träges Land. Ihr seht, wie ihr angelaufen seid! Selbst Schweden ist rühriger und hat Nationalbewußtsein. Pommern ist vollends ganz unpolitisch. Das hindert aber viele der Stralsunder Größen nicht, Ihnen von Herzen aufsässig zu sein; am weitesten ist darin der Rector Kirchner, Ihr alter Lehrer gegangen, was Sie ohne Zweifel schon von Ludwig gehört haben. Dazu ist die Schule besetzt, die Universität für Sie zu provinziell. Sie werden hier nicht bleiben können. Sehen Sie sich Stralsund aber mal an. Fahren Sie nächste Woche mit mir und sagen Sie mir's wieder, ob ich nicht Recht habe."

Da er viel in Stralsund war und in Gesellschaft Alles mögliche antraf, was dort den Ton angab, so wußte er im Grunde mehr, als ich selbst erfahren konnte, sagte mir aber eigentlich nur, was ich mir schon gedacht hatte. „Ich kenne diese Spießbürger", rief ich aus, „jedes Thier kennt seine Feinde". Ich wußte aber auch, daß ich einige Freunde in der Stadt hatte; und beschloß, mich nach ihnen umzusehn.

5. Eines Morgens in der nächsten Woche fuhr also Graf Wachtmeister mit einem vierspännigen Holsteiner Wagen bei uns vor und holte mich ab. Es war grade Thauwetter eingetreten, und nur mit vier Pferden sollte es möglich sein, den leichten Wagen, nur mit uns Beiden besetzt, durch die bodenlosen Wege unsers kulturfaulen Pommerns hindurchzureißen. Wenn die Vorderpferde einbrachen, was von Zeit zu Zeit geschah, so diente uns das zur Warnung, und wir steuerten um das Loch herum. Dazu wüthete ein heilloser Sturm, und wir kamen gehörig durchweht in der heiligen Geist-Straße bei der Frau Gräfin an, die uns aber sehr bald mit warmen Getränken wieder herstellte.

Unter meinen alten Freunden fand ich den meisten Beistand bei Hercules, der Rechtsanwalt und Reuter, der Arzt und verheirathet war. Wir brachten die Subscription auf den Schill in Gang, und in Verlauf von einigen Wochen fanden sich wirklich so viel Unterschriften zusammen, daß die Löffler'sche Buchhandlung den Verlag übernahm und den Druck begann. Daß etwas für mich dabei abfallen könne, daran wäre nicht zu denken.

So viel hatt' ich nun also gelernt, daß diese Schriftstellerei nichts einbrachte; desto aufregender war mir die Veröffentlichung. Es waren alle meine Herzensgeheimnisse in dem Buche, meine verstorbne Schwester, die durch unser Unglück um ihre Hoffnung und um ihr Leben gekommen war, der brave Flauschmüller, sodann der junge Gelehrte, der zum Schwerte greift, und endlich Schill, der mit vollem Bewußtsein als Vorläufer handelt, auch der beschränkte theilnahmlose Philister, der Hauptfeind Schill's, war nicht vergessen, ja sogar Aurich war als komische Figur mit aufgenommen, da ich mich in Kolberg überzeugt hatte, daß die Schill'sche Schaar allerdings zum Theil aus solchem Stoff zusammengesetzt gewesen. Dies nun Alles der Welt preis zu geben, wurde mir noch im letzten Augenblick wieder bedenklich. Man glaubt sich gleich errathen, wenn man selbst das Geheimniß weiß, und am Ende riß ich auch so die Menschen nicht mit fort und sollte nur noch einmal Spott und Hohn ernten. In Stralsund hatt' ich keinen Menschen, dem ich mich hierin anvertrauen konnte.

Ich besuchte die Stelle, wo Schill gefallen war,

und forschte vergebens nach dem Ort und nach einer Andeutung, wo er begraben wäre. Zwar führten mich zwei Jugendfreundinnen von Jasmund auf den Friedhof vor dem Knieper Thor, wo sein Körper begraben sein sollte, während sein Kopf nach Holland gewandert war; aber wir fanden nur eine Grasfläche, nicht das mindeste Denkmal. „Deutschland ist nun schon so lange im Besitz der Früchte", rief ich aus, „die er säen half, Preußen besitzt den blutgedüngten eingeweihten Boden; und der erzwungnen Achtung unsers Vorkämpfers ist keine freiwillige Achtung gefolgt!"

6. Bei mir selbst dachte ich: welchen Eindruck wirst Du nun wohl mit Deinem Gedicht machen, wenn die Welt so gegen die handelt, die sie doch selbst schon als ihre Befreier anerkennt und deren Namen in Aller Munde ist? Wer seine Begeisterung für irgend etwas abkühlen will, der gehe nach Stralsund. Ich gestehe, daß ich zweifelhaft geworden war, ob ich die Veröffentlichung des Werkchens nicht noch aufgeben sollte. Endlich beruhigte ich mich mit dem Gedanken, daß ich jetzt schon zu weit gegangen sei, um den Druck noch zu unterlassen. Als aber dann dieses Denkmal der Vorkämpfer deutscher Freiheit und der Opfer für das Eine große Vaterland wirklich erschien

und zu Hause vor mir ausgebreitet auf dem Tische lag, trat eine Aufregung ein, die mich selbst in Verlegenheit und meine Mutter in die größte Besorgniß setzte. Ich aß den ganzen Tag keinen Bissen und redete, wie im Fieber, mit mir selber.

Um dies zu erklären, nur ein paar Stellen aus dem Drama.

Wie das Mädchen, welches ich darin einführe, sich dem Geliebten im letzten Verzweiflungskampf anschließt, sagt sie:

<blockquote>
Die Lieb' ist kühn, auch in der Frauenbrust,
Und fühlt sich werth des wagenden Geliebten,
Denn treue Liebe wagt in ihm ihr Leben.
</blockquote>

Und er erwidert:

<blockquote>
O wie erleichterst Du mein schweres Herz!
Wo ich der Thränen Fessel fürchtete,
Da find' ich hohen Muth zum harten Kampf.
Ach, aber großer Wahl, Du liebes Herz,
Gesellt sich sicher große Prüfungsnoth.
Hoch schwellt das Göttliche die Menschenbrust,
Doch mit der Wollust heilgen Tugendeifers
Dringt tief ins warme Herz so mancher Stachel.
</blockquote>

Davon mußten wir ein Lied zu singen, die wir die Unsrigen ins Elend gestürzt hatten, und selbst durch alle mögliche Erniedrigung hindurchgeschleppt worden waren, weil wir die Nation daraus retten wollten.

Bei Schill kam es darauf an, ihn nicht nur seine Rolle des tollkühnen Einhauens treu spielen zu lassen, sondern ihm auch das volle Bewußtsein von der Aufgabe des Erweckers zu geben, und selbst dies war nicht gegen die Geschichte; hatte er doch selbst gesagt:

"Besser ein Ende mit Schrecken, als ein Schrecken ohne Ende!"

Ich ließ ihn daher sagen:

> Wie von Anfang
> Ich den Beruf erkannt', und ihm gefolgt,
> Dem dumpfen Unmuth durch der Thaten Leben
> Schon in der Mitternacht das Bild des Morgens,
> Den blendend sie gebären muß, zu zeigen;
> So fühl' ich mich des größten Amtes Träger,
> Und mächtig wirkt im Busen dieser Muth,
> Den ich in Andre säen will, zur Stärkung.

Wollt Ihr mich aber verlassen, sagt er zu seinen Hauptleuten, so geht;

> Dann werf' ich mich allein mit Pferd und Waffen
> Hinaus, und suche mir den Tod des Freien.

Schill's Unternehmen, das Anfangs, als Oestreich den Feldzug von 1809 noch nicht verloren hatte, und überall Aufstände im Werk waren, zum Fortreißen Preußens dienen sollte, und ganz und gar nicht hoffnungslos war, wird in dem Trauerspiel erst im Augenblick des letzten verzweifelten Versuchs, Stralsund zu halten, aufgenommen. Auch hier leuchtet zuerst noch einige Hoffnung, aber die angeblich Englischen Schiffe erweisen sich als Dänische, und statt des Aufstandes der Bevölkerung von Pommern und Rügen findet er auch hier Lauheit, ja Widerstand. Die Stadt wird erstürmt; Schill stürzt sich auf den Feind und fällt.

Der Philister hat nicht aufgehört, ihm die Nothwendigkeit des Mißlingens vorzurücken und sein Verdienst um die Hebung des Volksgeistes ganz und gar bei Seite zu lassen. Das Volk aber machte seinen Namen zur Fahne, und was ihm selbst nicht gelungen war, gelang dem Andenken an seine entschlossne That. Sie stachelte Alles zur Nacheiferung auf, bis im Freiheitskriege die Aufopferung zu einem religiösen Zuge, zu einer eignen Leidenschaft ausgebildet und uns, dem nachwachsenden Geschlecht, so überliefert wurde.

Natürlich laß' ich ihn hiermit schließen. Seine Gedanken, mit denen er sich, von Allen verlassen, in den Tod stürzt, sind diese:

> Was siehst Du spottend, ungemeßne Wölbung,
> Auf meinen Kinderodem, der Dich nicht
> Von Mund zu Munde weiter sich verpflanzend,
> Durch Deutschlands Ebnen Freiheit hallen lehrte!

Wie freudig stürb' ich, gäbst Du durch den Tod,
Allmächtiger, mir Deiner Donner Stimmen,
Daß mir des Himmels Säulen rings erdröhnten
Zu meinem Feldgeschrei: „das Vaterland!"

— Doch Geister reden nicht mit lauter Stimme,
Nein, unvermerkt dem ungeweihten Schwarm,
Zu dem Geschlecht der Menschen; — doch sie reden;
Und unsichtbar und leise, wie sie sind,
Bewegen sie, nur sie die weite Welt.

— Sie thut sich auf vor meinem letzten Blicke
Die Zeit, die Geistesodem tief erregt,
Sie strahlet mir mit fernem freien Glanz,
Die stolze Fackel flammt in Deutscher Hand,
Die Scheiter lodert, die den Pesthauch bannt! —
Sein Fuß tritt auf Trophäen seiner Dränger
Und mit im Kampfe jubeln's freie Sänger.

— Und Du, Du bist's, der diesen Pfad gezeigt,
Du, der den freien Nacken nie gebeugt; —
Ja, sie ist gut, die freie große Wahl,
Wohlan, so tauch' in's Herz, du Frankenstahl!

Ich hatte alle meine Erfahrungen, von der Wollust der Hingabe bis zum Widerstande der schnöden Welt, in ein leidenschaftliches Manifest zusammengefaßt und gab den Stralsunder Pfahlbürgern, die in der That kaum irgendwo in der Welt ihres Gleichen finden, keine beneidenswerthe Rolle, die der trocknen Vernunft des baaren prosaischen Daseins, zu spielen. Sie konnten nichts dagegen haben, daß sie so vernünftig find, aber waren sie mir vorher schon aufsässig als einem ungestümen Querkopf, so hatte ich's jetzt vollkommen mit ihnen verschüttet. Alle diese Aufwallungen zogen mir bei der Durchlesung des Gedichts in gedrängter Form wieder durch die Seele.

Meine Mutter war froh, als sich am andern Tage die Aufregung gelegt hatte und ich wieder aß und trank, wie ein gesunder Mensch. Der Bericht über Stralsund und meine Stellung zu den städtischen Größen war aber ein ernsthaftes Ergebniß für meine und meines Vaters weitere Pläne. Ich hatte den Rector Kirchner wiedergesehn und ihn, der gar kein gutes Gewissen gegen mich hatte, nicht wenig überrascht, als ich völlig unbefangen an unser früheres gutes Verhältniß wieder angeknüpft und ihm von meinen Arbeiten in der Kolberger Einsamkeit erzählt. Ich suchte ihn für den Oedipus zu gewinnen. Er fand aber, es sei eine kühne Ketzerei, bis ich ihn mit dem berühmten Chor zum Lobe Athens, wozu er das Griechische nachlas, wirklich hinriß. Er rief aus, als er das Buch zuschlug: „Ei, das hätt' ich nicht erwartet! Nun, wenn alles Andre ebenso gelungen ist, so wünsche ich Ihnen von Herzen Glück zu Ihrer Kühn=

heit, lieber Ruge!" Wir schieden, äußerlich versöhnt, aber wir waren keine Freunde.

Nicht einen Schritt weiter kam ich mit Mohnike. Er war mir viel geneigter, als Kirchner, aber er verhehlte mir nicht, daß er glaube, meine Studien wären nicht auf Pommern und Pommersche Bedürfnisse berechnet, und bestärkte mich in meinem Entschluß, mich nach einer der Sächsischen Universitäten zu wenden.

Dies leuchtete denn auch meinem Vater ein; und wir beide bedauerten nur, daß mir der Schill nicht mindestens das Reisegeld eingebracht. "Nun, für den Oedipus gedenke ich immer noch einige Louisd'or zu bekommen. Ich will's damit in Berlin versuchen, wo ich ja doch wegen der bürgerlichen Wiederherstellung verweilen muß."

7. Natürlich mußte ich bis zur guten Jahreszeit in Triebsees bleiben, und da ich, namentlich auf der Rostocker Winterfahrt, gesehen hatte, was mir das Gefängniß unvermerkt angethan, so suchte ich mich in dieser Zeit möglichst wieder herzustellen und körperlich so rüstig zu machen, als ich vorher gewesen war. Der Burgemeister war ein junger Mann, der in Heidelberg studirt hatte. Wir wurden bald Freunde

und sind in die Wette gelaufen und gesprungen. Mit den jüngern Leuten wurde, so bald es anging, zu Wachtmeisters auf die Jagd gezogen; auch ging ich zu Fuß nach Stralsund, zu Eise nach Rügen, und fuhr mit meinen Schwestern zu allen ihren Freunden zu Schlitten umher, nach Franzburg und zu Schliemann's Vater nach Gnoyen in Mecklenburg.

In Gnoyen war der Wein so viel billiger, daß wir uns ein kleines Fäßchen mitnahmen. Aber wenn wir ihn versteuerten, hörte der Vortheil auf. Wie sollten wir ihn durch die Zolllinie bringen? Als ich es für unmöglich erklärte, sagte meine jüngste Schwester Luise, die sehr unternehmend war: Da laß doch mal den Kutscher kommen, der wird es gleich einzurichten wissen.

„Nichts leichter, als das", meinte der Kutscher, „Kreuzberg untersucht den Schlitten nur inwendig, nicht auswendig, wir binden also das Fäßchen auf den Schlitter, der nicht auf seiner Seite ist, dann sieht er's nicht."

Kreuzberg hätte es leicht entdecken können, aber er war überaus gnädig gelaunt und klopfte meiner Schwester, die an seiner Seite saß, ganz unbefangen auf den Präsentirteller, den sie unter ihrem Mantel auf dem Rücken hatte, und der eigentlich auch hätte versteuert werden sollen, mit den Worten: „Sie haben doch nichts Versteuerbares bei sich?"

8. Wir scherzten über den Vorfall und klingelten mit unserm Schlitten unter großer Heiterkeit nach Triebsees hinein. Mein Vater aber sagte: „Nun, Ihr macht schöne Geschichten! Wenn Ihr vor's Stadtgericht gekommen wärt, hätte ich das Protokoll führen müssen."

Solche Späße fallen manchmal theuer aus. So war der Obersteueraufseher in Halle, als Sachsen noch außer der Zolllinie lag, mit seiner Frau Gemahlin von Leipzig gekommen und hatte scherzweise zu den Zöllnern in Schkeuditz gesagt: „Untersuchen Sie ja meine Frau sorgfältig, sie hat gewiß verbotne Waare bei sich". — Der Zollbeamte sagte: „„Nun, so haben Sie die Güte, Frau Direktorin, Ihren Hut abzunehmen!"" — Die Frau weigert sich, der Mann bestand darauf; und die Zöllner finden einen solchen Vorrath kostbarer Spitzen in dem Hute, daß der Herr Gemahl eine hübsche Summe Strafe zu zahlen hat.

In Triebsees wurden Sachen, wo das Gericht einzuschreiten hatte, vor meinen Vater gebracht. Dies fiel selten vor, und die meisten Fälle waren nicht sehr

ernster Art. Einmal brachten ein Grenzaufseher und
der Rathsdiener einen Gefangnen ein. Der Zöllner
berichtete, der Mann habe Rum gehabt, und als er
ihn erblickt, habe er sich auf der Mecklenburger Seite
niedergelassen und ihm erklärt, da zöge er es vor, sei=
nen Rum gleich dort auszutrinken. Sie hätten sich
beide gelegt und am Ende über die Grenze hinüber
zusammen getrunken. Als der Mann nun geglaubt,
er, der Grenzwächter, sei betrunken und schliefe, habe
er sich rasch aus dem Staube gemacht, sei aber von
ihm eingeholt worden, und hier bringe er ihn nun
gefangen.

"Nun, so führen Sie ihn aufs Thor!" sagte mein
Vater zu dem Herrendiener. Aber der kam gleich
darauf mit der Nachricht wieder: Statt die Thortreppe
hinauf ins Gefängniß zu steigen, habe der Gefangne
seine Rockschöße aufgenommen und sei zum Thor
hinaus gelaufen; und er habe ihn nicht einholen
können.

Wir lachten laut auf, und der gefoppte Raths=
diener stimmte am Ende mit ein und tröstete sich
damit, daß er bei der Gelegenheit doch etwas Rum
davongetragen habe, denn sie hätten alle drei vorher
noch einen Schluck genommen.

Bei Tribsees fließt die Trebel, sie eilt mit Weile durch Sumpf und Wiesen auf die Grenze zu, wo sie sich dann mit einem andern Arm dieses mecklenburgisch pommerschen Flußnetzes verbindet, der bis dahin die Grenze gebildet hat. Diese Flüsse dienten nun den Schleichhändlern zu mancherlei Erfindungen. Sie flößten Wein und andre Dinge, die sich dazu eigneten, unter Wasser hin; und wenn Gefahr drohte, pflöckten sie ihre Leine ins Ufer, wo dann nichts zu sehn war. Außerdem waren sie auf der Mecklenburger Seite dem Auffischen durch die Zollwächter nicht ausgesetzt. Der Krieg der Wächter und Schleichhändler ging ununterbrochen fort. Man konnte aber für einen geringen Zuschuß zu den Mecklenburger Preisen alle Waaren durchgebracht erhalten, und es bestand natürlich ein Handel, der sich eigends damit befaßte.

Die Regierung wußte so gut, wie jedermann, wie unmöglich das Durchsetzen der ehrlichen Verzollung ist. Um daher alle Versuchung zum Sündigen gegen ihr Salzmonopol zu entfernen, wurde jeder mit seinem Salzbedarf abgeschätzt und mußte so viel Salz bezahlen, als ihm zugeschrieben wurde, ob er's nun verbrauchte oder nicht. Dies ist ein Einfall, der nur dem rücksichtslosesten Despotismus in den Kopf kommen konnte. Er wurde mit eiserner Festigkeit durchgeführt, so sehr die armen Leute auch jammerten. Die wirklich Armen waren hier aber der größte Theil der Bevölkerung, und ihre Noth und ihr kläglicher Zustand kam mir bei dieser Salzquälerei, die mein Vater ebenfalls zu verwalten hatte, alle Tage vor Augen.

Die Menschen waren im Ganzen gebrochen und niedergeschlagen. Selbstmorde waren nicht ungewöhnlich. Ein alter Mann, der allgemein Vaterbruder angeredet wurde, kam einmal spät Abends vors Thor heraus, wo ihn mein Vater und ich auf unserm Rückwege in die Stadt antrafen: „Wo will Er so spät noch hin, Vaterbruder?"

„„Oh, jeder geht seinem Vergnügen nach.""

Am andern Morgen fand man ihn in einem Teiche. Er war so weit hineingewatet, bis ihm das Wasser in den Mund gelaufen; so steckte er im Moderboden des Teiches.

9. So lang ich in Triebsees war, half ich meinem Vater und nahm ihm möglichst viel von seinen Schreibereien ab.

Nun erschien eines Tages der Gensb'arm — es war nur Einer im Ort — mit einem Reisenden, den er aufgegriffen, weil er keinen Paß hätte.

„Sie werden uns da unnöthige Kosten machen", sagte mein Vater, „wissen Sie denn, wo der Mann her ist und wo wir ihn hinschicken können?"

„Nein! wenn aber der Herr Secretär meinen, so können wir ihn ja nur wieder laufen lassen."

„Nein, nun er einmal hier ist, können wir das nicht mehr, aber Sie hätten es gekonnt, wenn er Ihnen nicht verdächtig vorkam."

„Daß er ein Herumstreicher ist, sagt er selbst."

Ich hatte die Verhandlung niederzuschreiben.

„Sie sind nicht angeklagt", sagte mein Vater zu dem Gefangnen, „stehn hier also auch nicht vor Gericht, sind aber, weil Sie ohne Paß reisen, angehalten worden und müssen sich nun hier ausweisen über Ihre Heimath, der Sie angehören, und über Ihr Geschäft, das Sie zu uns führt. Wo gehören Sie zu Hause?"

„Das weiß ich nicht, Herr Rathsschreiber."

„Sie wissen nicht, wo Sie geboren sind?"

„Nein, Herr!"

„Wie heißen Sie?"

Das wußt' er; leider hab' ich nun aber den Namen des Unsterblichen vergessen.

„Wer waren Ihre Eltern?"

„Meinen Vater hab' ich nicht gekannt; er ist wohl Soldat gewesen."

„Beim Leibregiment in Stralsund?"

„Das weiß ich nicht, Herr Rathsschreiber."

„Wer war denn Ihre Mutter?"

„Meine Mutter war eine arme Frau in Barth, und als ich noch jung war, nahm mich ein Tapezier auf der Durchreise mit nach Hamburg in die Lehre."

„Haben Sie bei ihm ausgelernt?"

„Ja, und als ich Gesell geworden war, ging ich auf Reisen."

„Wann war das?"

„Vor dreißig Jahren; und seitdem bin ich auf Reisen geblieben."

„Sie haben nie wieder in Arbeit gestanden?"

„O nein! das war nicht nöthig. Ich war ja frei, wie der Vogel im Busch."

„Wo sind Sie denn da vornehmlich gewesen?"

„Auf und nieder am Rhein, in der Schweiz und in Oestreich. Oh, da ist es gar zu schön! Noth leidet man nicht; die Leute sind seelensgut; und es ist mir all die Zeit so glücklich ergangen, bis mir vorige Woche ein schlechter Mensch meinen Ranzen und mein Wanderbuch gestohlen hat. Daher schreibt sich auch mein jetziges Unglück, daß der Gensd'arm mich gefangen genommen hat. Denn hätt' ich meinen Ranzen und mein Buch gehabt, so hätt' er es nicht gedurft."''

„Gewiß nicht! Wenn Sie nun einen neuen Paß bekommen, wo gedenken Sie alsbann hin?"

„„Nach Hamburg, Herr, das muß ich wieder sehn!"''

Mein Vater kündigte ihm nun an, daß er im Gewahrsam der guten Stadt Tribsees bleiben müsse, bis seine Sache entschieden sei, daß er aber unterdessen gut verpflegt und mit allem Nöthigen versehn werden solle.

Nach einem freundlichen: „„Ich danke Ihnen, Herr Rathsschreiber!"'' wanderte er mit dem Urheber seiner Leiden aufs Thor.

„Nun, das ist eine saubre Geschichte; und ich sehe kein Ende davon ab, wenn die Herren von der Regierung sich in den Kopf setzen, daß seine Heimath heraus gebracht werden muß. Daß Barth ihn nicht nimmt, läßt sich vorhersehn; und so bleiben wir immer die glücklichen Besitzer."

Zunächst wurde nun nach Barth geschrieben; aber der eble Magistrat von Barth erwiderte: ein solcher

Name fände sich nicht in den Kirchenbüchern; wäre dies aber auch der Fall, so könne das Stadtgericht von Triebsees doch nicht erwarten, daß die Stadt Barth einen unnützen Menschen, der selber nicht einmal behaupte, in Barth geboren zu sein, aufnehmen solle.

Die Verhandlungen gingen nun zur Entscheidung an die Regierung nach Stralsund; und diese entschied: „Man solle dem Gefangnen neue Kleider, einige Hemden und einen Ranzen, auch Schuh und Mütze anfertigen lassen und ihm einen Paß ausstellen, worin man Pommern im Allgemeinen als seine Heimath und Hamburg, wo er sein Handwerk gelernt, als seine Bestimmung angebe. Zugleich wären ihm 3 Thaler Reisegeld auszuzahlen und die Kosten der königlichen Regierungskasse zu berechnen."

Das ist denn doch mal ein vernünftiger Bescheid, rief mein Vater höchst vergnügt aus; und das Glück des armen Wanderburschen läßt sich nicht beschreiben.

Als er neu ausgestattet und entlassen war, zog er unsre Straße entlang, und als er mich grade am Fenster erblickte, warf er seine neue Mütze hoch in die Luft und rief aus: „Nun geht's wieder ins Freie! nun gehts wieder in die weite Welt!" — Er hat' es wohl gemerkt, welchen Antheil ich an seinem Schicksal genommen. Der glückliche Bettler! und es war ihm Ernst mit seiner Freiheit und seinem Wanderglück. Das ging doch noch über Aurich, der im Grunde nach jedem Streifzuge ins Ungebundene sich wieder in die Knechtschaft zurückbegab,

> Der nie des Bettlers Königthum gekannt, sich nie
> Der ganzen Menschheit, mit nie wankendem Vertraun
> Um milde Gaben bittend, in die Arme warf.
> So lebt ein Fürst von Gaben, harmlos, ungehaßt,
> Denn Charls nur schließt Herz und Hand ihm auf.
> Gewalt ist dem Gerechten unbekannt, er lenkt
> Die Menschen staatsklug mit der Menschlichkeit allein,
> Und frei und unerobert ist die Erde sein.

10. Neben der unendlich armen Stadtbevölkerung waren die Krämer und Beamten die Vornehmen; diese theilten sich in zwei erbittert feindliche Parteien, die Raths- und die Zollamtspartei. Natürlich gehörten wir zur Rathspartei, da mein Vater Stadt- und Gerichtssecretär und der Burgemeister unser nächster Freund war. Meine Eltern zeigten freilich nicht viel Parteieifer, meine Schwestern dagegen und die hübsche Frau Burgemeisterin, ihre Freundin, weihten mich in die Geheimnisse der Fehde ein und verlangten namentlich, auf dem bevorstehenden Balle dürfe ich

nicht mit den Damen der Gegenpartei tanzen. „Es wäre ja schrecklich! es würde ein Aufsehn machen, und wäre für uns eine Beleidigung, die wir nie verzeihn könnten!"

Ich sprach mich nicht aus, die verbotne Frucht reizte mich aber grade, und als ich eine recht schöne Zöllnerin unter den tanzlustigen Mädchen bemerkte, machte ich mich an sie heran, ließ mich vorstellen, bat sie um einen Tanz und wurde auch wirklich damit beglückt.

Ich wurde nun zwar von meinen schönen Parteigenossinnen heftig ausgescholten, aber sie konnten doch nicht über den Scherz hinausgehn, und mit mir zu brechen, daran war ja nicht zu denken. So brachte ich einen ganz neuen Ton in den Ball hinein, und als Andre von beiden Seiten meinem Beispiel folgten und die Mädchen sich ebenso versöhnlich zeigten, als meine schöne Zöllnerin, war die alte Fehde für den Abend vergessen, und ich hatte mir die gute Meinung der ganzen Zollamtspartei erworben, ohne die der Rathspartei verscherzt zu haben. Der Ball war ein Ereigniß, die Anarchie, zu der ich das Zeichen gegeben, hatte ihn mehr belebt, als irgend einen frühern, und wer konnte wissen, was alles daraus entstehen werde. Aber es war nur eine Waffenruhe gewesen, wie in der Braut von Messina, und die unblutige Erbitterung brach wieder los, so wie die Prosa des gemeinen Lebens wieder die Oberhand gewann. In diesem Bürgerkriege erhob sich dann die schwierige Frage, wie Männer von Ansehn den Ausfällen zu begegnen hätten, denen sie ausgesetzt waren durch unterlaßnen Gruß, oder gar durch scharfe Bemerkungen, wozu sich Feldscheerer, Musikanten oder Krämer, die noch nicht Rathsherren waren, hinreißen ließen.

3.
Auswanderung nach Mitteldeutschland.

1. Als die Sonne wieder mächtig wurde, und die ungewöhnlichen Schneemassen dieses Winters, des letzten ganz Russischen Winters für Europa, schmolz, war die Politik noch nicht sehr scharf hervorgetreten. Man war Polignac's Unverschämtheiten und Karl's X. vorweltliche verblendete Hartnäckigkeit schon so zu sagen gewohnt, und traute den Franzosen keine Ehre und keinen Muth zu. Daß wir selbst gar nicht existirten, also weder Ehre noch Muth brauchten, verstand sich

am Rande. Man erwartete den Zusammenbruch der Verfassung in Frankreich, man hoffte nichts. Ich selbst war durch das lange Gefängniß ein wenig abgestumpft, und die Triebseer und Stralsunder Luft eignete sich nicht zur geistigen Lungenstärkung. Vorläufig ging meine Leidenschaft fast nur auf den Erfolg meiner Studien und Arbeiten. Ich wußte sogar meine Schwestern mit hineinzuziehn. Sie erstaunten, als ich ihnen eines Abends die ganze Iphigenie, deren feine und zugleich glänzende Weise mich hingerissen, aus dem Kopfe vortrug. Sie wußten den Oedipus bald auswendig, und ich theilte ihnen noch sonst allerlei Dichtung und Prosa mit, richtete auch eigne Lieder an jede von ihnen, so oft unsre Gespräche, oder ein Geburtstag mich dazu veranlaßten. Dadurch fiel ich Mutter ins Handwerk. Sie war sonst der allgemeine Gelegenheitsdichter gewesen, und pflegte lange humoristische Gedichte nur so hinzuwerfen, während Vater für seine schöne Prosa berühmt war. Darin folgte Mutter ganz ihrem eignen Kopfe, und schrieb wie sie sprach. Sie machte nur Punkte und schrieb in der Regel Alles, außer den Namen, mit kleinen Buchstaben. So heißt es in einem ihrer Briefe von 1846 aus Halle nach Zürich an meine

Frau: die kinder denke ich viel seid nur nicht zu strenge gegen Richard daß er nicht halsstarrig wird und sich zurückgesetzt fühlt er wird wohl werden darum bange ich nicht. Eben ist die nachricht eingegangen daß David Schulz in Breslau abgesetzt ist. Sage Arnold die Lichtfreunde ließen ihm sagen ihr Licht brennte hell und klar und sollte ein heller schein bleiben. Niemeyer ist tapfer und alle Stadtverordneten. Wislicenus seine erklärung gegen den ministper Könneritz ist kostbahr auch Schwarz seine sie machen ihn ordlich zum schuljungen ich habe es mit vergnügen gelesen."

Mutter schrieb mir groß, was ihr bedeutend war, oder was sie ehren wollte, so die Lichtfreunde, das Licht und die Stadtverordneten, dagegen den Minister Könneritz schreibt sie ohne Weiteres klein.

Als sie sah, daß ich jetzt mit Versen umzugehen wußte, erklärte sie mir, nun, da könne ich für die Geburtstage sorgen; aber es fand sich doch immer noch irgend ein gereimter Scherz von ihr unter irgend einer Blume versteckt, den sie nicht unbenutzt lassen konnte, und der in ihrer Handschrift ein ganz andres Gewicht erhielt.

Das Schmelzen des Schnees führte mich und meine Geschwister vor's Thor. Die Sandwege waren schon trocken, während an den Seiten überall muntre Bächlein in den Furchen rauschten, und oft so mächtig quer durch den Weg brachen, daß wir Brüder die Mädchen nur mit Mühe zum Ueberschreiten bewogen. Der plötzlich eintretende Frühling, der die mächtigen Schneemassen in Bäche aufgelöst hatte, war ein Genuß, die Lerchen wiesen uns die Wege, und wir schwärmten glücklich in den frisch entblößten Feldern umher.

„Das ist die Donau, das ist der Rhein!" sagte ich scherzend, „und dies soll der Neckar sein", rief mein Bruder aus, wie wir einem neuen Strome Schneewassers begegneten; „und dort sind die Gletscher, aus denen sie hervorbrechen", hieß es, wenn wir an eine mächtige Ablagerung noch ungeschmolznen Schnees in einer Aushöhlung des Bodens gelangten.

„Ach es ist schön!" rief die Eine; „es ist nie so schön gewesen, als jetzt, nun wir Euch beide wieder haben!" die Andre, „aber nun wirst Du uns bald verlassen, Ihr werdet beide wieder fortgehn, und wer weiß, wann wir Euch wiedersehn!"

2. Freilich mußte ich fort, und zwar zuerst. Alle Zurüstungen waren schon gemacht. Endlich kamen

auch die Reiseschuhe. Sie paßten sehr genau; ich aber rief aus: „aber, Meister, das sind ja eher Stadt- als Reiseschuhe; sie sind lange nicht weit genug, der Fuß hat keinen Raum darin."

„„Das ist doch ein höchst ungerechter Vorwurf"", fiel mein Vater ein; „„ich habe lange nicht so hübsche und so vortrefflich passende Schuhe gesehn!""

„Sie mögen sich wohl ausweiten! hm, aber —" Mein Vater bezahlte den Schuster, der auch versprach, sie würden sich schon ausweiten.

Aber es war eine unverzeihliche Schwachheit von mir, daß ich meine Erfahrung in Fußreisen nicht geltend machte, und der raschen Gutmüthigkeit meines Vaters nachgab. Diese Nachgiebigkeit sollte höchst empfindliche Folgen für mich haben.

Alles was Vater zur Reise beisteuern konnte, waren 15 Thaler; und diese kleine Summe sollte mir nun in der Welt zu einer Stellung verhelfen, trotz der Hindernisse, die mir die Regierung des Königs Friedrich Wilhelm's III. in den Weg legte. Aber ich war gutes Muths. „Sei unbesorgt, Vater, ich werde es durchsetzen!" sagte ich beim Abschiede, „ich werde in Halle und Jena Freunde finden."

Und dazu hatte ich allerdings Einiges vorbereitet.

Ich wußte, am Gymnasium in Strelitz war mein lieber Freund Zehlike, in Berlin waren Pätsch und Schliemann's Bruder, in Halle war Gustav Schwetschke und in Jena die Gebrüder Schmid. Mit Einigen dieser alten Freunde hatte ich Briefe gewechselt, und so einen gewissen Anhalt für meine unbestimmten Pläne gewonnen.

Meine beiden Schwestern begleiteten mich ein Stück Wegs; ich suchte alles Traurige aus ihren Gedanken zu entfernen, und Luise, die jüngste, stand mir tapfer bei. Sie sangen mir sogar noch eins vor, und ich versprach ihnen, sie sollten mir im Herbst über's Jahr meinen Wein schneiden helfen, der in Sachsen, wie sie wüßten, einem Jeden ins Fenster wüchse. Sie lobten noch einmal meine ganze Erscheinung und wiederholten ihre ermunternden Aussprüche. Dann trennten wir uns mit den besten Hoffnungen, nachdem ich versprochen, schon von Strelitz aus zu schreiben. So weit wir uns sehn konnten, winkten wir uns mit den Tüchern. Dann war ich wieder allein.

3. Es wurde bald warm. Ein herrlicher Tag! Um Mittag fing ich an zu fühlen, daß die schönen Schuhe mir die Nägel der großen Zehen drückten; es

schmerzte indessen noch nicht sehr; ich bog links ein, in ein Eichenwäldchen, um dort von den Vorräthen, die mir Mutter mitgegeben hatte, zu frühstücken. Da saß ein reisender Handwerksbursch, ein stämmiger hübscher junger Mensch.

Ich setzte mich zu ihm: „Wollen Sie mithalten? ich habe genug für uns beide."

„Ich nehme es dankbar an; Zeit zum Mittagsessen ist es, die Sonne steht grad oben. Was für ein Handwerk haben Sie?"'

„Ich — ich bin Schulmeister."

„Ei, Schulmeister? reisen denn bei Ihnen die Meister? Bei uns Schustern thun's nur die Gesellen."'

Wir wanderten zusammen auf Demmin zu, trennten uns aber schon beim ersten Dorfe, als ich nicht den Humor aufbringen konnte, ihm, wie sehr er auch bat, das Dorf „abfechten" zu helfen. Ich erinnerte mich zwar des Mecklenburger Studenten, der sich bei einer Bäuerin als armer Handwerksbursch vorstellte und von ihr ein Ei bekam. Er nahm es dankend hin. Als ihn aber beim Heraustreten aus der Hausthür der Hund beunruhigte und heftig bellend dicht an ihn heranfuhr, warf er ihm das Ei ins Gesicht und zog sich nun auch noch einen Angriff von der Frau zu, die ihn mit dem Besenstiel verfolgte. Wir hatten oft über dieses Abenteuer unsres Freundes gelacht, ich fand aber jetzt, daß es sich doch besser erzählen, als ausführen ließe, wanderte meines Wegs und ließ den Schuster allein fechten gehn.

Nun wurden die zierlichen Schuhe immer empfindlicher; zuletzt fühlte ich einen unerträglich stechenden Schmerz in den großen Zehen, und war froh, als ich einen Gasthof in Demmin erreicht hatte. Ich sah wohl ein, daß ich mich in einer unangenehmen Lage befand. Sich gleich zu Anfang einer Fußreise so bedenklich die Füße beschädigt zu haben! Sollte ich nun hier bleiben, oder sollte ich mir einen Wagen miethen und die drei Meilen wieder zurück nach Triebsees fahren? was würden die Leute dazu gesagt haben? „Nein, daran ist nicht zu denken!" sagte ich zu mir selbst. „Es muß durchgesetzt werden, so oder so!" Ich zog zunächst die Schuhe aus, die mich wie Feuer auf den Nägeln brannten, und ersetzte sie durch ein Paar gestickte Pantoffeln, ein Geschenk meiner Schwestern. Die augenblickliche Erleichterung machte mir Muth, und als ich beim Glase Bier saß, kam der Verwalter eines großen Gutes, der Korn in die Stadt gefahren hatte, zu mir heran. Wir unterhielten uns, und ich erfuhr von ihm, daß er mit seinem Kornwagen auf dem Wege nach Treptow einige Meilen zurückführe. Dies war mein Weg, und er nahm mich gerne mit. Wir langten spät Abends im Dorfe an, wo ich eine etwas altfränkische Schenke zur Einkehr fand. Am andern Morgen trat nun aber die ganze Schwierigkeit der Lage ein. Meine Zehen waren gegen den Druck so empfindlich, daß ich die Schuhe nicht wieder anziehen konnte. Ich ging in Pantoffeln fort; aber auch diese ertrug ich keine Viertelmeile; ich mußte sie ausziehen und ohne Schuhe weiter gehn. Die Fahrt mit dem Kornwagen hatte mich in eine Lage versetzt, wo mir keine Wahl übrig blieb. Einen Wagen konnte ich nun nirgends mehr finden, wenn ich auch eine so unverhältnißmäßige Ausgabe hätte machen wollen. Ich mußte also die bedeutende Strecke nach Neu-Strelitz zu Fuße, und zwar ohne Schuhe zurücklegen. In Strelitz war dann zu überlegen, was zu thun sei. Ich brauchte offenbar eine Art Sandalen, anderes Schuhwerk konnte ich nicht auf den Füßen leiden, und auf eine Fußreise war doch Alles angelegt, ja, sie war die Bedingung des Gelingens meiner Pläne. Ich verwünschte meine Thorheit, daß ich mich zu den engen Schuhen hatte bereden lassen. Vater verstand sich ja nicht auf die Sache; ich hätte ihm also nicht nachgeben und nicht ohne bequeme Schuhe abreisen sollen. Jetzt mußte ich dafür einen weiten Weg in Strümpfen und mit wunden Füßen wandern, und selten ging er über Gras und Wiesen, meist über den harten Mecklenburger Lehm.

Vor dem Thor von Neu=Strelitz versuchte ich zuerst die verwünschten Staatsschuhe wieder anzuziehn. Es ergab sich als völlig unmöglich. Dann kamen die Pantoffeln dran; und nur mit Mühe ertrug ich diese.

Es ging mir jetzt zuerst der Gedanke durch den Kopf, daß meine Füße doch ernstlich verletzt sein möchten; dann fürchtete ich, Zehlike nicht zu Hause anzutreffen. Ich hatte mich nicht angemeldet, und wenn ich mich bei seiner Frau, der ich unbekannt war, in diesem Aufzuge selbst einzuführen hatte, was mußte sie wohl denken? Glücklicher Weise traf ich ihn vor seiner Hausthür, er kam eben aus der Schule heim, und in seiner Freude über meinen Besuch bemerkte er weder die Pantoffeln, noch mein Hinken. Als er mich seiner jungen Frau vorgestellt hatte, kam dann auch mein Leiden zur Sprache; und Zehlike, der selbst in Fußreisen Erfahrung hatte, schickte sogleich zu seinem Arzt, der ein alter Turner und unser Altersgenosse war. Die Nägel der großen Zehen, diese Schilder des Fußes, waren losgedrückt und mit Flüssigkeit unterlaufen. Beide Schmerzensbehälter wurden aufgeschnitten. Dieser Erleichterung folgte eine Wollust der Behaglichkeit. Dann gab unser Freund mir heilende Salben und verordnete mir vierzehn Tage Ruhe. Auch dann werde ich noch nicht wieder an eine Fußreise denken können. Die Schildnägel würden abgehn und sich erst allmälich wieder ersetzen.

„Nun, da behalten wir dich so lange hier; das ist um so besser!" sagte mein liebenswürdiger alter Freund, und ich fand mich, in Pantoffeln, wie ich war und bleiben mußte, bei allen seinen Freunden und Amtsbrüdern, lauter heitern jungen Leuten, eingeführt. Ich verlebte in Neu=Strelitz einige äußerst glückliche Wochen. Fast hätte ich Lust gehabt, in der kleinen Kolonie zu bleiben.

Der Arzt verhalf mir nun zu richtigen Schuhen, blieb aber dabei, die Fußreise nach Berlin zu verbieten. Ich that also einen herzhaften Griff in meinen Beutel und zahlte den Eilwagen nach Berlin.

4. Freilich trat dadurch eine bedenkliche Ebbe in meiner Kasse ein; allein ich hatte ja den Oedipus und dachte den in Berlin zu verwerthen. Mein Freund Paetsch, der mich einige Tage bewirthete, rieth mir, mit dem Werkchen zu Schleiermacher zu gehn und ihn um seine Empfehlung bei dem Buchhändler Reimer zu bitten. Reimer war Schleiermachers Hauswirth und Freund. Dazu gehörte Reimer unsrer Richtung an; und zu Schleiermacher hatt' ich durch das eifrige Studium seines Plato so zu sagen ein persönliches Verhältniß; ich ließ mich daher leicht bewegen, Schleiermacher aufzusuchen, und so befand ich mich denn eines Morgens in seinem Vorzimmer und wartete mit klopfendem Herzen, bis ich vorgelassen würde. Ich hatte allerdings Dr. Paetsch' Empfehlung gewünscht. Er war durch Reimer mit ihm bekannt, aber er hatte gemeint, meine Arbeit und meine Vergangenheit wären Empfehlung genug. Nun fiel mir aber schwer auf die Seele, wie ich von der einen reden und wie die andre vorbringen sollte. Endlich wurde der Pfaffe entlassen, mit dem Schleiermacher ein Langes und Breites über die Agende verhandelte, wodurch der König die Lutheraner und Reformirten vereinigen wollte,

und, wenn ich nicht irre, war Schleiermacher dem Plane entgegen.

Nun durfte ich hineintreten. Der kleine verwachsene Professor im grauen Schlafrock war in der übelsten Laune.

„Was steht zu Ihren Diensten?"

„„Ich bin....""

„Bitte, fassen Sie Sich kurz; ich bin sehr beschäftigt!"

„„Ich komme, Ihnen eine kleine Arbeit vorzulegen und um Ihre Empfehlung zum Druck bei Herrn Reimer zu bitten, wenn Sie die Sache billigen.""

„Ich habe keine Zeit; ich habe gar keine Zeit, am allerwenigsten, fremde Arbeiten durchzulesen. Ich empfehle mich Ihnen!" und damit wandte er sich zur Thür.

„„Hm! Ich möchte gern einen andern Eindruck mit wegnehmen, da ich Ihnen mehr, als mancher andre verpflichtet bin und Sie Sich, wenn auch ohne es zu wissen, doch viel Zeit mit mir genommen haben durch die Uebersetzung Platos und Ihre Einleitungen dazu. Ich habe sie auf der Festung Kolberg sehr genau studirt. Aber, wie ich sehe, komme ich sehr zur Unzeit und hätte nicht so mit der Thür ins Haus fallen sollen. Also..."

„Ja, es ist wahr, Sie kommen mir sehr ungelegen. Aber was ist es denn? Haben Sie etwas über meinen Plato geschrieben?"

„„Ich habe den Oedipus in Kolonos übersetzt.""

„Im alten Versmaß?"

„„Nein, ganz im neuen!""

„Das ist nichts! da bin ich dagegen! das empfehl' ich nicht!"

„„Kennen Sie zufällig das Gedicht genau?""

„Ja! weisen Sie mal her!"

Da nahm er zu meinem Erstaunen das Heft in die Hand, schlug sich etwas auf und las. Dann, als erwachte er aus einem Traum: „Was wollten Sie also?"

„„Sie bitten, diese wirklich treue und vollkommen deutsche Uebersetzung Herrn Reimer zum Druck zu empfehlen.""

„Es ist nicht schlecht in seiner Art, aber es ist eine schlechte Art; ich kann sie nicht empfehlen und muß bitten, mich jetzt zu entschuldigen."

Wir verbeugten uns gegeneinander.

„Das hätt' ich aber auch wissen können aus seiner

verzwickten undeutschen Uebersetzung Platos. Er hält offenbar sein Deutsch für griechisch Deutsch!" brummte ich vor mich hin, als ich aus dem Reimerschen Pallast wieder in die begraste Wilhelmsstraße hinaustrat.

5. Da Dr. Paetsch sich in diesen Tagen verheirathete, so zog ich zu Schlemanns Bruder, der hier Chemie studirte, um mein zweites Geschäft noch abzumachen, nämlich die Aufhebung der bürgerlichen Aechtung durch den Staat. Alle Welt verwies mich damit an Kampß. Es blieb mir also wirklich nichts anderes übrig, als eine Audienz bei ihm nachzusuchen. Er war auf dem Lande. Nachdem ich vierzehn Tage auf seine Rückkehr gewartet hatte, traf ich ihn an.

Er war in einem ähnlichen Aufzuge, wie Schleiermacher, stand vor seinem Arbeitstische und hielt eine Broschüre in der Hand, die er mit einer mächtigen Papierscheere aufschlitzte. Als ich zu reden anfing und ihm meinen Namen und mein Anliegen nannte, stutzte er, klappte die Papierscheere zusammen, sah mich höchst mistrauisch an und brauchte den großen Tisch als Barricade gegen mich. Wenn ich mich ihm näherte, wanderte er um den Tisch herum, und ich mußte mich zusammen nehmen, daß ich ihm meine Entdeckung seiner Verlegenheit nicht merken ließ.

Ich blieb also bei seinem Schreibsessel stehn und fragte ihn, was die Regierung in dieser Angelegenheit zu thun gedenke.

„Schreiben Sie an den König! schreiben Sie an den König!" erwiderte er und winkte mit der Papierscheere nach der Thür, indem er sich wiederholt verneigte.

Ich verneigte mich nun ebenfalls, und als wir uns so wieder um den Tisch herumkomplimentirt hatten, ging ich mit der Bemerkung, ich werde seinem Rathe folgen, zur Thür hinaus.

Kaum war ich draußen, so brach ich in ein Gelächter aus, das ich mit Mühe vor seinen Ohren verbarg. Welch ein Hasenfuß!

6. Die Geschäfte fangen verzweifelt schlecht an, dachte ich, warf den Brief an den König auf die Post und bat um Antwort nach Jena. Dann nahm ich die Lohnkutsche, die damals in zwei Tagen nach Halle hinüberfuhr, und erschöpfte meine Kasse damit bis auf zwei Thaler.

Es war also äußerst wünschenswerth, daß mein alter Freund und Studiengenosse, Gustav Schwetschke, der Buchhändler in Halle war, mir den Oedipus abkaufte und druckte. Ich suchte ihn auf, aber er antwortete mir ganz mit denselben Worten, wie der Rostocker Buchhändler und nahm nicht den geringsten Theil weder an der Arbeit, noch an mir.

So ging dies fort. Als ich mir die Sache überlegte, mußte ich mir aber gestehn, daß er im Grunde ganz Recht habe. Ich hatt' ihn immer so hochmüthig von oben herab als Philister angesehn, daß er mich jetzt ganz folgerichtig den Philister fühlen ließ. Unser Verhältniß war damit nur befestigt, und ist unwandelbar das nämliche geblieben.

Jetzt war es nun aber nöthig, nach Jena zu Fuß zu gehn; und es ging, weil es gehn mußte. Am ersten Tage erreichte ich nicht ohne einiges Fußleiden Merseburg. Dort blieb ich bei Wislicenus, mit dem ich Alles, was uns seit 1823 widerfahren war, durchsprach. Ich hörte, daß er verlobt war und sich um eine Pfarre bewarb. Eben so hatte ich ja auch Paetsch in Berlin als Arzt thätig gefunden, konnte also wohl nicht zweifeln, daß auch ich auf meinen Brief an den König einen günstigen Bescheid erhalten werde.

„Das ist zwar eine Hoffnung, eine Aussicht, wenn Du willst", sagte ich; „aber ich bewundre Euren Muth; der Eine verheirathet sich, der andre verlobt

sich. Ich bin entschlossen, nicht an dergleichen zu
denken, bis ich aus dem Hoffen und Harren heraus
und zu einer wirklichen Stellung gelangt bin. Kann
ich darüber nicht hinaus kommen, so bleib ich ledig."

Wislicenus war ein Charakter; darauf kannten
wir ihn alle; dennoch war auch er wieder in Reih
und Glied getreten; und wie er, so hatten wir alle
nacheinander mit dem Polizeistaat wieder anzubinden
und die Folgen der alles einordnenden Knechtschaft
auf uns zu nehmen. Der Despotismus war deutsche,
vor allen aber preußische Verfassung, und nur als
Diener des Despotismus konnte man seine Kenntnisse verwerthen. Der Priester, der Arzt, der Rechts-
gelehrte, der Schulmann, der Professor, jeder fühlte
sich überall von der großen Spinne ergriffen, die im
Mittelpunkte des Netzes saß und ihm das Blut der
Freiheit aussog.

Erst im Verlauf der Zeit sollte der Zwiespalt
wieder aufklaffen und unsre Gedanken und Gefühle
noch einmal mit denen der verfolgten alten Zeit zu-
sammenprallen, um dann unversöhnlich und auf
immer mit der Gewaltherrschaft sowohl, als mit dem
jüdisch-christlichen Aberglauben zu brechen.

Einige von uns, die nach Amerika gingen, erspar-

ten sich allerdings diese Erfahrung, haben aber auch
zur Hervorbringung eines neuen Geistes in ihren
eignen Köpfen und in denen ihrer Zeitgenossen nichts
geleistet. Der Zusammenstoß war nöthig, um das
Feuer zu erzeugen, das jetzt brennt und die alte Welt
unabläßig erneut.

Ich erreichte am andern Tage gegen Abend das
geliebte Thal von Jena. Nun war ich aber auch
fast so erschöpft und erlahmt, als damals vor Rostock
im Schnee. Dazu meine Kasse völlig erschöpft. Ich
setzte mich unter Dornburg auf die Wiese; da rollten
zu meiner Freude zwei, drei Wagen voll Studenten
heran, es war auch noch Raum in einem der Wägelchen: aber ich konnte mich ihnen nicht bemerk-
lich machen, so waren sie im Schuß. „Dort ver-
schwinden sie an der Biegung, in weniger, als einer
Stunde werden sie in der Stadt sein; wann wirst
Du anlangen? Ist es denn aber noch so weit? Und
dieser schöne Weg, diese weichen Wiesen, wo Du jeden
Fußsteig und jeden Baum kennst, sollten Dich schrecken?"
Noch einmal zog ich die Schuhe aus, noch einmal
schuhlos wie Jason, wanderte ich mit Ueberwindung
der Ermüdung rascher und immer rascher auf mein
Ziel los. Am Ende der Wiesen beschuhte ich mich

dann wieder, und trat um 9 Uhr Abends in die Gartenthür meines Freundes Reinhold Schmid, den ich bei seiner Studirlampe und den Gesetzen der Angelsachsen überraschte. Sein Bruder, der theologischer Docent war, folgte einem Rufe nach Heidelberg und wollte am andern Morgen abreisen. „Da kannst Du gleich in seine Stelle treten und sein Zimmer beziehn", sagte Schmid; und so geschah es. Ich blieb länger wohnen, als ich erwartet hatte. Seine Majestät ließen mich neun Monat auf Antwort warten.

4.
Literatur und Politik in Jena.

1. Hier trat nun zuerst eine Beziehung zu der geistigen Gegenwart ein, wie ich sie mir seit einiger Zeit so sehnlich gewünscht hatte, und ich verdankte dies und selbst die Möglichkeit, meine Verhältnisse sich äußerlich ruhig entwickeln zu lassen, meinem Freunde, Reinhold Schmid. Er machte mich mit seinem Onkel, dem Geheimen Rath Schmid, der Meiningscher Minister gewesen war, und jetzt in Jena Staatsrecht las, bekannt. Dieser Mann hatte die große Revolution mit erlebt, war mit auf dem Wie-

ner Congreß gewesen, und nahm lebhaften Theil an der Philosophie. Er hielt es mit der Kantischen Philosophie, die sich entschieden für den großen Umschwung der neuen Zeit im Staatsleben ausgesprochen hatte, und hegte gegen Hegel den Verdacht, daß er sich zum Vertheidiger des despotischen Preußenthums mache; einen Verdacht, den Hegel durch seinen unglücklichen Aufsatz in der Staatszeitung leider vollkommen gerechtfertigt hat. Um zu erkennen, daß Hegel, dem alle politische Erfahrung abging, hierin von seinen eignen Prinzipien abfiel, hätte dem Geheimen Rath Schmid die Hegelsche Philosophie in ihren wissenschaftlichen Theilen eben so bekannt sein müssen, als in ihren gelegentlichen Unterthänigkeitsversicherungen, wie in dem bekannten: „Alles was wirklich ist, ist vernünftig." Dies bezogen alle Leute dummer Weise nicht auf die Revolution in der Welt, nicht auf das wirkende Leben, sondern auf das todte Dasein, als wenn das Leben nicht viel wirklicher wäre, als der Versuch, das Todte festzuhalten! Daß Hegels Dialektik die höchste Freiheit ist, entging dem Kantianer, daß er dem Despotismus in der Politik dienen wollte und für die rechtgläubige Dogmatik eine neue Brühe zu brauen suchte, konnte keinem

Politiker entgehen. Aus diesem Grunde war der Geheime Rath Schmid ein entschiedner Gegner der Hegelschen Philosophie, und gab bei Brockhaus eine Monatsschrift, den Hermes, heraus, in welcher er die bessern Kräfte einer freien Richtung gegen die Hegelsche Philosophie vereinigen wollte. Die Absicht war vortrefflich, auch wurde im Hermes eine schöne, sehr gebildete Sprache geführt, und Reinhold schrieb eine ausführliche Widerlegung der Hegelschen Logik, die grade in dem Heft erschien, welches ich zuerst in die Hände bekam. Merkwürdigerweise zog mich aber nicht die Widerlegung, sondern das angeblich Widerlegte an. Das ist ja der dialectische Geist des Parmenides, das sind ja die Kategorien der Griechen, und wie viel geordneter! Diese Logik muß ein großes bedeutendes Werk sein.

Ich sprach mit Reinhold Schmid über die dialektische Philosophie, bei Gelegenheit von Richters Buch über das Recht zur Strafe, wozu wir uns auf den Fußboden seiner Studirstube hinlegten, und das Werkchen zusammen durchgingen. Der Geheime Rath, der mich bald sehr lieb gewonnen hatte, da er ein heitrer Mann war, und meine humoristische Art zu schätzen wußte, erfuhr meine Ketzerei und führte mir die verrufne Vorrede zur Rechtsphilosophie von 1821 an. Ich erwiderte ihm: er widersetzt sich zwar ausdrücklich „dem Aufstellen eines Jenseitigen", also der Kritik des Diesseitigen, oder des Bestehenden, wenn er aber sagt: „Was vernünftig ist, das ist wirklich, und was wirklich ist, das ist vernünftig", so brauchen wir weiter nichts zu thun, um diesen Ausspruch zur Entwickelung zu treiben, als wirklich die Unvernunft eines Bestandes nachzuweisen, so sind wir dann das Vernünftige, und was noch mehr sagen will, die Revolution ist doch sicher eben so wirklich, als die heilige Allianz, also ist sie vernünftig. Sie sehen, Herr Geheimer Rath, daß dieser Dialektiker ein zweischneidiges Schwert ist, mit dem sich der dumme Despotismus gewaltig schneiden wird!" — Als ich ihm diese Bemerkung machte, wurde er äußerst aufgeregt: „es ist wahrhaftig so, wie Sie sagen, und so nahe es liegt, ist es mir doch nicht beigegangen. Ob er es so meint oder nicht, kann uns einerlei sein. Sie fassen aber die Sache richtig an. Sie müssen ein ernstliches Studium daraus machen. Es ist der Mühe werth, es ist sehr nöthig, und ich nehme den lebhaftesten Antheil daran. Nehmen Sie diese Philo=

sophie vor, gönnen Sie sich Zeit dazu; und schreiben Sie mir später etwas der Art für den Hermes."

Ich kam höchst aufgeregt nach Hause, und Reinhold Schmid freute sich herzlich mit mir über diese glückliche Wendung; denn es galt für eine ganz besondre Ehre, im Hermes erscheinen zu dürfen; außerdem war die gute Meinung unsers väterlichen Freundes von der größten Bedeutung.

Leider fiel diese Aussicht in den Brunnen. Brockhaus ließ den Hermes eingehen, weil er sich nicht bezahle. Es war ein Unternehmen, welches nicht von der Entwickelung getragen wurde, sondern vielmehr eine ältere Strömung des Geistes gegen eine neuere aufrecht erhalten wollte. Der Gegensatz gegen die verholzte Hegelei mußte aus ihr selbst hervorgetrieben werden; und für mich war es gewiß das Beste, daß ich mich erst ganz und gar dem Systeme hingab, und es gründlich kennen lernte, ehe ich es zu beurtheilen unternahm.

Damals war es nur meine Kolberger Einweihung in den Platonismus, die mir die Auffassung der Hegelschen und ähnlicher Philosopheme erleichterte, und mich dazu hinzog; ich kam aber noch nicht gleich gründlich in die Sache hinein. Die Bedürfnisse des Augenblicks schoben sich wiederholt dazwischen. Und ich hatte zu Hegel zuerst in Kolberg nur das Verhältniß gehabt, daß ich eingesehen, man müsse ihn kennen, um über Philosophie mitzusprechen. Sodann in Berlin bei meinem letzten Aufenthalt hatte ich nicht einmal einen Fuß in eins seiner Kollegien gesetzt, weil ich nicht auf die Person, sondern auf seine Bücher neugierig war, und eine abgerißne Vorlesung mich nicht reizte. So habe ich diesen großen Mann, den freisten Deutschen, nie mit Augen gesehn, um ihn darum nicht minder vollständig kennen zu lernen. Erst in Jena, und sonderbar genug, aus jenem Heft des Hermes wurde mir's klar, mit welchem Geiste wir's in seinen Werken zu thun haben. Ich werde später erzählen, wie ich in sie hineinkam.

Hätten meine Verhältnisse mich nicht mit Macht zu einer bürgerlichen Stellung getrieben, ich wäre hier unendlich glücklich und sehr befriedigt gewesen, und hätte mich gleich gänzlich der Philosophie ergeben. Nun aber war es zunächst meine Kenntniß der Alten und die Philologie, mit der ich etwas anfangen mußte.

2. Ich wurde mit Göttling, meinem alten Lehrer, jetzt näher bekannt und sehr befreundet. In sei=

nen Kollegien, besonders über die Römische Staatsentwickelung, war ich immer anwesend. Vieles lernte ich noch von ihm, auch im Gespräch; er nahm lebhaften Theil an mir, und als er den Oedipus gelesen hatte, verhalf er mir damit zum Druck bei dem Buchhändler Schmid, einem zweiten Onkel meines Freundes Reinhold. Ich erhielt 100 Abzüge als Honorar, und verschenkte nun links und rechts das kleine Werkchen, das mir manchen Freund erwarb; einige der Professoren forderten mich sogar auf, ich möge mich doch an der Universität niederlassen. Dies stimmte vorläufig nicht zu meinen Verhältnissen und Plänen.

Göttling war sehr befreundet mit Göthe, und hatte wegen der Bibliothek, die er verwaltete und in Ordnung brachte, mit der Excellenz zu thun. Auch sah er seine Ausgabe letzter Hand durch; und merkwürdiger Weise hatte der alte Herr sich's eine zeitlang ruhig gefallen lassen, daß Göttling den starken Genitiv des Adjectivs, wie „gutes Muthes" durchgängig wiederherstellte. Endlich aber schlug ihm doch das Gewissen, und die gebräuchliche Form mußte in den übrigen Bänden beibehalten werden.

Wegen dieser Geschäfte fuhr Göttling öfter zu

Göthe nach Weimar hinüber, und ich habe ihn manchmal begleitet, mich aber nie entschließen können, Seiner Excellenz meine Aufwartung zu machen, da ich kein Geschäft bei ihm hatte, schwerlich ein freies Verhältniß zu ihm erlangen konnte, und nicht zu dem Troß derer gehören wollte, die ihm durch eitle Neugierde lästig fielen. Selbst als der Oedipus gedruckt war, und ich ihm einen Abzug verehren wollte, nahm ich dies nicht zum Vorwande, sondern bat Göttling, ihm das Büchelchen zu übergeben. Ich war freilich gespannt, was er wohl sagen würde. Er hatte aber weiter nichts gesagt, als: „Hm, nun wir wollen sehn, wie sich's anläßt!" und dabei blieb es.

Ich pflegte Göttling bei einem gemeinsamen Freunde zu erwarten, denn die Audienzen bei Göthe dauerten gemeiniglich nicht lange, da Göttling kein Mann von unnöthigen Worten war, und die Geschäfte sich meist kurz fassen ließen. Die Besuche des einen oder des andern Jenensers bei dem alten Herrn brachten uns aber häufig anziehende und bezeichnende Mittheilungen ein. Als kurz vor meiner Zeit ein junger Professor von Berlin hochzeitsflüchtig geworden, und sich in seiner Verzweiflung nach Jena gewendet hatte, fragte Göthe einen der Jenenser Besucher: „Aber was ist denn nur das mit dem Professor X...? warum ist er seiner Schönen durchgegangen?"

„Er hat den alten Minister von Altenstein in Verdacht, daß er mit ihr ein Verhältniß habe.""

„Hm!" brummte der Weimar'sche Minister, „der alberne Aberglaube an die Jungfernschaft!"

Mußte er auf seine alten Tage finden, daß der immer noch nicht ausgerottet war! Richtiger wäre es gewesen, wenn er ausgerufen hätte: Der alberne Aberglaube an Altensteins Gefährlichkeit! aber die Phantasie, daß Altenstein zu den Hechten im Teiche gehöre und noch Karpfen verspeisen könne, gefiel Seiner Excellenz bei weitem besser. Es wurde also noch eine Schöne geopfert, wenn auch nur in der Phantasie.

O. L. B. Wolff, der ihm regelmäßig den Hof machte, brachte aber die Perle aller Geschichten mit, als er ihn einmal am 27. August aufgesucht. Er findet unsern Olympier unruhig im Zimmer auf- und niedergehen, die Hände auf dem Rücken, und von Zeit zu Zeit ein Glas Wein aus einer Flasche nehmen, die im Fenster steht. Wolff, als guter Höfling, war ziemlich vertraut mit ihm und sagt: „Ew. Excellenz sind ungehalten, darf ich wissen, wer die Schuld trägt?"

Göthe erwidert: „„Ich hab's wohl Ursach; es ist nun schon 11 Uhr, und noch hat sich keine Seele sehen lassen, mir Glück zu wünschen!""

Wolff: „Da irren Ew. Excellenz Sich doch wohl; es ist ja heute der 27ste und Ihr Geburtstag also erst morgen!"

„„Wie"", ruft Göthe aus, „„sollte ich mich denn da umsonst betrunken haben?""

Der 28. August wurde in Weimar allemal mit einem Festessen gefeiert, bei dem Göthe nicht zugegen war, wo aber von Riemer und den übrigen Verehrern von Fach endlose Reden auf den Dichterfürsten gehalten wurden. Einmal war Göttling dieser Ohrenmißbrauch zu bunt geworden, und als der Redner sagt: „Und nun ist es genug — —" fällt Göttling laut ein: genug, und übergenug, und das schon lange!

Göthe wurde von den Weimaranern verzogen, dies ging so weit, daß sich's der Landtag ruhig gefallen ließ, als Göthe ihm erklärte, er lege von den 16,000 Thalern, die er für sein Ministerium zu verausgaben hatte, keine Rechnung ab. Dieser Staatsstreich wurde „aus Schonung für den berühmten alten Herrn" anerkannt, so lange Göthe lebte. Die Karpfen wollten von den Hechten Rechnung abgelegt haben; o nein, so haben wir nicht gewettet!

3. Obgleich ich also nicht zu Hofe kam, auch nicht bei dem größten deutschen Fürsten, dem alten Göthe, so spielte mir doch der Hof einen unangenehmen Streich. Ich hatte schon lange vergeblich auf Antwort vom Könige gewartet, und konnte ohne diese Antwort meinen Plan, an die Frankischen Stiftungen nach Halle zu gehen, nicht ausführen. Hermann Niemeyer war in Jena einige Zeit Professor gewesen und hatte hier glückliche Tage verlebt, und manchen gleichgestimmten Freund, unter Andern auch in Göttling gefunden. Ich hatte ihn in Halle nur oberflächlich gekannt. Göttling brachte mich nun mit ihm in Verbindung. Da er nach den Statuten der Anstalten Director der Frankischen Stiftungen geworden war; — die Regierung hatte damals dies Familien-Vorrecht noch nicht völlig aufgesogen; — so konnte er mir leicht zu einer pädagogischen Thätigkeit an einem der beiden dortigen Gymnasien verhelfen, und lud mich auch wirklich ein, hinüberzukommen, sobald ich meine Angelegenheit in Berlin geordnet habe.

Die Antwort von Berlin kam aber nicht. Nun war der Prinz Wilhelm mit seiner Frau in Weimar, man rieth mir, die Prinzessin, die jetzige Königin, in einem Briefe zu bitten, sie möge mir doch bei dem Kabinet eine Antwort auswirken, und ihr, um sie besser für mich zu stimmen, den Schill und den Oedipus beizulegen. Ich ließ mich bewegen, dies zu thun, hatte es aber zu bereuen. Denn ich erhielt keine andre Antwort, als: „Ihre Königliche Hoheit danke dem Herrn von Rügen für die Zusendung der Bücher und überreiche ihm hiermit einen Dukaten." Ich hatte mir den „Herrn von Rügen" und wahrscheinlich auch den Dukaten durch meine Unterschrift: Arnold Ruge, von Rügen, zugezogen. Hiermit wurde ich nun gehörig aufgezogen, und am meisten von denen, die mir's gerathen hatten, von meinen Freunden Schmid und Asverus. Ich schämte mich, daß ich in die Falle gegangen war. Was nützte es, daß ich dem alten Göthe nicht den Hof machen wollte, wenn ich mich von der Prinzessin Auguste in den Adelsstand erheben und mit einem Dukaten beschenken ließ.

4. Als ich sah, daß sich meine Wiederherstellung in Preußen in die Länge zog, berieth ich mit meinen Freunden, was ich unterdessen beginnen sollte. Sie

überzeugten mich, daß ich vor allen Dingen promoviren müsse, und ich machte mich sogleich ans Werk. Ich schrieb etwas über Juvenal, den ich in Kolberg eine Zeitlang eifrig gelesen hatte. Wegen der Kosten wandte ich mich an meinen Vater; und der Baron Klas Wachtmeister schenkte mir auf seine Veranlassung die nöthige Summe. So wurde ich denn zum literarischen Ritter geschlagen; und nun konnten meine Freunde mich besser mit Buchhändlern bekannt machen, wodurch sich mir eine Thätigkeit für Zeitschriften und Conversationslexica eröffnete, die mir Einiges eintrug.

Mit Asverus hatte ich ein sehr genaues Freundschaftsbündniß geschlossen. Er war ein vermögender und gesuchter Rechtsanwalt, ein schöner junger Mann mit braunen Locken, gewandt und beweglich. Sein Witz und Humor waren mir äußerst anziehend; dazu hatte er in Berlin Hegel gehört, und sprach immer mit der größten Begeisterung von seiner Philosophie, wofür er auch von der Jenaer Burschenschaft förmlich in Verruf erklärt worden war. Daß ich nun kein Vorurtheil gegen Hegel, im Gegentheil einen Zug zu ihm hin hatte, daß ich also das gehässige Verfahren gegen Asverus entschieden verwarf, war diesem eine doppelt angenehme Erfahrung und brachte uns bald auf den allerfreundschaftlichsten Fuß. Reinhold Schmid, der mich erst mit seinem ältern Freunde bekannt gemacht, stimmte vollkommen ein. Wir waren unzertrennlich und verlebten den Sommer in der heitersten Weise theils in Asverus' Hause, der mit einer höchst liebenswürdigen jungen Frau aus der französischen Schweiz verheirathet war, theils in der ungemein anregenden Jenenser Gesellschaft überhaupt.

Auch Luden sah ich wieder, war ihm aber ziemlich aus dem Gedächtniß gekommen, und hatte mich erst wieder bei ihm einzuführen, und ihm von einer neuen Seite bekannt zu werden; wir waren ihm der Anhang des Geheimen Rathes Schmid oder auch die Freunde Göttlings. So brachte er mich jetzt in seinem Gedächtniß unter.

Bei Erneuerung unserer Bekanntschaft trieb er es sogar noch ärger. Als Student saß ich einmal bei ihm in seiner Bibliothek, als er plötzlich ausrief: 'ne Maus! 'ne Maus! Ich dachte, die wäre hier sehr am unrechten Ort, sprang auf, hob die Maus auf und warf sie auf dem Fußboden todt. Dies ging im Nu vor sich, und Luden war erstaunt, wie ich im Stande gewesen wäre, das rasche Thier zu erwischen.

Unglücklicherweise hatte sich ihm nun aus unserm frühern Verkehr dieser Auftritt am lebhaftesten eingeprägt, und als er mich seiner Frau vorstellte, that er es mit den Worten, der junge Mann, der einmal in meinem Zimmer die Maus fing, erinnerst Du Dich wohl?

Als ich mich beklagte, daß er gerade dies von mir behalten habe, sagte er: „es macht Ihnen gar keine Schande, Herr Doctor, daß Sie mehr Geistesgegenwart und Gewandtheit hatten, als wir Andern; und ich merke mir die Leute an dergleichen."

„„Am Ende soll ich's noch für eine Schmeichelei halten, Herr Geheimer Hofrath, daß Sie sich meiner nur als Ihrer Bibliothekskatze erinnern!""

„Nun, Ihr Talent wird sich, wie ich aus Ihrer Verspottung unsers Professors der Beredtsamkeit in den Blättern von Brockhaus sehe, bald auf höheres Ungeziefer richten, und da werden Sie Sich denn in einem weitern Kreise auf ähnliche Weise nützlich machen."

Luden schrieb damals an seiner deutschen Geschichte. Wir hatten allerlei daran auszusetzen, Reinhold Schmid, daß er die deutschen Sprachstudien nicht mitgemacht, und ich, daß er die schöne Prosa seiner frühern Schriften durch allerlei Willkürlichkeiten verunstaltete und die ganze Sache zu weitläufig anlegte. Ich sagte ihm einmal auf seine Frage, wie mir sein Buch gefalle, er fiele in denselben Fehler, den er immer an Göthe in seinen alten Tagen getadelt habe, daß er sich zu viel Freiheiten mit der Sprache herausnehme, worauf er erwiderte: „Lieber Freund, wir Alten sind unverbesserlich! Ich will mir's aber doch überlegen, denn ich fürchte mich mehr vor den scharfen Augen der Jungen, als vor der theilnamlosen Stumpfheit der Alten."

5. Einen weitern Kreis bildete die Burgundergesellschaft in der Sonne, die jeden ersten Sonnabend im Monat zusammenkam und zu der ich bald von diesem, bald von jenem eingeladen wurde. Hier traf ich auch D. L. B. Wolff, der bisweilen improvisiren mußte.

Die Burgundergesellschaft schloß den rührigen Theil der Universität ein. Der Geheime Rath Schmid war lebendig und feurig, wie nur Einer der Jüngsten, und Göttling unerschöpflich an guten Einfällen und liebenswürdigen Späßen. Er zog Wolff beim Improvisiren auf und brachte ihn leicht aus der Fassung; Wolff pflegte daher die Augen fest einzudrücken, wie Göthe's Bänkelsänger bei Hofe; aber das rettete ihn nicht, und als er einmal den Ausdruck: „keiner nicht" gebraucht hatte, rief Göttling aus: „Keiner nicht! wie ungeschickt!"

„„Aber"", erwiderte Wolff, „„das ist Sprachgebrauch!"" „O ja", versetzte Göttling, „es ist ungefähr, wie die Fuhrleute sagen: Hat Kener kenen Schwamm nich?"

Einmal kam Göttling ganz vergnügt mit einem Gespräch, das er eben von den Mägden am Brunnen gehört. Die Eine: Unsre Katze hat heute gekletzt, und da haben wir so niedliche Kätzchen, ein schwarzes, ein buntes und ein weißes. Die Andre nachdenklich: unsre wird wohl nicht kiezen, denn das ist ein Katerchen! —

Die Geschichte ist wirklich so allerliebst, daß man sie gewiß nicht so gut erfinden könnte, und es war nöthig, daß ein Humorist sie mit anhörte und aus der Naivetät der Brunnengesellschaft in den Humor der Burgundergesellschaft erhob.

Wir hatten den Prorector unter uns. Wenn nun die Gesellschaft aufbrach, pflegten wir noch zusammen durch die Straßen und über den Graben zu wandern; und eines Abends fiel es uns ein, einem jun-

gen Paar, das zur Universität gehörte und am Gra=
ben wohnte, ein Ständchen zu bringen und dazu das
Lied zu singen: O Du verfluchter Bettelvogt, wie
schön ist Deine Frau! aber als wir eben anstimmen
wollten, erschien einer von uns, der sich abgesondert
hatte, in der Rolle des Pedells und redete uns und
die lustige Magnificenz an: „Im Namen des Pro=
rectors, meine Herren, stören Sie die Nachtruhe der
Bürger nicht, und gehen Sie still nach Hause!"

So spielten wir mit Erfolg Komödie und erhol=
ten uns von dem Ernst des Lebens und den Mühen
der Arbeit.

6. In unserm Garten hatten wir unsre eigne
Komödie, die regelmäßig allemal eintrat, wenn das
Pferd des Buchhändlers Schmid seinen Scheffel Ha=
fer verzehrt hatte. Der Gärtner Heumann, der das
Pferd zu pflegen hatte, trat dann unter's Fenster
meines Freundes und rief: „Harr Schmid! Harr
Schmid!" — Reinhold Schmid legt sich in heitrer
Erwartung mit der Pfeife aus dem Fenster: „„Was
ist los, Heumann?"" — „Das Pfard frißt nischt!"
— „„Warum frißt das Pfard nicht?"" — „Sahn
Sie was? Ich sah nischt!" — wobei er eine weg=
wischende Bewegung mit der Hand macht. — „„Nun,

da laufen Sie nur wieder einen Scheffel!"" Dieser Auftritt wiederholte sich ganz genau bei jedem neuen Scheffel.

Einmal ging Schmid rauchend im Gange des Gartens auf und ab; ich lag im Fenster und sah ihn eben sich umwenden und einen kleinen knappen Menschen zu ihm herantreten und ihn begrüßen. Schmid nimmt die Pfeife aus dem Munde, verbeugt sich förmlich und sagt: „ich habe nicht die Ehre."

„"Ich bin Hundeschmidt, kennst Du mich denn nicht?""

„Nein, ich kenne Sie nicht und habe Sie nie gekannt." Dabei wiberholte er seine Kratzfüße.

Hundeschmidt wurde ganz irre an sich selbst und sah sich nach einigem Hin= und Herschwanken genöthigt, Kehrt zu machen und unverrichteter Sache abzuziehen. Die feierlichen Verbeugungen, der plötzliche Entschluß dazu und die Wirkung dieser höflichen Ablehnung der Bekanntschaft gaben einen höchst ergötzlichen Auftritt für mich, der ich dies Alles ungesehen mit ansah.

7. Der Sommer war wunderschön, die Geselligkeit, die neuen literarischen Anknüpfungen und die politischen Gespräche, welche sich durch die Ordonnan-

zen in Frankreich zu einer großen Lebhaftigkeit steigerten, rissen mich vollends aus dem geistigen Winterschlaf, in den ich während des Gefängnisses durch meine Abwendung von der Gegenwart denn doch verfallen war. Karl's X. und Polignac's verblendete Halsstarrigkeit gaben uns Hoffnung auf einen Umschwung. Die Gegensätze, hieß es, sind jetzt wie Stahl und Stein, es muß Funken geben. Und Asverus schlug vor, die Republikaner möchten Polignac eine Dank-Adresse senden, denn er habe mehr für sie gethan, als Rousseau und Washington.

Von den Franzosen wurde hier mit Anerkennung ihrer geschichtlichen Verdienste gesprochen: sie seien doch ein lebendiges bewegtes Volk, während die Preußen weder an sich, noch an der Welt den geringsten Antheil zu nehmen schienen, und ihren schweigsamen Herrn die Geschäfte des Landes in der dunkeln Kammer seines Kabinets ganz nach Belieben und nach Rußlands Wohlgefallen treiben ließen. Noch ärger dachte man wo möglich von Oestreich, dem man mit vollem Recht keine andre, als eine schädliche Einwirkung auf die europäische Entwicklung zutraute. Aber was man Oestreich zutraute, war die natürliche Folge seines barbarischen und zurückgebliebnen Inhalts, während Preußen sich trotz seiner unglaublichen politischen Stumpfheit einen wissenschaftlichen Glanz, das Ansehn einer hohen Bildung erworben hatte; und in Preußen gab es Leute, die den Tod des Volkes mit der Bildung derer entschuldigten, die diesen Automaten in Bewegung setzten, mit der Bildung des Beamtenstandes. Der Beamtenstand war damals der Adel, die Junker als solche galten gar nichts, nur durch Bildung konnten sie's dahin bringen, daß ihr Familientitel sie zur Bevorzugung auf der Leiter der polizeilichen Hierarchie empfahl.

Alles dies hat sich seitdem bedeutend geändert. Preußen erregt 1863 ebenso viel Theilnahme, als Frankreich 1830; und merkwürdiger Weise scheint sich die Geschichte, die schon in Frankreich eine Wiederholung der englischen Geschichte war, nun in Preußen noch einmal wiederholen zu wollen. Karl I. hat 12 Jahre ohne Parlament regiert, aber nicht ohne Gefahr. Und Oestreich, ja selbst Rußland sehn wir gegenwärtig in die Bewegung des Jahrhunderts hineingerissen, zur socialen und gewerblichen Aneignung der Fortschritte und von da aus zum politischen Umschwunge genöthigt — Erscheinungen, die 1830 kein Mensch vorherzusagen gewagt hätte.

Frankreich war damals das einzige Land, das eine augenfällige Entwicklung zeigte und die Theilnahme der Beobachter in Anspruch nahm; um so mächtiger wirkte diese Theilnahme auf das Gemüth. Wenn wir uns lebhaft in die Fesseln zurückdenken, in denen wir Deutsche zur Zeit der heiligen Allianz, trotz unsrer tiefen Einsicht in die Weltbegebenheiten, gebunden lagen, so werden wir im Stande sein, das plötzliche Sprengen dieser Fesseln durch den elektrischen Schlag der Julirevolution noch einmal zu empfinden. Karl X. war der Vorposten des europäischen Cerberus; er hatte für die Todten über die Lebendigen zu wachen; jetzt faßte er sich ein Herz mit seinen Ordonnanzen; er wollte auch die Franzosen völlig mundtodt machen; aber der Geist von 1789 erhob sich und stürzte in drei Tagen das Geschlecht der alten Bourbonen, die nichts gelernt und nichts vergessen, für immer vom Throne. Die Julischlacht bestätigte die Prinzipien der großen Revolution und brach den Aberglauben der Menschen an die Unterjochung Europas durch die nordischen Barbaren.

Als die Ordonnanzen erschienen waren, glaubte nicht gleich Jeder, daß ein Gegenstoß erfolgen würde. Auch in Jena hatten wir solche Ungläubige; der Ge-

Helmrath Schmid aber sagte von Anfang an: „die Franzosen werden den Handschuh aufheben, und ich zweifle nicht am Erfolge; die Frucht ist reif, die Schnitter gehn ans Werk!" Dies hieß damals eine kecke Zuversicht, denn die Welt war so sehr an die Niederlagen des Volks durch Waffengewalt gewöhnt, daß der Sieg von Paris gegen die Armee, als er wirklich eintrat, immer noch wie eine Offenbarung wirkte. Nun drehte sich aber die Stimmung plötzlich und vollständig herum, und das Vertrauen der Menschen auf sich und ihre Macht war das neue Gemeingefühl. Später hieß es sogar in Preußen, wenn z. B. von dem Durchbringen der Partei des Kronprinzen, oder des politischen Wochenblattes die Rede war: „das wird nie gelingen! da müßte es doch keine Julirevolution gegeben haben!"

8. Die Nachricht von der Julirevolution traf Asverus und mich, als wir eben von einer Kahnfahrt auf der Saale im Paradiese landeten. Schmid kam herbei und rief uns vom Lande zu: „Die Revolution ist ausgebrochen, man schlägt sich in Paris!"

„Ist es wahr, und wie geht die Sache?"

„Ganz Paris hat sich erhoben wie ein Mann;

die Soldaten weichen zurück; Karl X. ist in Saint Cloud und spielt Whist."

Wir eilten zum Geheimrath Schmid, der den Constitutionell erhielt und ließen uns die Nachrichten vorlesen, eine prachtvolle Beschreibung höchst ergreifender Auftritte, aus denen man schon schließen konnte, wohin der Sieg sich neigen werde.

Die Aufregung und Freude machten den alten Herrn ganz wieder jung. Wir hatten eine lange Sitzung mit ihm und er las unermüdlich den ausführlichen Bericht und die prächtigen Ergießungen, die mitten im wilden Kampfe niedergeschrieben waren.

"So mußt' es kommen! hab' ich's Euch nicht vorhergesagt, Kinder? Nun, ich wünsche Euch Glück zu dem neuen Europa. Ihr könnt's noch erleben und genießen. Hoffentlich werden wir in einigen Tagen die Republik haben. England hat ein Hühnchen mit der heiligen Allianz zu pflücken und geht sicher nicht noch einmal mit den Russen und ihren deutschen Troßbuben. Die Sache wird aber auch uns warm machen, um so wärmer, je gründlicher sie ausfällt. Ich bin sehr gespannt auf die Fortsetzung."

Als endlich mit der Siegesnachricht nicht die Wiederherstellung der Republik, sondern der Lieutenant general du Royaume in der Person des Herzogs von Orleans angekündigt wurde, waren wir wieder auf seinem Zimmer. Bei dieser Nachricht hielt er inne und sagte etwa Folgendes: „Das ist eine schlechte Nachricht! Die Betrüger haben wieder die Oberhand, und so hat das Volk mit all' seinem Blutvergießen sich nur einen neuen Polizeichef erobert, der natürlich die Drahtzieherei Bonaparte's an dem Polizei- und Militärautomaten beibehält und alle Selbstregierung des Volks unmöglich macht. Seit dem Convent wird nun schon immer Ein Betrug auf den andern gepfropft. So lange man aber in Paris Betrug und Politik für gleichbedeutend hält, bleibt die Wunde der Revolution offen und kann der ehrliche Nachwuchs immer nur wieder mit Gewalt antworten. Die übrigen Hauptstädte des Festlandes halten einfache Gewalt für die richtige Politik. Jede Revolution ist nun zwar eine Kritik des Betrugs und der Gewalt, sie macht die Staatsweisen der beiden unsittlichen und schließlich haltlosen Systeme stutzig; sobald aber die Herren den Betrug wieder zur Verfassung Frankreichs gemacht sehn, sind sie getröstet. Dann geht's wieder seine fünfzehn Jahre so fort. Dies wird eine erbärmliche Abschlagszahlung. Man muß aber freilich nehmen, was man kriegen kann, und was die Menschen nicht verstehn, können sie mit aller Tapferkeit nicht erobern."

Es wurde noch manches verhandelt, vornehmlich über die Stellung Frankreichs in Europa. Nach der Verwahrlosung und Verkommenheit Frankreichs durch den Despotismus Ludwigs XIV. und die Regierung Ludwig XV. erwarb sich Frankreich und besonders Paris die Achtung Europa's und eine tonangebende Stellung durch seine Forscher und seine Schriftsteller. Als nun vollends dieser Geist zu einem politischen Umschwunge führte, wurde Paris unbestritten die Hauptstadt des Festlandes. Hier waren die Franzosen das erste große Volk, welches die Politik zur Volkssache machte, und sie aus dem verschlossnen Kabinet wieder auf's offne Forum hinausführte. Politiker aus den Reihen des Volks bewegten die Welt durch die Theilnahme dieses Volks, und alle wurden so oder so bei den öffentlichen Angelegenheiten thätig.

Wir können die Thatsache nicht hinweg leugnen, daß Frankreich hiermit einen Vorsprung vor allen übrigen Ländern des Festlandes gewonnen hat, und es ist kein Wunder, daß Aller Augen dorthin gerichtet sind, wo die Sonne der neuen Welt aufgegangen ist.

„Von dem Eindruck der ersten Revolution", sagte der Geheime Rath, „die der Welt dieses große, ganz neue Schauspiel giebt, daß ein ganzes Volk sich ernstlich in Bewegung setzt, um die großen Grundsätze der Humanität in's Werk zu richten, könnt Ihr Jüngern Euch daher gar keinen Begriff machen. Was jetzt vorgeht, ist nur eine abgeschwächte Fortsetzung, aber es ist dennoch wieder die große Thatsache, daß das Volk politisch lebt und leben will, daß es denkt, handelt und siegt."

9. Die Wellen der Bewegung schlugen nach Deutschland herüber, Hessen-Kassel, Braunschweig und Sachsen waren die nördliche Grenze siegreicher Volksbewegungen, in Hannover scheiterte die Bewegung, in Preußen nahm sie gar keine politische Form an; aber die Gedanken der Menschen wurden überall von dem Umschwunge erfüllt, der Polizeistaat hatte einen freieren Inhalt bekommen, als ihm lieb war, und wenn der Umschwung äußerlich das Heiligthum der heiligen Allianz, den Cerberustempel selbst, nicht ergriff, wenn seine Wellen in Hannover erlahmten, und über die Preußische Grenze

nicht hinüberschlugen, so hatte dafür auch Friedrich Wilhelm, der Dritte im Bunde, ruhig zuzusehn, wie die Citadelle von Antwerpen durch die Franzosen bombardirt und Belgien unter dem Schutze von England und Frankreich eine eigne constitutionelle Monarchie wurde. Mit der Uebermacht der drei nordischen Mächte war es vorbei, sobald England und Frankreich sich verständigt hatten. England hatte es erlebt, wozu es führte, daß Rußland seinen Schatten über das ganze Festland warf, bis nach Neapel und Cadix hinunter sein Kommandowort geltend machte, und unverschämt genug, ohne selbst einen wahren Inhalt und Kern zu haben, seine gierigen Gespensteraugen nach Constantinopel und Indien hinüberschweifen ließ. England selbst war innerlich freier geworden, und die Julirevolution hatte die Macht seiner bessern und weiter blickenden Politiker gestärkt. Dies führte die alten Feinde, England und Frankreich zuerst zusammen, und ihr erstes gemeinsames Werk war das Königreich Belgien.

Aus dem fremden Wort Revolution hat die Partei der Knechtung und der Knechte eine Vogelscheuche gemacht. Das Wort Revolution soll den Menschen in die Ohren klingen, wie früher die Hölle und der

Weltuntergang. Dies ist auch bei vielen schwachen Seelen wirklich der Fall, während kein Mensch vor dem deutschen Worte: Umschwung zur Freiheit, Aufschwung des Menschen zu seiner Würde, und Kampf, sein wahres Wesen zu erreichen, erschrecken wird. Im Gegentheil, Jeder erschrickt vor dem Umschwung zur Knechtschaft, vor der Erniedrigung des Menschen zum rechtlosen Unterthan und zum Sklaven, Jeder erschrickt vor den Lehren, die dem Menschen das Erkennen und Erreichen seines wahren Wesens zu verkümmern suchen, indem sie die Wissenschaft mit der Ueberlieferung des Aberglaubens in den Bann thun und das freie Gemeinwesen aufheben durch die Vorrechte des Herrn von Gottes Gnaden vor den Millionen, die durch Gottes Zorn seine Knechte seien. Denn der Gnade, die den Herrn beglückt, steht nothwendig der Zorn entgegen, der den Knecht ins Unglück stürzt.

Wenn wir die Revolution und Contrerevolution so in's Deutsche übersetzen, so wird es jedem Verständigen klar, wo er seine Theilnahme hinzuwenden hat; und wir, die wir diese 33 Jahre, seit 1830, zu erleben das Glück hatten, sehn jetzt die Wellen des weltbewegenden Um- und Aufschwungs sogar über Preußen, Oestreich und Rußland zusammenschlagen.

Noch mehr, wir sehen auch Amerika von einem erbitterten Kampf für ganze Freiheit auf der Einen, und für ganze Sklaverei auf der andern, gestürzt. Wenn wir nun unsre Augen vor dem Unglück des Kampfes verhüllen möchten, so haben wir sie dagegen stolz zu erheben bei dem Anblick der Riesenschritte, welche die ganze Menschheit ihrem großen Ziele entgegen thut.

10. Der Sieg in Paris war eine Nachricht, die sich in alle, auch die untersten Schichten der Gesellschaft verbreitete. Wo man sonst nichts von den Tagesbegebenheiten hörte, in jede Hütte, in jeden Waldwinkel drang die Erzählung von der dreitägigen Schlacht, von dem Siege des Pariser Volks und von der Flucht des Königs. Die Leute erfuhren auch, weswegen der König und seine ganze Familie landflüchtig geworden, und daß die Franzosen nun die Tyrannei abgeschafft, die er habe einführen wollen. Die allgemeine Verbreitung dieses Gedankens gab ihm die Macht, sich geltend zu machen. Der Mensch handelt nach seinen Gedanken, und der Staat hat kein andres Dasein, als in den Gedanken der Menschen. Ihr Wille, d. h. der nach außen gekehrte Gedanke, ist sein Gesetz; wie sich nun die Gedanken und der Wille der Menschen ändern, so ändert sich auch

ihr Staatswesen. Als daher plötzlich den Leuten der Gedanke durch den Kopf ging, sie könnten ihre Mißbräuche so gut abstellen, als die Franzosen dies gekonnt, da waren die Staatsumwälzungen fertig, die wir 1830 erlebt haben. Wo man Mißbräuche fand, da ging man ihnen zu Leibe. Dazu kam noch das böse Gewissen der Regierungen, die ihre Versprechungen von 1813 und 1815 nicht gehalten und den 13. Artikel der Bundesakte nicht ausgeführt hatten.

In Braunschweig wurde Paris am genausten wiederholt, der Herzog weggejagt, sein Schloß niedergebrannt und ein neuer Herzog eingesetzt. Sonst begnügte man sich überall mit der Abstellung von Mißbräuchen unter den nämlichen Regenten, obgleich diese bis dahin grade in den Mißbräuchen ihre besten Einrichtungen gesehn hatten.

Nicht der geringste Zweifel an der Macht und an dem guten Willen der Menschen, sich ihrer Mißbräuche zu entledigen, kann obwalten; die große Frage war nur, ob sie diese Mißbräuche erkannten und mit dieser Erkenntniß sah es überall sehr windig aus. In Frankreich schaffte man das Polizeiregiment, diese Drahtzieherei von Paris aus, nicht ab, man machte die Städte und Gemeinden nicht frei, überließ ihnen nicht einmal die Wahl ihrer eignen Burgemeister, man fuhr fort, Alles zu kommandiren, statt dem Kommando überall ein Ende zu machen, und an die große Hauptsache, die Abschaffung der Armee, dachte keine Seele. Im Gegentheil, man schaffte noch eine neue Art Soldaten, die Nationalgarde, an, und was Frankreich that, das ahmte alle Welt nach: also man lud sich nur immer mehr Polizei und immer mehr Soldaten auf den Hals und machte aus alten vernünftigen Leuten Narren und dumme Jungen, die sich ohne allen Sinn und Verstand auf den Exercierplätzen herumtrieben, angeblich als Wächter der Freiheit gegen den Despotismus, in Wahrheit nur eine große Polizeitruppe und ohne alle Macht gegen die stehende Armee, das eigentliche Werkzeug der Knechtschaft. Die Sache ist einfach genug: nicht die Polizei muß die Bürger, sondern die Bürger müssen die Polizei unter sich haben; nicht die Soldaten müssen den Staat, sondern der Staat, d. h. das Parlament muß die Soldaten regieren, Soldaten, die keine Bürger und allen bürgerlichen Gesetzen entzogen sind, darf es gar nicht geben. Aber diese einfachen Bedingungen der Freiheit werden noch heutiges Tages sehr wenig verstanden. 1830 waren diese Fragen noch gar nicht aufgeworfen; denn daß Paul Louis Courier solche Dinge ernstlich gemeint, glaubte kein Mensch, man dachte, er hätte nur seinen Spaß damit gehabt, wenn er sagte, „kein Volk wäre besser vertheidigt, als das, welches keine Armee hätte."

Aber bei aller Halbheit und bei allem Widerspruch zwischen dem, was man wollte und dem, was man that, war die Erscheinung dieser Bewegung von 1830 etwas Außerordentliches. Die gehobene Stimmung und das aufgeregte Selbstvertrauen der Menschen brauchte nur einen klar erkannten Zweck, um ihn sogleich zu ergreifen und durchzusetzen. Wo es sich daher nur um unerfüllte Versprechen der Herrn und um Einführung einer Volksvertretung handelte, brauchte die Frage nur aufgeworfen zu werden, um auch in einem gewissen Sinne sogleich ihre Erledigung zu finden, d. h. immer mit Beibehaltung der alten, persönlichen Souveränität, denn das Volk sollte ja nur vertreten werden, d. h. Fürsprecher bei seinem Herrn erhalten, der Herr aber nach wie vor Herr bleiben. Dies hölzerne Eisen, der Konstitutionalismus, war der Hauptgegenstand und Zweck der unklaren Bewegung. Sie ist eine Art Anzweiflung des Herrnthums. Wo daher der politische Zweifel noch nicht aufgetaucht war, da gab es auch keine Bewegung. So in Preußen. Die unbestrittne persönliche Souverainität Friedrich Wilhelms III. und der eingelernte soldatische Gehorsam gegen den königlichen Oberkommandanten waren dort die Ursache der Unbeweglichkeit und Stumpfheit des Volks, das weder eine Meinung, noch einen Willen zu haben wagte und sich von jedem Schnurrbart zitternd den Mund verbieten ließ. Der König hatte zwar sein Wort, ja sein Gesetz vom Mai 1815 nicht gehalten, der Juni mit La belle alliance folgte zu rasch auf diesen Mai, aber er genoß dennoch das allgemeine Zutraun, wahrscheinlich hatten seine Unterthanen die voreiligen Maiversprechungen gar nicht gelesen, und der geregelte ebenmäßige Verlauf der Staats- oder Polizeimaschine, in den er, sehr ungleich seinem witzigen Nachfolger, durch keine Willkür oder persönliche Phantasie eingriff, glich einer Art Verfassung und war in der That nur um die machtlosen Kammerreden schlechter, als all die andern Verfassungen; um die auswärtige Bedientenpolitik, die russische Familieneinheit und die Verfolgung der Studenten und Universitäten kümmerte die geist- und ehrlose Masse der Menschen sich nicht im mindesten.

Außerdem ist der steife und starre preußische Charakter, [die prosaische Langsamkeit des Nordens ein ganz anderes Fahrwasser, als die Beweglichkeit und die angeregte Geselligkeit des Südens und der kleinen außerpreußischen Staaten.

11. In den kleinen Verhältnissen einer Landstadt, wie Jena, wo die einheimische Bevölkerung von den Fragen der geistigen und politischen Entwicklung der Zeit eben so entfernt war, als sich die Zugvögel der Universität darin eingeschlossen fühlten, erschien die Nachwirkung der Julitage natürlich nur auf burleske Weise, die aber immer noch lehrreich genug ist, um das Große im Kleinen darzustellen.

Die Leute steckten die Köpfe zusammen, und man sah wohl, daß etwas vorging, aber es verlautete nichts, ja, es war schlechterdings nicht zu erfahren, worin das allgemeine Geheimniß bestand. Dies ging so fort bis zum Markttage. Der Markttag war ungewöhnlich stark besucht, und es war eine Art Verabredung vor sich gegangen. Das wurde uns des Abends klar, denn die Frau Heumann, unsre Gärtnerin und Haushälterin, kam sehr aufgeregt nach Hause und sagte: „Mir müssen ooch unsern Krawall haben, anders geht's nu mal nicht, und morgen soll's losgehen!"

Wir fragten mit unterdrückter Heiterkeit, was sie denn verlangen wollten.

„Das wissen wir noch nicht", erwiderte sie, „aber daß es nicht so bleiben kann, ist gewiß! Morgen soll's auch festgesetzt werden, was werden soll!"

Wir gingen zu unsern Freunden und theilten ihnen zu ihrer nicht geringen Ergötzung diese Rede mit. Als unsre Gärtnerin am andern Tage wieder vom Markte kam, sagte sie äußerst vergnügt, jetzt wüßten sie, was sie wollten: „Abschaffung der Hundesteuer und des Brückenzolls zwischen Großen Jane und Wenigen Jane."

Die Forderungen des Jenenser Volks verbreiteten sich ohne alle Zeitungen wie ein Lauffeuer, und in wenigen Stunden wußte Alles die große Neuigkeit. Schon am Nachmittage war ein Ausschuß von Bürgern gebildet, der eine Staatsschrift an die Regierung in Weimar aufzusetzen hatte, um die zwei Punkte der neuen Magna charta durchzusetzen. Zugleich drängte sich's auf dem Markt und in den Straßen von Studenten, Bürgern und Professoren. Man scherzte, berieth, fragte, was es gäbe, und nur hie und da erschienen ängstliche Gesichter. So wurde es dunkel;

da plötzlich ging, auf dem Bergrande nach Kahla zu, Professor Suckow's einsame Scheune in Flammen auf und leuchtete wie eine mächtige Fackel.

Nun wurde Vielen ernstlich bange. Man fürchtete sich nicht vor den Leuten aus der Stadt, die kannte man; aber man fürchtete sich vor irgend einem Feinde, der irgendwoher anrücken werde. Dieser mächtige Unbekannte war das Gespenst, das alle Welt in Schrecken setzte. Die Bewegung wurde lebhafter, der Zusammenfluß von Menschen immer größer, man hätte nicht denken sollen, daß in dem kleinen Jena so viel Menschen aufzutreiben wären. Dabei war kein Frauenzimmer und kein Gassenbube zu sehn. Der ganze Markt füllte sich mit Männern.

12. Wir waren sehr gespannt, was nun weiter werden würde. Da trat aus dem Haufen der Curator der Universität, der Herr von Ziegesar, zu mir heran, nahm mich bei Seite und fragte ganz erschrocken, was ich ihm riethe, daß er thun solle, oder was wir bei der Sache thun könnten?

Da ich nie mit ihm verkehrt hatte, ihn aber wohl als eine gutmüthige Null kannte, so war ich nicht wenig verwundert über diese Auszeichnung und konnte nur daraus schließen, daß er, wer weiß aus welcher

Quelle, erfahren hatte, ich sei ein Anstifter von "Krawallen", wie man damals sagte.

Ich wollte aber sein Vertrauen nicht betrügen und sagte ihm, er möge um alles in der Welt nicht hervortreten, auch der Regierung nicht rathen, Gewalt zu brauchen. Das Einzige, was man hier thun könne, sei, die Leute ruhig gehn zu lassen, und namentlich die Studenten, wie sie schon vorgeschlagen hätten, ungehindert eine Sicherheitsgarde bilden zu lassen. "Es ist gar nichts zu sichern", bemerkte ich, "da nichts in Gefahr ist, aber es glaubt's doch jedermann; und die Studenten werden sich nicht wenig dabei erholen."

",,Da kann ich Ihnen also Alles überlassen und mich dabei beruhigen?"'

"Ich bitte mich nicht mißzuverstehen, Herr von Biegesar, nicht mir, sondern diesen friedlichen Leuten, die Sie hier um sich sehen, ist Alles zu überlassen, und die Behörden haben sich nur nicht einzumischen, so werden sie gewiß nicht der Gegenstand des Angriffs werden. Wenn sie aber mit Verboten oder Drohungen auftreten wollten, so würden sie nur Unglück herbeiführen."

",,Da stimme ich Ihnen vollkommen bei, das darf nicht sein! ich danke Ihnen, Herr Doctor!"'

Was wollte er von Dir? fragten meine Freunde neugierig, als ich wieder zu ihnen trat, und lachten herzlich, als ich's ihnen erzählte.

13. Die Studenten waren im Umsehen als Sicherheitsgarde eingerichtet und luden uns ein, dazu zu treten und die Runden mitzumachen.

„Da muß ich auch mit halten", sagte der alte Hofrath Suckow, ein schwächliches schüchternes Männchen, „denn meine brennende Scheune ist doch an dem ganzen Aufruhr schuld."

Es war bewundernswürdig, wie bald Alles mit Säbeln und Schlägern versehen zu den Runden bereit war. Wo kamen all die Waffen her, in diesem Sitz des Friedens und der Musen? Ich selbst erhielt, ich weiß nicht, von wem, einen großen Sarras, und nun ging's auf die Hauptwache, wo die Ehrenstellen ausgetheilt und die Rotten eingeschrieben wurden.

Natürlich mußte sogleich eine Runde versucht werden; und ich hatte die Ehre, sie mit dem Herrn Hofrath Suckow zusammen, anzuführen. Der Dr. Herzog, ein stämmiger Schweizer, der als Schriftsteller in Jena lebte, schloß den Zug. Wir verließen die Stadt, zogen durch's Paradies, so heißen die An-

lagen an der Saale, und wendeten uns dann nach
der Kahlaer Straße; in dieser Richtung lag Sudow's
Scheune, mit der die Aufrührer das Zeichen gegeben hatten; — da erscholl in der Ferne ein wildes
Geschrei.

„Der Feind! der Feind! da kommt der Feind!"
hieß es, „es sind die Bauern!"

Ich commandirte halt und ließ den erschrocknen
Hofrath Herzogs Platz im Hintertreffen einnehmen,
Herzog aber zu mir vorkommen. Dann rückten wir
rasch an die Brücke der Leuctra und erwarteten dort
aufgestellt, den Feind.

Dieser ließ auch nicht lange auf sich warten.
Mit lautem Gebrüll kam er auf die Brücke los. Es
war ein Haufe benebelter Studenten, und als wir sie
anhielten und die Parole verlangten, schrieen sie:
„Oelmühle! (so hieß das Wirthshaus) und gut Bal-
risch!" womit wir sie natürlich ziehen ließen.

„So, Herr Hofrath! nun können Sie wieder
vorkommen!" rief Herzog, und gab ihm seinen Ehren-
platz wieder.

14. Als dies einige Tage gedauert hatte, kamen
die Leute von allen Seiten herbei, um sich unsere
Revolution anzusehen. Eines Tages erschien auch

der Rentamtmann vom Ende des Jenaer Thals, er wohnte auf dem Uferkamm, Dornburg gegenüber, bei dem die Schmids ihre Strafzeit als Weimarsche Hochverräther abgebüßt hatten. Er war eine heitre Bekanntschaft von uns, hatte uns wiederholt bei sich bewirthet, und war merkwürdig wegen seiner blechernen Nase, an der seine Brille befestigt war, und die er aufhob, wenn er eine Prise nahm. Natürlich empfingen wir ihn ehrenvoll, und bewirtheten ihn in der Sonne mit Burgunder. Asverus machte aber einen Anschlag, damit er doch auch etwas von der Revolution erführe; und als er abreis'te, und wir ihn an den Wagen begleitet hatten, eilten wir ihm durch nähere Quergäßchen zuvor, fanden dort eine Runde, die Asverus hinbestellt hatte; und als nun der Wagen mit dem Rentamtmann heranrollte, warfen wir ihm die Runde entgegen, hielten ihn an, fragten wer er sei, und verhafteten ihn im Namen des Großherzogs.

Einen Augenblick war er im heftigsten Wortwechsel mit der bewaffneten Macht, der er sich aber endlich gefangen gab, und eben schickte er sich an, vom Wagen zu steigen, als wir hervorkamen, und ihm seine Freiheit wiedergaben.

Zuerst freute er sich sehr; dann aber wurde er zornig und schalt: „Das war aber doch ein dummer Spaß! so muß man mit seinen Freunden nicht scherzen! Leben Sie wohl, meine Herren, leben Sie wohl!"

Wir hörten später, daß er die Geschichte sehr übel empfunden und einen Augenblick gedacht hatte, man sei in seiner Abwesenheit über die Rentamtskasse gerathen, habe die Rechnung nicht richtig gefunden, und er werde nun deßhalb festgenommen. Der Schreck machte ihn krank, und er war mehrere Tage bettlägerig, was wir ernstlich bedauerten. Als er uns aber gehörig seine Meinung gesagt hatte, verzieh er uns, und der alte Verkehr war wieder hergestellt.

15. In dieser Zeit liefen Gerüchte über die Bewegungen der Preußen um, denen nichts anders zum Grunde lag, als die Furcht oder die Hoffnung, wie man gerade von ihnen dachte. Einmal sollten die Preußischen Husaren schon in Saalfeld sein, und Asverus wünschte, daß sie nur den Muth haben möchten, diesen ganzen kleinen Kram in den Sack zu stecken. Der Sack ist immer noch nicht fertig, und wenn er nahe daran ist, weiß jedesmal irgend ein böser schwarzweißer Geist ihn wieder aufzutrennen.

Es konnte nicht fehlen, daß bei dem allgemeinen Aufschwunge auch die Studenten wieder Muth faßten, und die langunterdrückte Burschenschaft wieder herstellten. Die alte Gesinnung der Freiheit und Gleichheit aller Studenten, die zu unsrer Zeit geherrscht hatte, war vollkommen verschwunden gewesen. Die Verbindungen hatten die Herren und Tyrannen der Nichtverbundnen gespielt; und diese bildeten die große Masse. Selbst die Verbindung der Germania, welche sich als Fortsetzung der Burschenschaft ansah, hegte wahrhaft russische Gedanken. Ehrenhaft und ebenbürtig erschienen ihr nur ihre eignen Mitglieder, und diese mußten die besten Schläger sein, die dann mit den Uebrigen machten was sie wollten, ein schändlicher Mißbrauch körperlicher Ueberlegenheit, ganz die alte Rohheit der Landsmannschaften, welche durch die Unterdrückung aller unsrer Verbesserungen rasch wieder hergestellt worden war. Nun, da der Druck der Behörden nachließ, empörte sich natürlich das Gefühl der Leidenden gegen diese entehrende Bedrückung, und es entstand sogleich eine große Verbindung, welche die alten freien Formen und Grundsätze der Burschenschaft offen wieder zu den ihrigen machte. Nun trat die Frage auf, ob sich die bisherigen Tyrannen, die nicht über dreißig auserlesene Raufbolde zählten, mit der Masse vereinigen sollten. Beide Theile wandten sich an Schmid und mich, wir hatten verschiedne Unterredungen mit ihren Abgesandten, und ich rannte mit den Tyrannen so scharf zusammen, daß ich ihnen rund heraus sagte, wir erkennten sie nicht als unsre Nachfolger an, müßten sie vielmehr nur für die erbittertsten Feinde aller Freiheit erklären, denen wir nur rathen könnten, gleich nach Rußland auszuwandern.

Schmid fand, ich spräche mich zu scharf aus, und der abgesandte Jüngling fragte, ob er denn auch so rücksichtslos antworten dürfe, als ich mich ausgesprochen hätte.

Ich erwiderte, das verstünde sich von selbst, meine Rücksichtslosigkeit ginge aber nur gegen tyrannische und knechtische Ansichten, und sei in der Welt nichts weiter, als der Inhalt und das Verdienst der gegenwärtigen Revolution, der die Unterscheidung der Studenten in Herren und Heloten durchaus weichen müsse. Sie hätten sich diesem Geiste nur zu unterwerfen. Wollten sie sich ihm aber widersetzen, so wäre ich für eine unbarmherzige und rücksichtslose Verfolgung, durchaus nicht für eine Schonung, weder ihrer Ansichten, noch ihrer Personen, und würde eine solche Politik gegen sie bei der Mehrheit' befürworten.

Unsre ernstlichen Vorstellungen führten allerdings Vereinigungsversuche herbei. Ich erinnere mich nicht, ob sie gelangen, jedenfalls wären sie für die bisher Beherrschten und Unterdrückten bedenklich gewesen. Es kam aber dazu, daß wir die neue Verbindung, die sich Arminia nannte, förmlich als Burschenschaft anerkannten, und ihr die Fahne, ein Geschenk der Jungfrauen Jena's, die wir auf dem Lande in sichrer Hut wußten, und die so viele Jahre nicht entfaltet worden war, wieder verschafften und förmlich und feierlich übergaben. Auch die Behörden zeigten sich dieser Wiederherstellung eines freieren umfassendern Gemeinwesens der akademischen Jugend günstig; und die neue Burschenschaft gab einen glänzenden Ball, zu dem alle Professoren und der Curator eingeladen waren und größtentheils erschienen.

Zur Eröffnung des Balls wurde die Marseillaise vorgetragen, und der den ersten Tanz anführte, that es mit einer jungen Gräfin Pappenheim, die durch ihre Schönheit, aber eben so sehr durch ihre Aehnlichkeit mit Bonaparte Aufsehn erregte. Wir haben nicht zu vergessen, daß sein Gesicht damals in der

Opposition war, und die gehässigen Züge rücksichtsloser Tyrannei erst später wieder erlangt hat.

16. Als neun Monate verflossen waren, ohne daß ich eine Antwort vom Könige von Preußen erlangt hatte, schrieb ich noch einmal an Seine säumige Majestät und sagte, ich könnte mir allerdings wohl vorstellen, daß die Ereignisse Seine Majestät mit dringendern Geschäften überhäuft hätten, glaubte aber doch, daß ich nach neun Monaten endlich um eine Antwort auf meine Eingabe bitten dürfte. Sie erfolgte nun umgehend, und Seine Majestät drückten die Hoffnung aus, daß ich hinfort als guter Bürger im Staate leben werde. Ich glaube allerdings einer der besten Bürger dieses Staats gewesen zu sein, und noch heutigen Tages sein wahres Wohl richtiger zu verstehen, als die Hohenzollern und ihre bisherigen Rathgeber. Die Zukunft wird es lehren. Der Preußische Staat hat aber den Begriff des guten Bürgers bis jetzt noch nicht so weit entwickelt, daß er zu dem meinigen stimmte, wie dies z. B. in England der Fall ist; und so hat die Regierung des Staatsstreichs vom 5. November es denn für gut befunden, mich meiner Bürgerrechte und meines Eigenthums durch die bewaffnete Macht zu entkleiden, ledig-

lich darum, weil ich über diese Bürgerrechte andere Ansichten aussprach und drucken ließ, als Friedrich Wilhelm IV., der Herr von Manteuffel und der Herr von Hinkeldey hegten und zu hören wünschten.

Daß die Dynastie und ihre Räthe mich auf diese Weise widerlegen würden, konnte ich natürlich 1830 noch nicht wissen, als ich mich thörichterweise darum bewarb, wieder ein Bürger des Staates sein zu dürfen, in dem ich zu Hause gehörte.

Im Winter begab ich mich nun nach Halle, um mich mit Hermann Niemeyer über meine dortige Ansiedelung zu besprechen, und Ostern 1831 begann ich am Pädagogium und am Gymnasium des Waisenhauses Unterricht zu geben. Ich vertrat am Pädagogium einen Lehrer, der an der Schwindsucht litt, und lehrte für ihn Griechisch, Lateinisch und Deutsch; auf der lateinischen Schule des Waisenhauses lehrte ich deutsche Metrik. Das Pädagogium bezahlte die Stunde mit fünf, das Waisenhaus mit 2½ Silbergroschen. Im rechten Flügel des Pädagogiums mit der Aussicht auf die Statue Franke's fand sich zu ebner Erde eine leere Wohnung, die mir Niemeyer anweisen ließ, und in der ich sechs Monate lang eifrig diesen und meinen literarischen Geschäften nachging.

VII. Halle und Italien.

Der neuen Heimath und der neuen Freunde
Zu rasch verschwundnes Bild will ich ernenn,
Der Liebe Glück, Italiens Leid und Lust,
Und neue Trauer, die den Blick umflort,
Und neue Flucht zum Himmel des Gedankens,
Dem sichern Ordner alles irdschen Schwankens.

———

I.

Das Pädagogium.

1. Hermann Niemeyer war mir von der Universitätszeit oberflächlich bekannt, wir hatten aber einige gemeinsame Freunde gehabt und faßten jetzt rasch Vertrauen zu einander, da wir von Gemüthsart nicht ungleich waren, in der Gedankenfreiheit zusammenstimmten, und ich ihn sehr bald für meine platonischen und humoristischen Studien gewann. Mit Epigrammen, Gelegenheitsgedichten und allerlei komischen Bildern, die ich in Jena entworfen hatte, und später unter dem Titel: „der Novellist" gedruckt habe, machte ich mir ihn und manche Andre, bei denen er mich einführte, zu Freunden. Dies waren die jüngern Docenten, welche die Freitagsgesellschaft bildeten, die etwas ähnliches war, wie die Burgunbergesellschaft in Jena, unter ihnen vornehmlich Ritschl, dann aber auch Leo, Rosenkranz, Rosenberger und

der alte Meier, wie wir ihn zu nennen pflegten, der Philolog.

Niemeyer stellte mich natürlich auch den Lehrern am Pädagogium vor, dem Inspektor Schmidt, den Doktoren Stahr, Echtermeyer, Fleischer und Rein, die ich dann täglich auf der Anstalt sah. Unter ihnen wurde ich bald mit Stahr und Echtermeyer am vertrautesten, mit Fleischer kam ich erst später in ein näheres Verhältniß. Mit Echtermeyer brachten mich meine Kritiken in den Unterhaltungsblättern von Brockhaus in nähern Verkehr. Er knüpfte jedesmal allerlei Betrachtungen daran, kam eigens zu mir und erörterte die Gegenstände auf eine gelehrte und geistvolle Weise. Auch Rosenkranz nahm Theil an diesem muntern Treiben, das er mir später, nach den Jahrbüchern und nach der Revolution, in seinem mißlungnen Versuch über das Häßliche, sehr vornehm als mein einziges Verdienst anrechnet. Rosenkranz und Echtermeyer, beides Anhänger der Hegelschen Philosophie, die aber Rosenkranz, wie ich mich später überzeugte, weder im Häßlichen, noch im Schönen, weder im Logischen noch im Psychologischen verbaut hat, denn er ist völlig unlogisch und undialektisch, Rosenkranz und Echtermeyer waren damals

ebenfalls noch munter und hegten einen Augenblick
den Plan, wir sollten doch ein belletristisches Journal
errichten.

Echtermeyer brachte dies auf's Tapet in einer
Gesellschaft in Niemeyer's Gartenhaus, als ich, etwas
erhitzt von einem Spaziergange, dazukam, mir von den
Damen, mit denen ich sehr bald auf guten Fuß gekommen war, die Erlaubniß ausbat, die Fenster einige Minuten schließen zu dürfen, wegen des Zugs, gegen den ich
sehr empfindlich sei, und dann den Vorschlag so lebhaft angriff, daß ich mich nur noch mehr erhitzte.
Die ganze männliche Gesellschaft nahm übrigens den
lebhaftesten Antheil an dieser Erörterung. „Nach der
Julirevolution", rief ich aus, sei diese Literatur über
die Literatur, in der wir uns in Deutschland herumtrieben, und die ganze abstracte Belletristik, das
schwindsüchtige Künstlerthum ohne Blut und Leben,
ein veraltetes Wesen, oder vielmehr ein Unwesen, das
wohl noch fortlebe, und im Morgenblatt gut genug
dargestellt sei, das wir aber doch wohl nicht als etwas
Neues und Zeitgemäßes in einer neuen Form auftischen wollten. Man müsse jetzt nothwendig den
ganzen Geist der Gegenwart in Wissenschaft, Kunst
und Politik in Bewegung setzen, wenn man dem Be=

dürfniß und den Erwartungen der Menschen ent=
sprechen wolle. Ich sprach vom Hermes, wie richtig
der Plan gewesen, und woran er meiner Meinung
nach gescheitert sei.

Ehrenthalber vertheidigte Echtermeyer seinen Plan
noch eine Zeit lang, dann wandte er sich aber herum,
gab mir die Hand und sagte: „Uebrigens will ich
nur gestehen, daß ich durch und durch Ihrer Ansicht
bin, und daß ich Ihren Widerspruch und Ihre Kri=
tik mit der größten Befriedigung angehört habe.
Sie gehn der Sache gleich so gründlich zu Leibe,
daß es zum Austrage kommt. Das muß uns mit
der Zeit noch zu etwas führen."

Die Damen, die ohnehin von unserm Gegenstand
nicht sehr erbaut sein mochten, beschwerten sich nun
über die verschlossenen Balkonfenster und ich öffnete
sie natürlich sogleich. Die Sitzung wurde aufgeho=
ben, wir gingen in den Garten und ich besprach
mich noch lange mit Echtermeyer über die Nothwen=
digkeit eines neuen Journals; aber so nahe uns
gleich im Anfange unsrer hallischen Zeit dies Gespräch
an den Plan unsrer spätern gemeinsamen Wirksam=
keit heranbrachte, so wurde doch diesmal nichts wei-

ter erreicht, als daß der Vorschlag zu einem belletristischen Journal in den Brunnen fiel.

2. Echtermeyer sprach fortdauernd mit mir von der Philosophie; vom Platonismus wollte er jedoch nichts wissen, obgleich er nicht damit bekannt war, es verstünde sich von selbst, daß eine so abgestandne, alte Geschichte in der gegenwärtigen Zeitbewegung zu nichts dienen könne, was davon zu brauchen sei, müsse nothwendig in der Hegel'schen Philosophie enthalten sein. Dies gab natürlich Erörterungen, in denen ich durch die genaue Sachkenntniß den Vortheil auf meiner Seite hatte. Dabei war er damals noch äußerst positiv, und hierdurch geriethen wir auf unsern Spaziergängen in lange, oft heftige Streitigkeiten. Um mir z. B. die Unsterblichkeit zu beweisen, pflegte er zu sagen, man könne sich hier nicht ausleben, worauf ich dann erwiderte: Die Meisten lebten sich nur zu sehr aus, Manche überlebten sich selbst, wie der alte Göthe, im Uebrigen sei der Grund weiter nichts, als eine Entschuldigung für die Nichtsthuer, die ihre Zeit versäßen und versäumten, eine Bemerkung, die in späterer Zeit sehr persönlich wurde, als ich die Erfahrung machte, daß er nie fertig zu werden wußte, und die Abschlüsse aller seiner Arbeiten

immer bis ins Unendliche hinausschob. „Da brauchst Du freilich die Unsterblichkeit", pflegte ich zu sagen, „ich sage Dir aber vorher, daß Du's in jenem Leben nicht besser treiben wirst, als Du's Dir hier angewöhnst!"

Noch seltsamer war einmal der Einfall: er wolle Tag und Stunde der Geburt Christi philosophisch beweisen, worauf ich sehr ärgerlich erwiderte, das sei gar keine philosophische Aufgabe, und wenn sie ja gestellt würde, gehöre sie gar nicht nach Europa, sondern nach Asien.

„Uebrigens", fuhr ich fort, „wäre ich doch neugierig, wie Du es anfassen würdest, beweise mir's doch geschwind!" Worauf er erwiderte, so etwas lasse sich nicht extemporiren. Ich habe ihm Zeit genug gegeben, er ist aber begreiflicher Weise nie damit zu Stande gekommen, so viel ich ihn auch damit hänselte, er sei mir den Beweis noch schuldig.

Die Sache klingt so abentheuerlich, daß Mancher geneigt sein wird, sie zu bezweifeln; es sollte mich aber wundern, wenn unser gemeinsamer Freund Stahr sich ihrer nicht ebenfalls noch erinnerte. Die Verbohrtheit der ungewaschnen Hegelei jener Zeit war aber von der Art, wie Göschel und andre Pfaffen, dies schwarz auf weiß, hinlänglich dargethan.

In der Politik war mein späterer revolutionärer Genosse damals sogar noch gegen die Constitutionellen, mit denen er in Leipzig, wo er Verwandte hatte, öfters hart zusammen gerieth. Ich selbst kam seltner mit ihm darauf zu sprechen, und da ich eben kein Verehrer des Betrugs war, mit dem man in Frankreich und Deutschland das Volk abzuspeisen und die alte Herrschaft nur zu verhüllen suchte, so trennte uns dies weniger. Dabei pries er mir Hegel's Rechtsphilosophie an: ich las die Einleitung mit ihm zusammen, weil sie einer Erklärung aus dem Zusammenhange des Systems bedurfte, und dann das Uebrige allein. Als ich damit fertig war, bemerkte ich ihm, mit diesem Buche habe es eine ähnliche Bewandtniß, wie mit Platon's Staat. Beide seien nicht dazu geeignet, Vorbilder neuer Staaten zu sein, und daß sie Abbilder irgend eines wirklichen Staats seien, könne man auch nicht sagen. So lange beide die begriffliche Entwicklung allein im Auge hätten, seien sie hinreißend und vortrefflich; so wie es aber versucht würde, das Zufällige, wie z. B. bei Hegel ein geschichtliches Abkommen der Freiheit mit dem Herrenthum, als nothwendig und als reine Entwickelung der Freiheit darzustellen, so würde die Sache abgeschmackt. Das Zufällige gehöre der Geschichte an. In der Geschichte erklärten äußere Umstände solche Dinge, wie die Englische Freiheit; als theoretische Nothwendigkeit ließen sich aber weder die Lords, noch der Kronprinz, noch der König nachweisen. Auch wisse Hegel nicht, was die öffentliche Meinung sei, er verstehe darunter offenbar nicht den Geist eines ganzen Volkes, wie er sich bis zu einem gegebnen Augenblick entwickelt habe, diesen werde er schwerlich als unberechtigt und ohnmächtig hinstellen wollen, sondern denke offenbar an zufällige Strömungen der Meinung, wie sie gerade Mode werden möchte, deren Wankelmuth schon bei den Römischen Politikern sprichwörtlich geworden war.

Echtermeyer erwiderte: die Politik sei ihm weniger geläufig, nur halte er mehr von der Englischen als von der Französischen Freiheit —

Ich fiel ihm ins Wort: „— weil in England die Freiheit, in Frankreich der Despotismus das Mächtige ist. England und Amerika, das ist im Wesentlichen das Nämliche — ein sich selbst regierendes Volk." Für diese Demokratie und ihre

weltbefreiende Macht hegte auch er die größte Hoch=
achtung.

Wir wurden einander immer unentbehrlicher, ich
kam ihm sehr nahe und begleitete ihn wiederholt nach
Zeitz zu seinen Aeltern, wo wir vergnügte Tage ver=
lebten. Unsre Streitpunkte trennten uns so wenig,
daß sie uns vielmehr gegenseitig anzogen, und wenn
er's gar zu arg mit dem paradoxen Mysticismus
trieb, wie einmal mit der Behauptung: „Ein Ge=
danke, der auch nur gedacht und nirgend geäußert
werde, trete dennoch in den großen Zusammenhang
der Entwicklung ein und gehe nicht verloren"; so ließ
er sich allen möglichen Spott sehr gutmüthig ge=
fallen. Ich würde jene Behauptung unvollständig
lassen, wenn ich nicht ausdrücklich hinzusetzte, daß die
Entwicklung, die mit jedem neuen Gedanken dem
widerfährt, der ihn denkt, nicht gemeint war, sondern
das unmittelbare mystische Einwirken dieses Gedan=
kens auf die allgemeine Entwicklung; denn die mit=
telbare Einwirkung erst auf den Denker und dann
durch dessen weiteres Verhalten in der Welt auf den
allgemeinen Zusammenhang bestritten wir andern ja
in keiner Weise.

Ganz verlor sich bei Echtermeyer diese Neigung

zum Widersinnigen nicht, insofern hatte die Philosophie ihn nicht ganz durchdrungen, und die dunkeln und unverbauten Theile der Hegelschen Schriften ihn vorzugsweise angezogen; auch trat später nach seiner Trennung von mir der Gegensatz in allen Punkten wieder grell hervor. Dennoch näherten wir uns jetzt sehr bald so weit, daß wir ein und dasselbe Ziel ins Auge faßten, obgleich noch sechs Jahre darüber vergehen mußten, ehe ich zu irgend einer freien Herrschaft über die philosophische Bildung der Zeit gelangte; und dieser Mangel konnte sich mir nirgends fühlbarer aufdrängen, als in Halle, wo ich alle Tage mit bezeisterten Anhängern und gründlichen Kennern der Hegelschen Philosophie, wie Echtermeyer und Hinrichs, zusammentraf.

3. Am Pädagogium war ich am meisten beschäftigt, und es war verabredet worden, daß ich mit der Zeit in eine der Lehrerstellen, die freilich nur einige hundert Thaler abwarfen, eintreten sollte. Ich machte daher meine Beobachtungen über den Zustand der Anstalt mit besondrer Theilnahme und fand am Ende, daß es besser sein würde, das Verfahren Georg Bunsen's anzuwenden, um den guten Willen der Jungen zu gewinnen und ihrem bösen Willen allen

Vorwand zu rauben. Mit dem Unterricht mußte man unbedingt zufrieden sein, er konnte aber gerade durch den bessern Geist, der zu erzeugen war, wesentlich gefördert werden. Ich sprach mit Niemeyer, schilderte ihm den jetzigen Zustand und ebenso den, der zu erzielen war, wie ich dies ja bei Bunsen erlebt hatte, und erbot mich, diese Umwandlung vorzunehmen, wenn man mir bei der Einrichtung der neuen Lebensformen freie Hand gönnen wollte; diese müßten im Wesentlichen darin bestehen, daß man die Zucht den Jungen selber übertrüge. Alsdann hätten sie sich gegen keinen Zuchtmeister mehr zu empören; und der Lehrer würde aus einem Gegner ein Freund und Vertrauter, der allemal so viel Einfluß haben werde, als seine Persönlichkeit und seine Theilnahme an dem Leben der jungen Leute es mit sich brächte.

„Das wäre eine bedeutende Umwälzung."

„„Und eine sehr nöthige.""

Die Einzelheiten, die ich reichlich bei der Hand hatte, weswegen und wie der Zuchtmeister, den Schmidt als Inspector zu spielen hatte, gepreßt würde, gab ich ihm an, habe ich aber hier zu übergehn.

„Sprich mit Schmidt. Ich will ihn vorbereiten. Er ist ein gutes vernünftiges Kraut."

„„Nur freilich in diesem Punkt aus der alten Schule.""

„Er kennt die neue nicht."

„„Ich habe nichts dagegen, sie ihn kennen zu lehren, nur ist er zu sehr Partei, um sich nicht zu widersetzen.""

„Er ist jünger als Du und kann Deiner Ueberlegenheit nicht widerstehen. Mach's mit ihm aus."

Hier kam ich nun aber schief an. Nicht daß Schmidt mir unfreundlich gesinnt gewesen, im Gegentheil: kaum hatte ihm Niemeyer unsre Unterredung mitgetheilt, so besuchte er mich, holte mich mit seiner Frau zu einem Spaziergange ab und lud mich nach demselben zu sich ein. Aber meinen Vorschlag, die Zucht aus den Händen zu geben und den Burschen selber zu übertragen, sich dafür aber einen desto größern persönlichen Einfluß zu sichern, schien ihm der Weltuntergang zu sein; er verwarf ein so wildes Unternehmen als völlig unpädagogisch und zieh mich, wenn auch in milden Ausdrücken, einer thörichten Schwärmerei.

Ich wurde nun einiger Maßen bitter und erwi=

derte: „Sie ziehn es also vor, sich so mitspielen zu lassen, wie die Rüpel es thun, statt sie zu zähmen und zu bilden."

„„Sie haben nicht Erfahrung genug im Schulwesen.""

„Ich habe die doppelte Erfahrung meiner eignen Jugend und der Beobachtung Ihres Verfahrens und seiner nothwendigen Mängel. Zu dieser Beobachtung sind drei Monate vollkommen ausreichend, dreißig Jahre würden mich immer nur wieder das Nämliche lehren. Aber freilich läßt sich mein Vorschlag nicht ausführen, wenn Sie sich ihm widersetzen; und Sie widersetzen sich ihm, weil Sie mich nicht verstehn, oder nicht verstehn wollen."

„„Und wenn ich Ihren Vorschlag annähme, wer sollte ihn durchführen!""

„Sie„!

„„Ich kann ihn nicht zu dem Meinigen machen.""

„Dann müßte ich die Zucht übertragen kriegen, um sie bei der neuen Einrichtung an die Gemeinde der jungen Leute abzugeben, d. h. ich müßte die Umwandlung selbst unternehmen."

„„Das heißt, Sie müßten Direktor sein!""

„Ich brauchte es nicht zu heißen, um es zu sein,

müßte aber in diesem ganzen Fach der Einrichtung des neuen Lebens allerdings völlig freie Hand haben."

„„Das ganze Lehrercollegium würde dadurch Ihnen untergeben.""

„In dem, was man nicht versteht, ist man immer untergeben."

Wir tranken unsern Thee, wie sich denken läßt, in einiger Verstimmung.

Bei Niemeyer beschwerte ich mich aber, daß er seinen Mann so sehr verkannt hätte. Er hätte mich gleich nicht an ihn verweisen sollen. Er sei jung genug, aber auch pedantisch genug, und wenn seine altfränkischen Ansichten maßgebend wären, so bliebe es natürlich bei den alten Mißbräuchen.

„Du verkennst ihn. Du hast ihn nur nicht überzeugt."

„„Freilich habe ich ihn nicht überzeugt; ich verkenne ihn aber ganz und gar nicht; auch ist er deutlich genug geworden; und kurz und gut, ob ich finde, daß die Sache faul ist, nutzt nichts, wenn er findet, daß sie so bleiben muß. Ich habe auch nichts dagegen, daß Ihr ganz nach Eurem Geschmack verfahrt, bemerke nur, daß es der meinige nicht wäre.""

4. Diese Sache blieb für immer auf sich be-

ruhn, und weder Schmidt noch Niemeyer ließen mich den Zusammenstoß entgelten. Im Lauf des halben Jahres wurden nun aber am Pädagogium zwei bis drei offne Stellen mit ganz jungen Philologen besetzt, und ich hatte die Aussicht, allenfalls einmal der jüngste Lehrer zu werden, obgleich ich mindestens sechs Jahre älter war, als diese Ankömmlinge, und nur mit den vorgefundenen Lehrern ziemlich auf gleicher Altersstufe stand.

Als ich dies gewahr wurde, und mich überzeugte, daß die alte Mühle der Mißbräuche mich höchstens zu ihrem Kammrade machen und langsam abnutzen werde, ohne daß ich je auch nur die geringste Aussicht hätte, meine Persönlichkeit geltend zu machen, und meine Ansichten durchzusetzen, sprach ich mit Niemeyer, theilte ihm meine Bedenken und zugleich meinen Entschluß mit, an die Universität zu gehn, wo die Uebelstände der Altersunterschiede und der Grade nicht statt fänden. Erwerben könne ich dort aber gerade eben so viel, als hier, nämlich meinen Lebensunterhalt, dessen ich jetzt, bei meiner einfachen Art zu leben, durch Schriftstellerei sicher sei.

Niemeyer fand hierin vielleicht einen Vorwurf, und sagte bedenklich, indem er seinen Ring herumdrehte, wie er es in solchen Fällen zu thun pflegte: „Das mußt Du selbst wissen, alter Freund, ich kann weder ab= noch zurathen."

Ich versicherte ihn, daß ich die Schulverhältnisse und meine besondre durch die sechsjährige Einsperrung etwas verschobne Stellung durchaus nicht ihm zur Last lege, und mit meiner Erfahrung über diese Verhältnisse vollkommen zufrieden sei. An der Schule hinge ich hier und überall ganz von den Behörden ab, an der Universität hingegen könne ich mich auf's Publikum stützen, und ich glaubte die Mittel zu besitzen, mir bei dem eine Stellung zu machen.

2.

Die Universität.

1. Ich ließ mich also bei der Universität nostrificiren, da ich nicht in Halle promovirt war, und habilitirte mich. Als ich mit Gruber über die Sache sprach, fragte er mich, was ich als Niederlassungs= schrift einreichen wolle. Ich hatte eine Darstellung des Platonischen Systems im Sinne, er rieth mir aber, das Thema zu beschränken, und so verfiel ich auf die Platonische Aesthetik, die ich nun rasch

entwarf, in der Buchhandlung des Waisenhauses drucken ließ, und Niemeyer und Göttling zueignete. Dies ist eine elegante und sorgfältige Darstellung der Platonischen Erörtrungen über das Schöne und die Kunst. Meine Habilitirung als Philolog wurde hiedurch zu philosophisch, denn die Philologen kümmern sich nicht um den Inhalt der Alten als solchen, und als Philosoph wäre ich den Hegelianern nicht philosophisch genug gewesen; die Sache glich sich aber sehr bald von selbst aus, wie denn auch der alte Meier bei dieser Gelegenheit sagte: „es leidet keinen Zweifel, daß unser junger Freund aus sich machen kann, was er will, obgleich ich überzeugt bin, daß er ganz ins Lager der Philosophen übergehen wird." Dies war nun freilich unvermeidlich. Ich las Aesthetik, und als ich mir die Sache zurechtlegte, und die „erscheinende Idee", das Ideal, zu dem Begriff machen mußte, um dessen Entwicklung es sich handle, fand ich, daß bei Plato der Begriff der Erscheinung höchst mangelhaft erörtert sei, und gerieth auf Hegels Logik, um nachzusehn, wie er dort behandelt würde. Hier wurde ich nun aber sogleich in die Dialektik hineingerissen, das Buch ließ mich nicht wieder los, und ich entdeckte zu meiner Freude den untrennbaren Zusammenhang der Bestimmungen, der mich von dem Begriff der Erscheinung auf den Anfang des gewaltigen Werkes zurückwarf. So wurde aus diesem Studium eine Vorarbeit gemacht; und mit bösem Gewissen las ich meine Aesthetik, denn ich sah immer mehr ein, daß ich vorellig zu Werke gegangen war. Die Vorlesung mußte nun aber einmal durchgeführt werden. Was mir an Vorbereitung dazu noch abging, ersetzte ich durch Eifer und Gewissenhaftigkeit in meiner Arbeit. Meine Zuhörer waren fast lauter ältere Philologen, und ich war nicht wenig stolz darauf, ihre Aufmerksamkeit bis zu Ende zu fesseln. Das Universitätsgebäude war damals noch nicht gebaut. Ich las im Niemeyerschen Auditorium am großen Berlin, ein Ereigniß, das ich mir nicht hätte träumen lassen, als ich 1821 zum ersten Mal in diesen Hörsaal eintrat.

2. Als sich in diesem Jahre die Cholera zum ersten Mal zeigte, behauptete Echtermeyer, sie sei eine barbarische Krankheit, und müsse an der deutschen Grenze halt machen. Sie kam aber bald nach Berlin und — sogar Hegel, der deutscheste Deutsche, erlag ihr. Nun wurden seine Werke auf Subskription herausgegeben. Ich unterzeichnete sogleich, denn

ich hatte erfahren, was ich an ihm hatte, und was ich an ihm entbehrte.

3.
Die Kanzlerin Niemeyer und Louise Müller.

1. Die Universitätsanfänge wurden aber durch ein Ereigniß unterbrochen, das mir ein ganz unerwartetes und neues Leben aufschloß.

Ich hatte mich bei der Frau Kanzlerin Niemeyer eingemiethet, weil mein Freund Ritschl ganz in der Nähe wohnte, und mir zu der Wohnung rieth.

„Nun mußt Du aber Deiner Wirthin auch einen Besuch machen, das erwartet sie", sagte er zu mir. Ich legte also meinen Frack an, und ging zu ihr hinauf. Merkwürdiger Weise hatte ich die liebenswürdige und vortreffliche kleine Frau, obgleich ich so viel bei ihrem Sohn verkehrte, niemals dort angetroffen und nie vorher gesehn. Um so angenehmer war ich von ihrem Empfange überrascht. „Mein Sohn Hermann hat mir oft von Ihnen erzählt, so sind wir ja alte Bekannte!" begann sie gleich. Wir unterhielten uns einige Minuten sehr angenehm. Dann fielen der kleinen Enkelin, welche sich am Fenster zu thun machte, die Vorhänge fortdauernd wieder herunter, als sie sie aufzuziehen verfuchte. „Ich habe schon lange nach dem Manne geschickt, der mir dies wieder einrichten soll, aber ...." „O den Mann können Sie billig haben"", fiel ich ein, ging an's Fenster, drückte alle die Halter der Rollenstränge nieder, und zog sie dann alle auf. Sie hatte kaum Zeit, vom Sopha aufzustehen, so schnell ging die Einrichtung vor sich.

„Nun, das muß ich gestehn! Sie sind nicht blos ein angenehmer Gesellschafter, wofür Sie überall gelten, Sie sind auch ein nützlicher und practischer Mann. Es ist mir eine rechte Freude, daß Sie bei mir eingezogen sind und mich besucht haben. Aber da fällt mir etwas ein. Sie kennen doch meinen Sohn Max?"

„Ei freilich, sehr gut.""

„Und er hat Sie gern. Nun ist er etwas trübe gestimmt, und ich möchte ihn gern erheitern. Stehen Sie mir auch darin bei, wie bei den Fenstervorhängen. Ich will Ihnen sagen wie. Essen Sie mit uns zu Mittag. Es klingt zwar sonderbar, da wir uns heute zum ersten Male sehen, aber wie gesagt, ich kenne Sie ja schon als einen Freund von Hermann und von Max, und so ist es gar nicht so sonderbar, wie es aussieht. Also, wenn Sie wollen, seien Sie von heute an alle Tage unser Tischgenoß! Es ist doch besser, Sie essen mit uns, als allein auf Ihrem Zimmer."

„„Es ist in jeder Hinsicht besser, und ich wüßte mir nichts Angenehmeres auszudenken.""

„Nun gut! Ich erwarte Sie also. Wir essen um Eins."

„„Werden die Leute aber nicht finden, Frau Kanzlerin, Sie hätten sich übereilt?""

„Wer sollte das wohl finden? Was wir thun, ist unsre Sache, und wenn es uns gegenseitig eine Annehmlichkeit ist, wem kann es da unangenehm sein? In solchen Dingen, das habe ich immer gefunden, folgt man am sichersten dem ersten Eindruck. Ich weiß gewiß, daß ich mich in Ihnen nicht irre, obgleich ich Sie erst seit wenigen Augenblicken kenne; und denken Sie, daß Sie mit mir längere Zeit brauchen?"

„„Nein, wahrhaftig nicht.""

Ich küßte ihr die Hand und empfahl mich, ganz bezaubert von der Sicherheit, Jugendlichkeit und Liebenswürdigkeit dieser ausgezeichneten alten Frau; und so rasch die Freundschaft geschlossen wurde, so dauerhaft ist sie geblieben.

Der Tadel unsers Verfahrens blieb aber nicht aus. Die Frauen aus der Familie nahmen mich sogar bei Seite, schalten mich freundschaftlich aus und meinten, ich würde es doch nicht ernstlich annehmen. Sie waren sehr erstaunt, als ich ihnen erwiderte, wir hätten auch das schon besprochen und über diese Bedenken nur gescherzt. Mit derselben Aufrichtigkeit, womit wir begonnen, könnten wir, wenn wir wollten, auch alle Tage wieder aufhören; vor der Hand aber seien wir beiderseits noch ganz zufrieden. Und wir blieben es auch.

2. Dies Verhältniß führte zu weitern Bekanntschaften, zuerst mit dem Curator Delbrück, der von Magdeburg kam, und mit der Kanzlerin befreundet war, sodann zu einer viel einflußreichern Bekanntschaft, die, wie ich schon erwähnt habe, meine Vorlesungen unterbrach.

Eines Tages lud mich nämlich meine freundliche Wirthin auf den Abend ein: „Sie finden eine Freundin von mir, die Professorin Düffer und zwei junge Mädchen, deren Bekanntschaft Sie machen müssen."

Ich kam und fand bei Louise Düffer, dem einen

der jungen Mädchen, so viel humoristischen Anklang, und so viel Witz und Heiterkeit, daß ich meiner ältern Freundin ganz untreu wurde, und mich dieser hinreißenden Gesellschaft völlig hingab. Die Kanzlerin und die Mutter freuten sich sehr, daß wir uns so gut vertrugen, und so angenehm unterhielten. Ich begleitete die Damen nach Hause. Sie luden mich ein.

Am andern Tage fragte die Kanzlerin, wie mir die junge Dame gefallen hätte? Ich erwiderte: „Ich habe mich lange nicht so angenehm unterhalten, und wüßte kein junges Mädchen, bei dem ich so viel Geist und Bildung, einen so unerschöpflichen Witz und zugleich so viel Einfachheit gefunden."

„Sie urtheilen ganz richtig, ich halte ebenfalls viel auf sie, und was Ihnen nicht unangenehm sein wird zu hören, die Damen haben auch sehr freundlich von Ihnen gesprochen, und werden es gern sehn, wenn Sie sie besuchen."

Ich gestand, sie hätten mich eingeladen, und ich würde es sicherlich nicht versäumen. Sie lächelte und sagte schalkhaft: „Ich an Ihrer Stelle würde es auch nicht versäumen. Werden Sie mir nur nicht untreu."

Ich verstand den Scherz wohl, dachte aber, wie

solltest Du zu dem Glücke kommen, ein solches Mädchen zu gewinnen! Wär's möglich, sollten die Aussprüche Deiner Schwestern noch in Erfüllung gehn, und Du grade hier Glück machen, wo Du es so sehr wünschen mußt?

So dachte ich. In der Stadt aber galt ich seit der plötzlichen Freundschaft mit der Frau Kanzlerin für einen wahren Zauberer, obgleich die Zauberei ganz auf Seiten der genialen Frau war, und man sah meinen Erfolg bei Louise schon lange für gewiß an, ehe wir beide noch davon wußten. Man kam mir wiederholt damit entgegen, man versicherte mir, wir paßten sehr zu einander und wünschte mir Glück, als ich noch nicht wußte, was für eine Miene ich dazu aufsetzen sollte.

Die Besuche bei Düffers wurden nun aber immer häufiger. Ein Polterabendscherz, den ich auf Louisens Verlangen entwerfen, und dann einüben lassen mußte, brachte uns vollends täglich zusammen, und ich konnte am Ende nicht mehr zweifeln, das früher unerreichbar Scheinende hatte sich nun im Umsehn in eine Wahrheit und Wirklichkeit verwandelt, der nur noch das letzte Wort der förmlichen Anerkennung fehlte.

Ritschl und natürlich die Frau Kanzlerin waren meine Vertrauten. Als ich nun die förmliche Anerkennung herbeiführen wollte, theilte ich auch der Letzteren meinen Entschluß mit und sagte: „Ich gehe jetzt zu Louisen, um mir ihr Wort zu holen."

„Jetzt gleich? das wollen Sie thun? Wissen Sie auch, daß die junge Dame schon elf Körbe ausgetheilt hat?"

„O, ich weiß genug, um sicher zu sein, daß ich den zwölften nicht bekomme; und wollen Sie uns erlauben, daß wir heute Abend zu Ihnen kommen? Sie müssen doch die Erste sein, die wir besuchen."

„Nun, das soll mir lieb sein, halten Sie nur Wort!"

Ich traf meine Braut allein; und wir hatten nur wenige Worte zu wechseln, so waren wir einig. Ihre Mutter kam bald dazu, billigte unsre Verlobung, und ich lud nun beide zu meiner Freundin und Beschützerin ein, wie sie mir erlaubt hatte.

Die liebenswürdige Frau sagte, als wir uns ihr vorstellten, mit Thränen in den Augen: „Es ist mir, als wären Sie mein Sohn, so freue ich mich zu Ihrem Glücke. Nun werde ich Sie aber aus meinem Hause verlieren, wo Sie wie ein guter Geist gewirkt haben, und Sie, liebe Louise, haben mir immer so nahe gestanden, daß ich außer meinen Kindern keinen Menschen in der Welt wüßte, der mir lieber wäre."

3. Zu dieser Zeit wüthete die Cholera auf eine erschreckende Weise in der Stadt. Viele Menschen starben und viele fürchteten sich und wurden aus Angst vor der Seuche ihres Lebens nicht froh. Von unsern Bekannten wurde Rosenkranz bedenklich krank. Unsre Gegend blieb indeß lange verschont, und ich brachte den Kreis meiner Braut und besonders unser eignes Haus mit ganz andern Gedanken leicht darüber hinweg. Das ging eine zeitlang gut. Endlich starb ein Mann im Nebenhause; Professor Pernice, der Schwiegersohn der Frau Kanzlerin, der über mir wohnte, wurde nun von der Krankheit ergriffen, dann ich selbst. Der Schrecken in unserm Hause war groß, aber wir schüttelten beide das Ungemach rasch wieder ab.

Der Professor Pernice war aus bürgerlichem Stande gebürtig, um so mehr staunte er die höhern Stände an; und war er selbst kein Junker, so konnte er doch als ehrfurchtsvolles Werkzeug in den Troß der Partei eintreten. Mit dieser Gesinnung hat er sich fortgeholfen. Eine geistige Bedeutung besaß er nicht, hat sie auch durch keine literarische Thaten in Anspruch genommen. Als ich ihn zuerst sah, war gerade das Englische Tory-Ministerium in der Minderheit geblieben. Pernice behauptete, es werde nicht abtreten; ich erwiderte, es folge nur dem Strom der Zeit. Die Tories könnten jetzt nicht regieren, die Whigs würden also längere Zeit im Amte bleiben und eine neue Politik einleiten. Pernice hielt das für unmöglich: „Und worin sollte diese neue Politik bestehen?"

„„In einer Verbindung mit Frankreich gegen die heilige Allianz, deren Allmacht jetzt ein Ende hat.""

„Das glaube ich nicht!"

„„Nun, die nächsten Nachrichten werden es lehren.""

Echtermeyer, der zugegen war, nahm keinen Theil an der Unterredung, meinte aber nachher: Man müsse diesen Leuten die veränderte Weltlage zu Gemüthe führen. Die Franzosen hätten auch für uns gesiegt.

Selbst im Mai, als ich mich verheirathen wollte, hatte die Seuche noch nicht nachgelassen, und als die Frage auftrat, ob mein Vater und meine Schweſtern, wie ſie ſchon verſprochen hatten, nun wirklich zur Hochzeit nach Halle kommen ſollten, entſtand das Bedenken, ob man es auch verantworten könne, ſie dieſer Gefahr auszuſetzen, da ja Fremde gerade am erſten von der Krankheit ergriffen würden. Ich ſtimmte aber entſchieden dafür, daß wir uns an die Seuche gar nicht kehrten und ganz ſo verführen, als ob ſie gar nicht in der Welt ſei. Der Geſundheitsausſchuß und die Aerzte hätten ſich mit ihr zu befaſſen, wir dagegen müßten uns durch guten Muth und heitre Gedanken über dem Waſſer zu halten ſuchen. Die Damen brachten erſt alle Gründe gegen den Beſuch vor, um ſie dann alle auf dem Altar der Liebe zu mir zu opfern; und ſo ſah ich denn meinen Vater und meine Schweſtern im dritten Jahr unſrer Trennung wieder.

4. Mein Vater hörte mit Freude und Beruhigung, daß die neue Familie mit einem Vermögen ausgeſtattet ſein werde, welches in den armſeligen Verhältniſſen des despotiſchen Preußens bedeutend genannt werden könnte, und ein Ereigniß war, wie er es nicht zu hoffen gewagt. Und meine Schweſtern traten mir ſogleich damit entgegen, ob ſie mir's nicht

vorhergesagt, daß ich bei dem schönen Geschlecht Glück machen werde.

Den ersten Tag vertrugen sie sich vortrefflich mit meiner Braut; da sie aber ungemein zärtlich gegen mich waren, so erregten sie dadurch Louisens Eifersucht in einem so hohen Grade, daß ich diese am andern Morgen in Thränen gebadet und ganz untröstlich im Garten fand.

„Welch ein Unglück hat es wieder gegeben?" fragte ich erschrocken und dachte dabei an den plötzlichen Tod des Bräutigams einer Freundin von ihr, der vor kurzem das Glück dieser Familie gestört hatte. Ich erwartete eine ähnliche Trauerpost.

„Du liebst Deine Schwestern mehr als mich."

„Meine Schwestern? — die liebe ich nur als Schwestern."

„O ja! das klingt, als wär' es was, ist aber doch nicht wahr. Du bist ganz verliebt in sie, und wären sie nicht Deine Schwestern, Du zögst sie mir vor. O, ich möchte sterben; denn ich kann es nicht ertragen, daß Du mich nicht am meisten, daß Du mich nicht ganz allein liebst. Hier in Halle habe ich keine Nebenbuhlerinnen, das weiß ich wohl; nun kommen diese Mädchen weit her von der Ostsee und stören mich in meinem Besitz, den ich schon so sicher glaubte. Ja, gestehe es nur, Du könntest sie mir vorziehn, und sie nehmen Dich stundenlang in Beschlag, als wenn ich gar nicht in der Welt wäre."

„Ich kann Dir nicht sagen, wie glücklich Du mich mit Deiner Leidenschaft machst, aber sieh nur, wie ich zu ihnen stehe. Als ich elend im Gefängniß lag, zerstörte mein Mißgeschick, das zu dem meines Vaters noch hinzukam, auch ihr Glück; nun ist Deine Liebe und das Glück unsrer unabhängigen Stellung in der Welt auch ihr Glück. Du kannst es nicht verkennen, wie sehr sie Dich drum lieben — —"

„— und Dich dafür küssen, als wären sie, was ich bin."

„Nun, sie find's ja aber nicht, und morgen reisen sie nach Pommern ab, und wir nach Italien; dulde es nur noch Einen Tag."

„Nein, keine Minute länger!"

Glücklicher Weise kamen die Sünderinnen darüber zu, und da sie etwas gehört hatten, denn die Laube war nicht dicht genug, und Besserung versprachen, so kam ein Friedensvertrag für den letzten Tag zu Stande, der von allen Theilen auf's gewissenhafteste gehalten wurde; denn Louise war und blieb hierin unerbittlich.

„Nachher in Pommern"", rief sie aus, „können sie Dich lieben, so viel sie wollen; aber ich kann es nicht vor Augen sehen, ohne daß es mich elend und krank macht!""

4.

Abreise nach Italien. Besuch bei alten Freunden.

1. Louise war von hoher voller Gestalt und äußerst edlen Gesichtszügen. Sie wurde am Geburtstage meines Vaters, den 25. Mai meine Frau. Mit Freuden zahlte ich meinem Vater die Reise; und am andern Morgen früh reiste er mit meinen Schwestern wieder ab nach Berlin und Triebsees; wir aber stiegen in einen, eigends nach meinen Anordnungen eingerichteten Reisewagen, aus dem man völlig freie Aussicht hatte und sich doch gegen den Regen schützen konnte, und fuhren mit den glücklichsten Aussichten die blühende Kirschenallee nach Merseburg entlang, wozu uns der Postillion alle Melodien vorblies, die er wußte, und sich unsre volle Dankbarkeit damit erwarb.

„Jetzt bin ich glücklich", rief Louise aus, „jetzt sind wir frei!"

„Und ich bin es doppelt durch Deine Liebe und durch die Abstreifung des verwünschten Staatsjoches. Ich glaube nicht daran, daß diese Menschen mir je wieder trauen, eben so wie ich sie nicht ausstehen kann."

„Und versprich mir, daß wir auch wirklich nach Italien kommen. Ist dies denn nur der kürzeste Weg?"

„Alle Wege führen nach Rom; aber sieh doch die Sonne an, wir fahren ihr ja entgegen."

„Du wirst mich hintergehn, und erst alle Deine alten Freunde besuchen. Ich fange schon an, sie zu hassen, weil sie sich uns in den Weg drängen, nimm Dich in Acht!"

„Die meisten werden Dir ungemein gefallen, vornehmlich die Jenenser."

Dies war auch wirklich der Fall. Sie gaben uns ein Fest und wurden gleich eben so große Freunde von meiner jungen Frau, als von mir. Einige suchten mich zu bewegen, gleich in Jena zu bleiben, oder wenigstens dahin zurückzukehren; und der alte Danz sagte zu Louisen: „Aber wissen Sie auch, wen Sie da geheirathet haben? Er heißt Ruge."

„Nun ja, das ist richtig."

„Das heißt Ruh geh! Sie werden mit dem unruhigen Geist nie zur Ruhe kommen!"

Mit den Jenensern vertrugen wir uns also vortrefflich.

2. In Frankfurt am Main trat aber ein merkwürdiger Mißton hervor. Willer war wieder bei Georg Bunsen, und ich hatte so viel von ihm und von der Anstalt erzählt, daß Louise äußerst gespannt war, die Leute zu sehen, in deren Art und Weise sie sich schwer hineindenken konnte. Sie trieb also selbst zu dem Besuch. Georg Bunsen's Frau, eine kleine, rasch bewegliche Dame, war äußerst unterrichtet und gescheut. Auf die Erziehungsreform war sie zwar mit Leib und Seele eingegangen, und hatte mit ihrem Vermögen die Anstalt gründen helfen, daneben aber hielt sie etwas auf Literatur und Kunst. Sie war eine Berlinerin. Mit ihr vertrug Louise sich gleich sehr gut, und ich sah es gern, daß beide sich in die Erziehungsfrage vertieften. Louise war ganz Ohr, und die Frau Bunsen that Alles, um sie für eine Sache einzunehmen, die der ganzen Menschheit zu

Gute kommen sollte, und wofür besonders die Frauen sich begeistern müßten. Als wir uns nach Tische Alle in Ruhe zusammenfanden, brachte ich die Rede auf meine Uebersetzung des Oedipus, die ich Bunsen und Willer mit freundschaftlichen Briefen zugeschickt hatte.

„Ei, das ist wahr", rief Bunsen, „es war ein kleines gelbes Buch, was ist doch daraus geworden? ich habe es nicht wieder gesehen". Keiner von beiden dankte mir, im Gegentheil, sie spotteten über den Einfall, ihnen eine solche Arbeit mitzutheilen, und das Lesen derselben zuzumuthen.

„Da hätt' ich mir die Zusendung sparen können", bemerkte ich.

„Gewiß!" versetzte Willer, „auch steht Dir das Buch ganz unverletzt wieder zu Diensten; ich will es holen!"

„Wie hab' ich das zu verstehn?"

„Wir sind Gegner der müßigen Schriftstellerei" antwortete Bunsen; „wir arbeiten nur für die Besserung des künftigen Geschlechts und haben keine Zeit, solche überflüssige Bücher zu lesen."

„Wenn Ihr keine Zeit habt, die Literatur zum Sophokles zu lesen, wie unterrichtet Ihr denn das

Griechische"«? Jetzt war Willer wieder erschienen, und rief mir entgegen: „Zum Unterricht im Griechischen brauchen wir Deine Verse nicht"!

„„Das will ich zugeben. Nun möchte ich aber wissen, wozu Ihr denn da das Griechische braucht, oder wenn das Griechische zur Geistesübung, wozu denn andre deutsche Verse, die Ihr doch wohl nicht ausschließt?"«

Hier fiel nun Georg Bunsen wieder ein, und hielt Göthe eine Lobrede, was ich mit Verwunderung vernahm, denn Göthe war sonst eben nicht der Liebling der altdeutschen Reformatoren. Von dieser Lobrede kam er dann gerades Weges auf mich und mein armes Buch, welches er Willer aus der Hand nahm:

„Aus Göthe lerne ich was; aber was lerne ich denn aus diesem Büchelchen? Nichts, gar nichts! Und eben weil nichts daraus zu lernen ist, als die Eitelkeit seines Verfassers, sieh, darum, lieber Freund, haben wir's gar nicht aufgeschnitten." Damit wies er mir's hin. Dann aber schlug er irgend eine Stelle auf, las, und versuchte sie im Lesen gleich lächerlich zu machen.

„„Ihr habt einen eignen Begriff von der Freundschaft und von der Gerechtigkeit"", erwiderte ich, „und irrt Euch, wenn Ihr denkt, daß ich mit einigen rohen und völlig unbegründeten Späßen zu werfen bin. Mit großer Liebe habe ich immer an Euch gedacht, Deine Anstalt, lieber Bunsen, hat mich um und um gewendet, und Du weißt es selbst, daß ich zu denen gehöre, die in Deiner Behandlung der Jugend einen großen Fortschritt sehen; aber mit der pädagogischen Reform kannst Du auch die geringste künstlerische Studie nicht verwerfen; und wenn Ihr beide mir im Ernst aus dieser Arbeit einen sittlichen Vorwurf macht, so erreicht Ihr weiter nichts, als die Zerstörung unsers bisherigen Verhältnisses.""

„Was nicht halten kann, muß brechen", rief Willer, „unsre Wege gehn hier auseinander. Ja, wir betrachten Dich als einen Abtrünnigen, der sich der leichtsinnigen Schönthuerei hingiebt, und unsre heilige Sache mit dem Rücken ansieht."

Ich stand auf, nahm meinen Hut, gab meiner Frau einen Wink, und wollte gehn. Nun legte sich die Frau Bunsen in's Mittel und meinte: „wir hätten das wohl auch unter uns ausmachen können, ohne die Frau Ruge damit zu verletzen."

Darauf erwiderte Louise: „Sie verstehe den Streit

noch immer nicht genug, um dadurch verletzt zu werden, sei vielmehr von einer Rede zur andern immer begieriger geworden, der Sache auf den Grund zu kommen, und zu entdecken, was ich denn eigentlich verbrochen hätte, und um ihretwillen möchten wir uns gegenseitig nicht schonen, sondern nur tapfer fortfahren."

Ich behielt indessen meinen Hut in der Hand und sagte: Ich reise morgen nach Heidelberg, habt Ihr was zu bestellen?

„Ei ja", fiel Bunsen ein, „da nimm doch dem Gustav (dies war sein Bruder, der in Heidelberg studirte) seinen Wechsel mit; ich wollte ihn gerade auf die Post thun."

Er holte mir das Geld, wir sagten ihm Lebewohl, und gingen nach Hause.

3. Unterwegs sagte Louise: „Das sind merkwürdige Leute und die Frau ist fast eben so fanatisch, als die Männer, nur daß sie mir auch schon Göthe gelobt hatte, ungefähr so, wie nachher ihr Ehegemahl. Ich würde nicht gerade wünschen, wenn ich Kinder zu erziehen hätte, daß sie solche Früchte würden, als Deine alten Freunde da, die Dich eben zur

Thür hinausgeworfen haben, weil Du ein Griechisches Trauerspiel ins Deutsche übersetzt."

„Du siehst aber", sagte ich, „wie menschlich und vernünftig sie mit den Knaben umgehn, und nicht bloß einmal, oder etwa weil wir dabei waren, sondern das ist immer so. Es ist aber eigen mit den Schulmeistern; die Zucht auszuüben, juckt's ihnen in den Fingern; nun haben diese da sich derselben gegen die Buben freiwillig begeben; dafür müssen denn die Alten herhalten, die ihnen gelegentlich in's Netz laufen, die Jungen erziehn sie auf die neue Art, mich wollten sie nach der alten erziehn. So that auch die Burschenschaft Asverus wegen der Hegelschen Philosophie in Verruf; während sie die ganze Welt befreien wollte, hatte sie, wie der Papst, eine Liste verbotner Bücher. Nun ist es freilich kaum zu begreifen, wie diese Leute mich wegen meiner Uebersetzung eines Griechischen Trauerspiels in Verruf thun können; aber sie haben es gethan, wenigstens keinen andern Grund angegeben. Es nützt mir nun auch nichts, wenn ich ihnen etwa nicht böse bin, und nach wie vor ihre Verdienste anerkenne; das Gericht ist einmal ergangen, ihr Urtheil gesprochen und Du bist sicher, sie bleiben dabei. Aber ist es nicht eine höchst

anziehende Erscheinung? So gute Menschen, die sich
in eine solche Bosheit hineinphantasiren und ihre
größten Verehrer und aufrichtigsten Freunde zur Thür
hinauswerfen, während sie wahrlich keinen Ueberfluß
an Freunden haben!""

„Ich verstehe jetzt die Puritaner, die Walter
Scott schildert; der ganze Auftritt ist mir äußerst
lehrreich gewesen. Aber bist Du denn nur früher
auch so unvernünftig gewesen?"

Ich klärte sie über meine Stellung in der Partei auf und schlug dann vor, auf die Post zu gehn,
wo wir Hallische Briefe zu finden hofften.

Wir fanden auch wirklich einen von ihrer Mutter, oder vielmehr Stiefmutter, der Frau Professorin
Düffer, mit der wir uns so oft schrieben, als es nur
thunlich war, und eingeschlossen an mich einen Brief
von Willer, der am Tage unsrer Abfahrt angekommen war, und in dem er mir aus denselben Gründen, die wir schon gehört haben, die Freundschaft
aufsagte, und sich unterzeichnete: „Dein Dich vielleicht nicht mehr kennender Willer."

Als wir nun diesen Morgen bei Bunsens zum
Besuch erschienen, wußten Willer und Bunsen nicht,
daß mich der Absagebrief verfehlt hatte. Ich ver-

muthe daher, sie wollten abwarten, ob ich im Verlauf des Besuchs Reue und Besserung zeigen, oder bei meiner Ketzerei beharren werde. Die Frage nach dem Oedipus gab dann das Zeichen zum Angriff, weil den Beweis meiner Verhärtung in der unnützen Schriftstellereitelkeit.

4. Auch Emil Schwarz war hier. Wir entdeckten seinen Aufenthalt und wurden von seinem Juden, bei dem er Hauslehrer war, auf ein hübsches Landhaus eingeladen.

„Siehst Du, Jüngling", sagte Schwarz, „ich bin hier bei dem Nabob Hauslehrer, aber ich trage immer noch meine leinenen Hosen!" und dabei schlug er sich stolz auf die leinene Turnerlende.

Es lag darin ein Vorwurf für mich wegen meiner Abtrünnigkeit von dem Schnitt und Stoff, den Rock und Hose im neuen Jerusalem haben sollten, aber weiter trieb mein liebenswürdiger alter Freund seine Verketzerung nicht; er überließ mich der Trachtenqual meines Gewissens. Ich glaube, Emil Schwarz hat mit der Beharrlichkeit bei der Turnhose selbst Roßlieb Wackernagel übertroffen. Doch ist dies eine bloße Vermuthung, da ich Roßlieb lange nicht gesehn habe. Emil Schwarz kam aber noch 1846 nach

Zürich in der vorgeschriebenen Tracht, und als ich eines Abends am Schreibtische saß, erscholl vom Zeltwege herauf der Ruf: „Jüngling! Jüngling"! und obgleich ich ihn seit 1832 in Frankfurt nicht wieder gesprochen, erkannte ich ihn doch sogleich an der Stimme und rief ihm zur Antwort: Was Teufel, Schwarz, wo kommst denn Du her? und lief an's Fenster. Er hatte sich den Spaß mit meiner Frau verabredet, die er beim alten Hofrath Oken getroffen, und kam sehr vergnügt zu mir herauf, mit den Worten: „Ja wohl, da bin ich wieder, und immer noch der Alte, denn siehst Du, ich trage noch immer meine leinenen Hosen!" und dabei schlug er sich wie damals in Frankfurt auf seine treue Lende. Ich hoffe, er trägt sie noch, während ich in der Englischen Kleidertyrannei seufze, die bei aller scheinbaren Willkür ein wahrer Terrorismus der Schicklichkeit ist.

5. Heidelberg bereitete uns durch Gustav Bunsen eine vermehrte und verbesserte Auflage von Frankfurt. Dies sah ich vorher, und wollte es vermeiden. Ich machte mich auf, um ihn auf seiner Stube zu treffen, und fand auch die Wohnung meines jungen Freundes, den ich von früherher ebenfalls kannte. Unglücklicher Weise war er nicht zu Hause, und ich

mußte doch das Geld abliefern. Ich lud ihn also auf den folgenden Morgen zum Frühstück zu mir ein in einem Zettel, worin ich sagte, ich habe ihm etwas von seinem Bruder Georg zu übergeben.

Er kam pünktlich. Als er in die eine Thür trat, erschien Louise in der andern, um den Auftritt, den sie erwartete, ja nicht zu versäumen. Ich machte die beiden Eintretenden mit einander bekannt, gab Gustav Bunsen das Geld und lud ihn nun ein, sich zum Frühstückstisch niederzulassen.

Gustav Bunsen, in Turnhose und Frack, einen Dolch in der Brusttasche, wies meine Einladung mürrisch zurück: er ginge nie nüchtern aus, und es wäre ihm lieb, wenn auch ich möglichst rasch über das Frühstück hinwegkäme, und ihm dann noch einen Augenblick widmen wolle, denn er habe mir was zu sagen.

Was er mir zu sagen hatte, war mir aus seinem Aufzuge ziemlich klar, und ich erwiderte: „Vor meiner Frau brauchst Du Dich nicht zurückzuhalten, wenn Du also beim Kaffee nicht mithalten willst, so setze Dich und sprich."

Er nahm uns gegenüber Platz und begann: „Ihr wißt von der Hambacher Volksversammlung.

Die Aufregung am ganzen Rhein entlang ist groß, und auf der Hanauer Versammlung, die in einigen Tagen sein wird, können wir gewiß einen Schritt weiter kommen. Ich bin nämlich der Ansicht, daß endlich etwas geschehen muß. Kommt mit nach Hanau."'

„Die Revolution ist in den Norden von Deutschland nur theoretisch eingedrungen, und wenn der Süden jetzt noch etwas unternimmt, so wird er den ganzen Norden auf dem Halse haben. Es ist zu spät. Die Gemüther sind abgekühlt, und die Gewalt hat sich wieder festgesetzt. Hambach und Hanau sind nicht Wien und Berlin. Ich nehme Theil an der Absicht, aber sie ist gegenwärtig nicht zu erreichen. Ich werde nicht nach Hanau gehn, fahre vielmehr heut Abend nach Stuttgart."

„'Was hältst Du denn von einer Verbindung zur Leitung der Bewegung?'"

„Ich bin entschieden dagegen, eben weil wir ohne den Norden, oder gar gegen den Norden keine Bewegung durchführen können. Eine Bewegung einzuleiten, die mißlingen muß, hieße aber nur Kraft verschwenden. Verbindungen dieser Art kommen immer, wenn die offne Bewegung erlahmt, und wollen dann durch verzweifelte Anstrengung die allgemeine Spannkraft, an der es fehlt, ersetzen. Ich bin entschieden gegen einen solchen Plan."

Gustav Bunsen knöpfte seinen Frack zu und sagte: „Ich bin entschieden dafür. Der Sumpf muß aufgestört werden. Er wird es auch werden. Wenn aber in vierzehn Tagen oder höchstens vier Wochen Deutschland nicht in Revolution ist, so gehe ich nach Amerika."

„Da rath ich Dir, nicht länger zu warten, das ist ja unmöglich. Die Aufwallung ist 1830 gewesen, sie ist zurückgesunken und wird von Jahr zu Jahr nur noch mehr sinken, bis endlich aus der Ebbe wieder eine Flut wird. Dies ist das Gesetz der Geschichte. Darin muß man sich schicken; das hilft nun einmal nichts!"

„Leb wohl, Du bist aberweise geworden, leb wohl!" und damit stürzte er fort.

„Was wollte er?" fragte Louise ganz erstaunt.

„Eine Verschwörung zur Leitung irgend eines Aufstandes stiften. Das ist es wenigstens, was er sagte. Sie haben aber schon etwas vor, das sieht man wohl; was es aber sein mag, kann ich nicht sagen, das muß die Zeit lehren. Nur so viel ist gewiß, daß diese Bewegung sich verspätet hat, — wir schreiben jetzt nicht mehr 1830, sondern schon 1832, — und darum mißlingen wird. Mich dauern die braven Jungen; wahrscheinlich sind sie schon zu weit gegangen, um noch Rath anzunehmen; und die Preußen werden ihre Gefängnisse wieder bis oben hinaus vollpfropfen. Alle Welt muß darunter leiden, daß es kein Preußisches Volk, kein Preußisches Freiheits- und Ehrgefühl giebt."

„Kannst Du sie nicht überzeugen?"

„„Weder die Feinde, noch die Freunde. Du hast es ja erlebt, gestern in Frankfurt und soeben hier.""

„Nun so laß uns aufbrechen nach Italien! können wir nicht für sie leben, so können wir doch für einander leben!"

In Rom las ich dann in der Zeitung den Aufstand von Frankfurt und Gustav Bunsens Flucht nach Amerika.

Wir fuhren um 6 Uhr Abends nach Stuttgart ab.

6. Die Nacht war duftend und schön; der Weg mit Leuchtkäfern besä't. Wir fuhren bei Nacht, weil es uns bei Tage zu heiß war. In Stuttgart fand ich Röbinger und Tafel, beide verheirathet, und Louise

lernte die schwäbischen Damen kennen, wieder etwas ganz Neues für sie. In diesem Kreise lebten wir nun wieder unbefangen hin, genossen die Umgegend und sahen Dannecker's Werke, auch die in der russischen Kapelle auf einem Berge bei Stuttgart, wo der Pope mit dem Rauchfaß gegen Dannecker's Griechische Statuen und gegen die Schönheit und Bildung protestirte, womit diese Kapelle den Protestantismus heuchlerisch zu beschämen suchte. Als mir der Pfaffe sein Rauchfaß unter die Nase schwenkte, und ich in mich hineinbrummte: Welch ein Widerspruch! sagte meine schwäbische Begleiterin: „Sie habe laut denkt."

Die Kunst und die Hitze gaben uns einen Vorschmack von Italien und wir trafen noch einige Vorbereitungen auf Beides. Sehr lieb waren mir einige Briefe an Thorwaldsen und Kestner, den hannöverschen Gesandten und Sohn der Göthi'schen Lotte, an den mich auch schon Göttling empfohlen hatte.

Zögernd trennten wir uns von Stuttgart und dem freundlichen Kreise unsrer Bekannten und fuhren auf die Schweiz zu. Auf dem Wege nach Schaffhausen erlebten wir ein gefährliches Abentheuer, in dem wir buchstäblich am Rande des Abgrunds schwebten. Der Poſthalter der letzten Station ließ die Pferde vom Felde holen und entſchuldigte ſich, daß es eigentlich keine Poſt-, ſondern Ackergäule wären, aber die Thiere ſeien muthig und würden uns eben ſo raſch hineinführen, als eingefahrne Poſtgäule. Dieſer Unterſchied beunruhigte uns natürlich nicht im mindeſten. Es war aber ein größrer Uebelſtand damit verbunden, nämlich unzuverläſſiges Geſchirr. Wir fuhren indeß luſtig dahin, das Land wurde immer ſchöner und wilder, und wir waren miteinander im Geſpräch vertieft, als ich plötzlich bemerkte, daß es im Trabe einen Berg hinunterging, und daß der Wagen von dem Beipferde fortdauernd auf den Abgrund zu, der ohne alles Geländer war, hinübergezerrt wurde, weil die Hemmkette des Leimpferdes geriſſen war. Vergebens zerrte der Poſtillon zurück, der Wagen folgte dem Zuge des Beipferdes, der Sturz war unvermeidlich. Da ſprang ich an der Seite des Abhanges, wo ich gerade ſaß, hinaus; ich hatte eben noch Boden, um darauf zu fußen, und noch Zeit genug, um vor die Pferde hinzulaufen, das Pferd und die Deichſel zu ergreifen, und ſie mit aller Gewalt herumzureißen. So brachte ich den Wagen quer über den Weg und zum Halten. Der

Kutscher sprang nun auch herunter, und rief aus: Sie haben uns gerettet! es war das Einzige, was helfen konnte!

Wir banden die gerissene Hemmkette wieder fest und fuhren dann sicher hinunter. Die Gefahr war aber so rasch eingetreten und so rasch gehoben worden, daß Louise sie gar nicht entdeckt hatte und sich wunderte, als ich ihr den Vorfall erklärte.

Meine Bekanntschaft mit Pferden und Fuhrwerk von meiner Jugend her, und meine Kaltblütigkeit im entscheidenden Augenblick waren uns zu Statten gekommen und hatten uns vor einem halbgefährlichen Sturze bewahrt.

Wir eilten nach Zürich, wo ich Eduard Simon, der in Frauenfeld im Thurgau Arzt war und mir zu Liebe nach Zürich kam, und Heinrich Geßner wiedersah. Simon bereitete sich vor, zu seinen Brüdern in Cincinati am Ohio abzureisen, wie er sich ausdrückte. Ich habe nie wieder von ihm gehört. Geßner unterhielt sich sehr gut mit uns und begleitete uns über den Gotthardt bis zu den Inseln im Lago Maggiore. Als wir von Brunnen über den Vierwaldstättersee ruderten, war ein Tell mit im Schiff; aber diesmal zeigte sich der Tell als Anhänger des Vogts, und der Geßner als ein Vertheidiger der Freiheit. Natürlich rückten wir dem Tell seine Vorfahren und ihre Thaten vor, aber er hatte einen harten Kopf und ließ sich nicht werfen. Bei dem schönsten Wetter fuhren wir durch die gewaltigen Berghallen und stiegen dann von Amsteg allmälich den Berg hinauf. Die Windungen des Wegs sind auf der deutschen Seite so leicht aufsteigend, daß uns die Reisewagen von oben in vollem Trabe und ohne Hemmschuh entgegenkamen. Die Reuß stürzt unaufhörlich über Felsen, die Luft wurde kühler und schöner, wie wir uns erhoben. In Hospenthal, wo wir übernachteten, trafen wir eine Gesellschaft Engländer, die ganz Deutschland durchreist und dabei entdeckt hatten, daß man auf Alles mit „So"! antworten könne. Sonst verstanden sie kein Deutsch. Wir aßen, wie man's in der Schweiz thut, vortrefflich mit ihnen zu Abend, die Forellen waren frisch aus den Teichen des Gottharbt geholt und es fehlte nicht am sprudelnden Weine von Asti und an Erdbeeren. Als wir glaubten, der Wirth habe nun aber doch endlich seine Vorräthe erschöpft, brachte der Kellner noch eine mächtige Torte, reich verziert, und setzte sie mit einer herausfordernden Miene auf den

Tisch. Wir waren einstimmig der Ansicht, dies sei denn doch des Guten zu viel gethan; „aber", bemerkte einer der Engländer, „die Torte kommt jedesmal, wenn man nichts mehr leisten kann; ich wette, sie ist uralt, und nur ein Schaugericht, das Niemand anrührt, und das immer wieder aufgesetzt wird; wir wollen sie doch einmal anschneiden!"

Gesagt, gethan; und eine Wolke grünen Schimmels stäubte aus dem Innern der glänzenden Torte hervor. Unter lautem Gelächter wurde die Tafel aufgehoben. Der Wirth hatte zu seinem Schrecken den Auftritt mit angesehen, und „rachebrütend ging er trutziglich von bannen". Dies wurden wir des Morgens an der Rechnung gewahr. Geßner meinte, das liefe wider die Ehre der Schweiz und sprach mit dem Manne im Dialect. „Was", rief dieser aus, „Ihr seid keine Engländer, sondern Schwyzer? Nun, da will ich's Euch wegstreichen und den Andern aufsetzen, die mir ohnehin die Staats-Torte angeschnitten haben."

7. Als wir auf die Höhe des Berges kamen, fanden wir noch Schnee im Wege und konnten uns mitten im Juni schneeballen. All die Wunder des Berges, die Fluten der Reuß, die uns gestern ent-

gegengestürzt, ihr jäher Sturz unter der Teufels=
brücke, das stille Urfernthal, die Gletscher des alten
Flußvaters, an deren Fuß wir vorübergefahren, und
nun der viel jähere Absturz des Teissin nach Italien
hinunter, regten uns auf. Dies war für uns alle
der erste mächtige Eindruck. Der Weg wurde hier
nun halsgefährlich. Die Lawinen hatten alle Gelän=
der in die Abgründe hinabgeschlagen, und manchmal
die Hälfte des Weges mitgenommen. Die ganze süd=
liche Bergseite wimmelte von Arbeitern, die beschäf=
tigt waren, den verwüsteten Weg wieder herzustel=
len, — lauter braune Gesichter mit schwarzen Ita=
lieneraugen! Als der Anblick des Weges gar zu schwin=
delerregend und uns die Lust an dem Einen großen
Wassersturz des Flusses durch das Gefühl der Furcht
vergällt wurde, stiegen wir aus und gingen neben
dem Wagen her, um nicht etwa unversehns in den
wilden Teissin hinabzufahren. Airolo hieß das erste
Italienische Oertchen, und: Si paga! d. h. „hier
zahlt man", die erste Italienische Inschrift, die wir
lasen.

„Nun, da sind wir in Italien! und ich habe
mein Wort gelöst", rief ich Louisen zu. Es ging
nun rasch den Berg hinunter, die glänzenden Schnee=

berge waren alle verschwunden, aber auch die schwarzen Föhren und Fichten, und dafür hing die Wand dieses südlichen Abhangs voll zahmer Kastanien und duftender Nußbäume. Mit einem Schlage hatte die ganze Natur sich zu einem blühenden warmen Garten umgestaltet. Mit allen Sinnen erwacht hier die Seele zu einem höhern Leben, und mit vollem Vertrauen giebt der Mensch sich den milden Elementen hin.

„Hier können wir nun aufthauen und die letzte dumpfe Gefängnißluft loswerden, Heinrich! Welch ein menschlicher freundlicher Eingang in das Mutterland unsrer Kultur und das altrepublikanische Vorbild für den trägen Norden!" sagte ich zu Geßner.

In Magadino schifften wir uns ein; es war das erste Dampfboot, das ich sah; und mit ehrfurchtsvoller Neugierde folgte ich dem geheimnißvollen Wühlen der Maschine und dem muthigen Brausen der Räder, als der Kapitain sein: avanti! in den Schiffsraum hinunterrief. Eine langgehegte Sehnsucht nach diesem Wunderwerk der neuen Welt und nach dem Lande der alten Römer ging wie ein Zauber mit Eins in Erfüllung. Der Tag war glänzend, der Himmel unbewölkt, der See sein mächtiger blauer Spiegel. Aber das Boot flog rasch hindurch, und nur zu bald hatten wir Isola bella erreicht und verloren unsern lieben Gesellschafter, der im leichten Boot, auf den Wellen des Dämpfers schwankend, zurückblieb. —

5.

Die Alpen und Mailand.

1. Mit der Trennung von Heinrich Geßner nahmen wir von Deutschland und von dem hohen kühlen Alpenlande Abschied.

„Dort fährt er hin, jetzt landet er auf Isola bella, und wir sind allein unter Italienern und auf einem ihrer schönsten Seen. Ein eignes Gefühl der Verlassenheit, aber auch zugleich der Befriedigung, wandelt mich an, jetzt bin ich, und jetzt zum erstenmal, ganz in Italien!" rief Louise.

„„Das könnte man noch bestreiten"", erwiderte ich, „„denn dies mächtige Wasserbecken, in dem sich der Tessin zum großen See sammelt, füllt der alte ehrwürdige deutsche Gotthardt aus seinen unerschöpflichen Gletschern. Hier hat er eine seiner Abklärungsschalen, wenn nicht die schönste, doch die südlichste und mildeste. Aus seinem Eisesvorrath gießt er die kalte Gletschermilch nach allen vier Himmelsgegenden in die wunderbarsten Alpenseen aus, die es giebt, unsern Lago Maggiore im Südosten, den Vierwaldstädtersee, die Ausweitung der Reuß, im Westen, den Bodensee im Norden und den Genfersee im Südwesten. Hier fehlt uns nun der Anblick der großen Alpennatur, wir sehen kein Schneegebirg diese liebliche Landschaft erleuchten, wie wir's bei den drei andern Seen gewohnt sind. Der Gegensatz der Eisesgipfel und der südlich milden Landschaft giebt dem Genfersee eine hinreißende Schönheit; die mächtige Ausbreitung seines Beckens und die meerartige Macht der Wassermasse zeichnet den Bodensee aus; der Vierwaldstädtersee zeigt uns in nächster Nähe die wirkende Werkstatt der Natur, die Gletscher des Urirothstocks liegen auf seinen gewaltigen Felsenufern auf, und diese selbst, die Felsen, welche sich unmittelbar aus dem Wasser erheben, erscheinen an vielen Stellen, als hätten sie sich erst gestern aus dem Busen der Erde hinaufgerungen, in ihren Schichten gebrochen und verbogen; unser See hier, die Ausweitung des südlich feurigen Tessins, ist zwar schon ganz und gar im Charakter des milden Italiens; aber immer sind wir doch noch auf der klaren Alpenfluth des Gotthardt."

Der Abstich von dem Alpenlande, das wir soeben verlassen hatten, wurde immer fühlbarer, und in Sesto Calende, dem Landungsplatz in der Lombardei, hatten wir den Anfang dieser fruchtbaren Ebene, das blutgedüngte Schlachtfeld der französischen Revolution und der Oestreichischen Contrerevolution erreicht.

2. Ich war neugierig, wie ich mit meinem Italienisch fahren würde. Es ging zuerst leicht genug. Denn als wir uns mit unsrer Kalesche ausgeschifft hatten, erschien der Posthalter und fragte: cavalli, Signore? und ich hatte nur zu erwidern: Si, Signore, per Milano. Das konnte nun freilich jeder leisten, sowohl im Verstehen, als im Antworten, und Louise stach dies auch sogleich auf. Später fand ich aber, daß mir zwar das Verstehen nicht schwer wurde, wohl aber das Antworten.

Es war eine prächtige Hitze, und ein wolkenloser Himmel, der Staub lag schuhtief auf dem weißen Fahrweg; ich fürchtete, er möchte uns sehr lästig werden, aber unsre rasche Fahrt ließ seine Wolke weit zurück. Der Postillon, ein kecker Jüngling, blieb im Steigbügel stehen, grüßte in den Wagen, knallte mit der Peitsche und fuhr wohl hundert Schritte so stehend im Galopp davon; dann schwang er sich erst in den Sattel, und nun gings immer so fort, daß ein kühler Zug uns um die Schläfe sauste, und die Mais- und Reisfelder, die uns zu beiden Seiten die Aussicht versperrten, im Fluge an uns vorübertanzten. Die schwarzen, runden, nicht sehr großen Italienischen Pferde sind gutartig, und doch munter und feurig, ein wesentlich andrer Schlag als die großen Rosse Steyermarks und die trägeren Schweizerpferde. Es war ein Genuß, durch diese rasche Bewegung und ihre kühle Zugluft die mächtige italienische Sonne erträglich zu machen, und sie doch unumwölkt zu sehn. Dabei setzte sich eine Cicade auf den leeren Vordersitz und sang uns das erste ächt italienische Lied vor, uns eine ganz neue, wenn auch noch so berühmte Sängerin. Es war ein großer Gewinn, daß der Postillon ihr den Bock frei gelassen hatte, und vom Pferde fuhr. Dies thaten auch alle seine Nachfolger, und ließen uns so die Aussicht viel freier. Auch hatten sie eine Lust am Galopp, der sich am bequemsten reitet und die beste Kühlung erzeugt. Oft waren die Oertchen zum Umspannen so dicht bei einander, daß sie's in einem einzigen Ansatz abmachten. So etwas hatte ich in dem trägen Deutschland nie erlebt; und in der Schweiz vollends, wo es keine Posten gab, und nur

Miethkutscher ihre Pferde herliehen, war die Reise meist im Schritt und höchst bedächtig vor sich gegangen. Jetzt entstand die Frage, ob unsre hölzernen Achsen, denn so weit waren wir mit unserm Wägelchen noch in der Cultur zurück, nicht anbrennen würden. Als wir ankamen, stieg ich aus, machte den muthigen Jüngling mit dem Zuschuß eines Zwanzigers glücklich, und untersuchte dann sorgfältig unsre Räder, die schon durch den Geruch verriethen, daß sie nach Kühlung lechzten. Ich ließ sie nun bei jedem Anhaltepunkt begießen, worauf die Leute auch schon vorbereitet waren. Auf diese Weise ging es weiter. Ein andrer Jüngling schwang sich in den Sattel und eine andre Galoppade begann. Merkwürdiger Weise rechnete mir dieser nun am Ende der Fahrt die Summe vor, die sein Vorgänger mit Einschluß der zugeschossenen Lira zum Trinkgeld, „per la bona mano" erhalten hatte, und als ich sie ihm gab, verlangte er nun erst noch etwas pella bona mano für sich. Ich ging auf den Witz ein und fand, was ich erwartet hatte, daß jeder immer wieder den Satz seines Vorgängers als Zahlung und dann noch einen Zwanziger dazu verlangte. Sie lächelten jedesmal höchst befriedigt, wenn der Spaß gelang, und ich wollte sie nicht in ihrer Erwartung täuschen, da es nicht der Mühe werth war, und bis Mailand höchstens ein paar Thaler Unterschied machte. Der letzte aber meinte: Una Lira per entrare la città di Milano! und ich gab ihm erschrocken über meine Filzigkeit noch zwei dazu, obgleich er ohnehin schon durch den Spaß der Steigerung mehrere Zwanziger zuviel erhalten hatte.

Ich hatte nun aber ein für allemal ihr Verfahren studirt. Sie hielten wie treue Brüder zusammen, sagten sich immer einander Bescheid und oft hörte ich, daß der Abgehende mich dem Folgenden als einen liebenswürdigen Kunden empfahl; auch fand ich, daß sie einem Scherz sehr zugänglich waren, und als ich erst die Sprache so weit in meiner Gewalt hatte, um ihnen damit aufwarten zu können, vertrugen wir uns noch besser, obgleich ich das System der Steigerung auf längere Fahrten nicht hätte aushalten können, und auch leicht abstellte. Ich brauchte nur zu sagen: Dem Vorigen hätt' ich grab eben so viel gegeben, so waren sie zufrieden.

Hier will ich nur gleich bemerken, daß ich kein gutherzigeres und gefügigeres Volk kenne, als die Italiener, die Wirthe und die Kutscher gar nicht ausgenommen, daß ich ein ganzes Jahr lang immer mit ihnen auf dem freundschaftlichsten Fuße gestanden und mich fast nie mit ihnen überworfen habe. Wer sie freundlich behandelt und vernünftig mit ihnen redet, ist ganz sicher, ebenso von ihnen behandelt zu werden; und die vielen Klagen über die Italiener haben alle ihren Grund in der Ungeschicklichkeit und Unliebenswürdigkeit der Klagenden. Der Italiener hat vielleicht noch mehr Humor und Biederkeit als der Franzose, und ist durchschnittlich ebenso gesetzt und bedächtig als der Deutsche. Dies zeigt unter andern der Ausdruck, den man so häufig hört, wenn Einer hitzig wird: pazienza, signore, ci vuole pazienza! Dabei sind sie zutraulich und liebenswürdig. Ein alter Arzt, der uns später in Rom das Fieber vertrieb, nannte meine Frau immer: mia figlia und mich: caro mio dottore, und das gleich von Anfang an. Künstler und Andre, die länger im Lande bleiben, wissen dies auch so gut, daß sie sich vollständig zu Hause fühlen; und man muß sich über das Vorurtheil gegen die Italiener, das so oft ausgesprochen wird, um so mehr wundern, da doch die flüchtigen Reisenden, die dann natürlich ihre Reise beschreiben wollen, manche von ihren ansäffigen Landsleuten gesehen und gesprochen haben müssen.

3. Gewinnt man nun vom Durchfahren der großen Maisfelder keine Aussicht auf sie, so gewinnt man diese desto vollständiger von dem Mailänder Marmordom herab. Die unendliche fruchtbare Ebene bietet aber wenig landschaftliche Abwechslung. Man hat sich daher mehr an die Landhäuser und Bauwerke zu halten, die darin auftauchen. Ich erinnre mich nicht mehr, wie sich die ferne Abgrenzung dieser Ebne, die Alpen, zu dem Bilde verhalten, nicht einmal, ob sie noch sichtbar sind; auch der Anblick der Ebne prägt sich nur als etwas Unbestimmtes und Gleichförmiges ein. Selbst die Kuppeln, die weiterhin so angenehm in's Auge fallen, fehlen hier noch, und der mächtige Dom machte mehr den Eindruck einer endlosen Mannigfaltigkeit, als eines großen Ganzen, da man ihn wenigstens damals nirgends aus der richtigen Ferne betrachten konnte. So stimmt er aber freilich zu dem Lande, in dem er sich erhebt.

Bei unserm deutschen Wirthe in Mailand saßen wir mit östreichischen Offizieren zu Tische. Ein alter Herr unter ihnen, mit dem wir bald vertraut wurden, nahm ohne Weiteres an, Louise sei meine Schwester, und wollte sich's durchaus nicht ausreden lassen, die Aehnlichkeit bewiese es ja; was ich für eine große Schmeichelei nahm.

Wir saßen der Gartenthür gegenüber. Diese öffnete sich beim Nachtisch, und eine Truppe von Schauspielern führte mit lebhafter Darstellung und vielem Feuer ein kleines Singspiel auf. Hierin fand ich einen großen Fortschritt in der Kultur, und es behagte uns beiden sehr. Mein grauröckiger Nachbar bemerkte aber: „Was für Narren und Hanswürste, uns solche Grimassen vorzumachen!"

Die Oestreicher sind grade die letzten unter den Deutschen, die sich zu den Italienern passen. Je weiter sie in der Kultur zurück und von dem freien Geiste des Nordens entfernt sind, was man, außer ihrem Katholicismus und ihrer Politik am besten an ihren Litteraturproducten (Redwitz, Hackländer, oder gar den sogenannten Philosophen) sehen kann, desto entschiedner sind sie den Italienern gegenüber nur Barbaren; und wenn man beide Nationen so neben einander sah, und die Gesichts- und Körperbildung mit in Anschlag brachte, konnte man nicht umhin, sich lebhaft auf die Seite des edleren und unterdrückten Volkes zu schlagen. Man mußte sich nothwendig sagen: sollte dieses edle Volk einem solchen Gemisch von Häßlichkeit, Knechtssinn und Aberglauben für immer unterworfen bleiben?

Der Gegensatz beider Völker wiederholt sich für das Auge jedes Einsichtigen auf dem Triumphbogen vor dem Thore, das von der Simplonstraße gerade auf den Dom losführen und durch den Abbruch der Häuser, die jetzt im Wege standen, ihm eine bessere Stellung geben sollte, aber durch Napoleons Sturz in der bloßen Anlage stecken geblieben war, wie so manches andre Bauunternehmen in Italien. Auf diesem Triumphbogen sieht man zuerst Bonaparte siegreich zu Roß in Auftritten aus seinen denkwürdigen italienischen Feldzügen, und in Marmor nimmt sich sein Italienergesicht ganz gut aus, besonders da er noch als jugendlicher Freiheitsheld dargestellt ist; das letzte Feld nimmt aber dann die siegreiche heilige Allianz ein, der Russe, der Preuße und der Oestreicher, drei so abschreckende Gestalten, als man sie zum Gegensatz gegen den Korsen, und um diesen zu heben, nur hätte ausdenken können. Dies Bild fragt den, der davor steht: Denkst du, dies geistlose häßliche Geschlecht werde über den Aufschwung und die Schönheit der französisch-italienischen Revolution, wie

sie auf den übrigen Feldern dargestellt ist, endgültig
siegen und Europa unter seine plumpen Füße treten?

Es wäre viel weiser gewesen, wenn die Oestreicher
den Triumphbogen und das Thor nach der ersten
Anlage ruhig fertig gemacht und den von den Rache=
geistern aller Völker besiegten Napoleon, etwa wie in
dem Bilde von Fontainebleau, und nicht seine un=
bedeutenden scheinbaren Gegner auf das leergebliebne
Feld eingegraben hätten. Nahmen sie sich schon
damals nicht vortheilhaft aus, so spielen sie jetzt
vollends eine kläglich Rolle in Mailand, und die
Italiener können sie getrost oben lassen.

6.
Genua und Spezzia.

1. Damals war Piemont in den Händen der
Oestreichischen, also der politisch und religiös rück=
läufigen Partei. Man sprach in Mailand verächtlich
von Piemont. Es sei eine Bettelwirthschaft. Die
Zoll= und Paßbeamten seien ebenso käuflich, als
quälerisch; überall, sagte mir ein Mailänder, werden
sie Ihnen in den Weg treten, aber nur, um die Hand
nach einer kleinen Silbermünze auszustrecken; ver=

sorgen Sie sich nur reichlich damit, drücken Sie jedem, der Sie aufhalten will, eine in die Hand, und Sie werden durch die Reihen dieser geputzten Bettler ruhig hindurchfahren.

Und dies war wirklich meine Erfahrung, als ich über Pavia und Tortona nach Genua fuhr. Ohne den Rath des Mailänders hätte ich sie nicht zu machen gewagt. Wie hat sich seit 1832 der Geist dieses Volkes und damit seine Stellung in der Welt gehoben!

Die reiche Gebirgsgegend wird kurz vor Genua öde; man fährt über ein braunes kleinförniges Gerölle. Wo man auf die Höhe gelangt, von der man das Meer zum ersten Mal erblickt, hat das Land allen Reiz verloren; ebenso öde und baumlos ist auch der höchste Gebirgskamm, der wie der Rand einer halbdurchgeschnittnen, nur gegen das Meer geöffneten Schüssel, Genua überragt. Von der Stadt sahen wir hier noch nichts, aber das Meer, das schöne, dunkelblaue, fernhin klare Meer, machte einen bezaubernden Eindruck, besonders auf meine Begleiterin, die es noch nie gesehen hatte. Segel- und Dampfschiffe kamen zur Linken aus dem Hafen hervor, der uns noch versteckt war, und ein ferner Dampfer mit seiner eignen langgezognen Wolke war auch mir ein neuer Anblick. Die Fahrt ging immer bergab bis an's Meer hinan, wo wir links in eine Straße einbogen, die am Ufer entlang läuft und von Nizza herkommt. Plötzlich fanden wir uns vor einem engen Eingange zwischen Berg und Wasser; wir fuhren hindurch und mit Einemmale that sich die herrliche Muschel von Genua vor uns auf mit all ihrem innern Leben, dem Hafen voller Schiffe und der Stadt, die um das Becken des Hafens herumgebogen und am Berge hinaufgedrängt sich vor uns ausbreitete. Eine zierliche Brücke hatten wir über uns, die den Garten am Berge mit der Villa Doria verbindet, deren weite Marmorterrasse an das schöne Wasserbecken des Hafens hinanreicht.

So geräumig der Hafen, so eingeengt ist diese merkwürdige, und bei aller Enge ihrer Gäßchen, von denen nur ein einziges damals fahrbar war, glänzende und großartige Stadt. Die Paläste am Berge hinauf, namentlich der Palazzo Durazzo, den der König von Sardinien mit allen Gemälden darin gekauft, übertreffen Alles, was man sich an Bequemlichkeit, Glanz, Kunst und großartiger Aussicht nur vorstellen kann. Von dem Balkon des Palastes Durazzo sieht man über Stadt, Schiffe und Hafen weit ins Meer hinaus.

Als wir bis zur Mitte des Hafens in die Stadt hineingefahren waren, hielt der Postillon vor einem langen Gebäude an. Hier wurde der Wagen untergebracht und wir hatten uns den Gasthof delle quattro nationi zu Fuß zu suchen. Dies war ein uraltes Gebäude von bedeutender Ausdehnung mit kühlen Gängen im Innern; und wir erlangten ein Zimmer auf den Hafen hinaus; vor diesem war eine Art Marktplatz, auf dem die prächtigsten Früchte, namentlich Pfirsiche und Feigen, und kühlende Getränke, aqua in neve, mit lautem Ausruf angeboten wurden.

2. Die Gasttafel war zu dem Preise von 5 Franken immer voll besetzt. Diese Genueser mußten also doch nicht so arm sein, als man uns in Mailand versichert hatte. Wein konnte man trinken, so viel man wollte. Aeußerst lehrreich war mir das Verfahren meines Nachbars, eines großen starken Mannes, der ein gründlicher Kenner aller Speisen und Getränke, und ein wahrer Eßkünstler war. Die Küche mußte gut sein, denn er billigte fast alle Gerichte durch die That. Auch der Tischwein hatte seinen Beifall. Er

trank jedesmal seine eigne Flasche schnell aus, und half mir dann bei der meinigen. Die Früchte beim Nachtisch aß er mit einer Geschicklichkeit, die ich vergebens zu erlernen suchte. Feigen wurden beim Stiel ergriffen und mit dem ersten Schnitt zur einen Hälfte, mit dem zweiten zur andern geschält. Bei jedem Schnitt blieb die Hälfte auf dem Messer liegen und wanderte dann sogleich ihres Weges in den Mund des geschickten und wohlgediehenen Mannes. Die großen rothwangigen Pfirsiche entkleidete er mit einer einzigen Drehung zwischen den Händen ihrer Wolle, sie wurden ganz glatt; dann umwanderte er mit raschen Schnitten den Kern, der mit seiner rothen, etwas bittern Hülle beim letzten Schnitt auf den Teller fiel.

Meine Frau hatte eine ebenso unterhaltende Nachbarschaft, eine Schweizerin, stark und nicht mehr ganz jung. Sie reiste nicht nur auf ihre eigne Hand, sondern badete auch nach eigner Erfindung vor dem Molo. Die Schiffer hatten nämlich Badeboote, von denen man kleine Treppen ins Wasser hinunterließ für Schwimmer, die vor den Hafen hinausfuhren und dort badeten. So wie man den Molo vorbeiruderte und ins offne Meer hinausgelangte, gingen die Wogen hoch, und es war nicht mehr Jedermanns Sache, dort zu baden, während man diesseits des Molo im Hafen ruhiges Wasser hatte. Dies hatte unsre Schweizerin gereizt, und sie erzählte meiner Frau bei Tische, sie babe immer vor dem Molo im freien Meer und im tiefen Wasser; es sei gar zu schön.

„Aber wie machen Sie das?"

„„Ganz einfach; ich nehme mir ein Boot und fahre hinaus, der Mann läßt die Treppe ins Wasser, wenn ich fertig bin, thut mir einen Gurt um, und hat eine Leine, mit der er mich hält, daß ich nicht untersinke.""

„Aber der Mann — —"

„„O, der darf nicht hinsehn, das ist ausgemacht.""

„Ah so!"

Wir waren nicht so ehrgeizig, badeten im Hafen, wo Badeschiffe lagen mit Verschlägen für die Damen und zum Schwimmen im offnen Wasser für die Männer, und fanden, daß es auch so noch immer natürlich genug zuging. Das Wasser war immer voll Schwimmer aller Arten, die auf die Schiffe stiegen, und sich dann kopfüber wieder hineinstürzten. Die Genuesische Salzflut ist aber sehr verschieden von unserm nordischen Seewasser, so sehr mit Salz geschwängert, daß sie beim Schwimmen viel besser trägt, aber auch in Nase, Mund und Augen empfindlich beißt, wenn man untertaucht.

3. Wunderbar schöne Segelfahrten nach Gärten und Villen in der Umgegend, wo wir zuerst in Lorbeer- und Myrthengängen umherwanderten, ergötzten uns, eine davon brachte uns aber plötzlich einmal in die Schußlinie der Artillerie, die sich gar nicht an uns kehrte und ihre Kugeln lustig um uns herumtanzen ließ, wobei unsre Schiffer ganz gelassen versicherten, sie verstünden's, es habe nichts zu sagen, sie würden uns nicht treffen.

Schon ehe wir von Halle abgereist waren, hatten die Skorpionen eine große Rolle in den Gesprächen über die Reise gespielt. Professor Meckel, der Anatom, brachte uns drei ganze Schüsseln voll dieses schuppigen Gewürms in Spiritus, als wir einmal bei ihm eingeladen waren, und suchte uns auch die Art vor, deren Bekanntschaft wir in Italien machen würden; aber der Zufall wollte es, daß wir in dem ganzen Jahr unsers Aufenthalts in Italien nur einen einzigen, und zwar in einer Fensterritze unsers jetzigen Zimmers zu Gesicht bekamen. Dieser wurde nun natürlich mit großer Aufmerksamkeit erst beobachtet, dann auf die Scheere gespießt und so verwundet aus dem Zimmer verbannt.

Wir machten hier bedeutende Fortschritte im Italienischen, denn wir besuchten täglich die Kaffeehäuser, das Theater im Freien, teatro al giorno, und Abends den schönen Erholungsplatz der Genueser Acqua sola, wo man leicht mit seinem Nachbar auf der Bank ins Gespräch kam, und wo der Mond die Nächte so hell beleuchtete, daß ich öfters unwillkürlich den Schatten der Bäume suchte, als wäre es gegen die Sonne.

Die Kunstschätze der Paläste, die jedermann zugänglich sind, die Regsamkeit der Schifffahrt, die wir täglich vor Augen hatten, die schöne Fregatte im Hafen, die wir besuchten, dazu das ganze Leben und der Glanz dieser ehemaligen freien Seekönigin, gaben uns denn doch einen andern Begriff von dem Reichthum und den Hülfsmitteln Sardiniens, als die Oestreicher in Mailand uns beizubringen gesucht.

4. Mit Bedauern verließen wir diese einzige Stadt, wo wir in wenigen Wochen ganz heimisch geworden, und fuhren auf der damals neuen Straße am Meere hin, — sie führt hart über dem Wasser

oft in einer bedeutenden Höhe und durch ausgehauene Felsenthore hindurch, — bei hellem Mondschein nach Spezzia. Eine märchenhaft schöne Fahrt! Als der Weg das Meeresufer verließ, führte er uns in ein mildes, reich mit Fruchtbäumen besetztes Gebirgsland. Die Nacht war kühler als der Tag, aber immer noch warm genug, so warm, daß meine Frau sich über die Hitze beklagte, ihren leichten Sommermantel abwarf und sich rücksichtslos von der fächelnden Zugluft abkühlen ließ. Ich hielt dies für gefährlich, so angenehm es sein möchte, richtete aber mit meinen Vorstellungen nichts aus, und wirklich glaubte ich später, in dieser Abkühlung den Anfang ihres Brustleidens, das ihr später den Tod brachte, zu entdecken. Am andern Tage war sie so heiser, daß sie kaum sprechen konnte. Für den Augenblick freilich und in der That während der ganzen Reise in Italien blieb ihr Brustleiden nur eine geringfügige Beschwerde, wie man sie gewöhnlich gar nicht weiter beachtet. Die Reise hatte dem aber vorbeugen sollen, was sie nun grade herbeigeführt zu haben schien.

Die Bai von Spezzia, viel mächtiger als der Hafen von Genua, dennoch nur ein Hafen in großer Anlage, damals aber noch ohne Kriegsschiffe, ist von schönen, erhöhten Ufern umschlossen. Als wir sie mit frischem Segelwinde durchfuhren, folgte ein großer brauner Delphin unserm Boote und tauchte unermüdlich im Fahrwasser auf und nieder, bald fern, bald näher, als spiele er haschen mit unserm Boot. Sein Auf- und Niedersteigen im Wasser war wie das Bäumen eines großen braunen Rosses, er verließ uns nicht. Als wir mitten auf dem Wasser anhielten, um unser Boot auf einem mächtigen warmen Quell süßen Wassers wiegen zu lassen, der hier mitten in der See aus der Tiefe hervorsprudelt und wie ein riesengroßer Rosenkelch überwallt, kreiste das zutrauliche Thier um uns herum; es verließ uns erst am Ufer.

Hatte ich mich noch in der Schweiz gegen Natur und geschichtliche Erinnerungen etwas stumpf gefühlt, so belebte nun Italien den Sinn für Beides wieder. Ich war mit der Absicht hergekommen, vor allen Dingen die Kunstwerke, die man nirgends in solcher Vollendung und in solcher Menge findet, zu studiren. Altenstein hatte mir dazu eine Empfehlung an Bunsen in Rom mitgegeben; aber sehr bald fand ich die ganze Natur, das Volk und seine Einrichtung in dieser herrlichen Welt von einem Hauche der Schönheit geadelt und von einem aufstrebenden Geiste beseelt, den ich lieben und verehren lernte, und der sich in unsern Tagen so rühmlich bewährt hat.

Die Marmorbrüche von Massa und Carrara, diese unerschöpfliche Quelle so vieler Wunderwerke der Baukunst und der Bildhauerei, die fruchtbaren Ebenen von Lucca sahen wir im Fluge. In Pisa am Arno hielten wir uns auf. Jeder besucht dort den Campo santo. Hier fanden wir das erste Bildwerk von Thorwaldsen und wurden unter den Fresken auf einen Mönch aufmerksam gemacht, der lange vor Napoleon gemalt, ganz sein Gesicht hat, und den der Teufel eben holen will. In dem blühenden Garten von Toscana fuhren wir nun am Arno hinauf nach Florenz, wo wir uns auf längere Zeit niederließen und bis Mitte September blieben.

7.

Florenz.

1. Mit Florenz beginnt das Erscheinen der Kuppelform in dem Landschaftsbilde, eine wesentliche Verbesserung. Von der Anhöhe, die man Bello sguardo nennt, stellt sich das Thal des Arno und

die zierliche reiche Stadt am vortheilhaftesten dar. Die Verbindung der Wein- und Obstgärten — die Rebe scheint hier den Schatten schon vertragen zu können, — macht den Anblick voller. Von der Landstraße in der Ebene hat man wenig Aussicht, weil man in der Regel von hohen Mauern umschlossen ist, auf den Anhöhen hingegen schließt sich dann gelegentlich die ganze Fülle dieses reichen wohlgepflegten Landes auf. Der Arno ist ein Liebling der Florentiner; man setzt sich Abends auf seine Brücke, wo Bänke und Stühle vermiethet werden, ins Kühle. Hier trafen wir einen alten Herrn, der Italiener deutsch und Deutsche italienisch lehrte. Wir wurden genauer mit ihm bekannt, und als es sich ergab, daß er auch unserm Wirthe bekannt war, wurde er unser Lehrer. Wir entdeckten jetzt alle unsre Schwächen, und lasen vorher mit ihm die Stücke, die Abends im Theater aufgeführt wurden. Auch seine Söhne lernte ich kennen, die ganze Italiener, ja sogar eifrige Carbonari waren, und mir von den Gesinnungen und Plänen der italienischen Jugend erzählten.

Im Theater herrschte die Unsitte, daß nur der Hauptkomiker und die Prima Donna angehört, die Uebrigen aber alle mit dem rücksichtslosesten Gespräch der ganzen Zuhörerschaft übertäubt wurden. Den beiden Lieblingen dagegen hörte man allemal mit lautloser Stille zu. Einmal machte die Schöne einen großen Eindruck mit einer kokquetten Antwort, als sie mit einem neunmaligen Nein (no, no, no! no, no, no! no, no, no!) ja zu sagen hatte. Einen eben so günstigen Eindruck brachte der wohlhäbige Barbier von Geldern, gleich mit seinem ersten Auftreten hervor, wo er die Wirthin anläßt: Datemi una tazza di Vostro maledetto Caffé!

Die caoini in einiger Entfernung vor der Stadt sind ein Erholungsort, wo grade große Vorstellungen von Wettrennen auf kleinen zweirädrigen Wagen nach Art der Alten und mit vier Pferden ohne Wagen, wo der Lenker auf den beiden letzten stand, aufgeführt wurden. Dies Schauspiel wurde gegeben von einer Gesellschaft Kunstreiter, die ein gewisser Guerra hielt, und in der Renz, dessen Name jetzt in Deutschland so bekannt ist, damals erster Athlet war. Guerra pflegte auch Napoleon mit seinen Generälen zu Pferde darzustellen, wobei man zu bewundern hatte, wie ähnlich er sich dem Korsen zu machen wußte. Diese Vorstellung fand vielen Beifall. Wir machten bei dieser Gelegenheit die Bekanntschaft eines Juden,

Namens Goldsmid, den seine reichen englischen Vettern, um ihn los zu werden, nach Italien geschickt hatten, und den wir nun ebenso wie Guerra und seine Pferde überall wiederfanden. Die Pferde fanden sich in Rom einmal sogar unter unserm Schlafzimmer eingehaust.

Meine Frau, die sehr viel und rasch zu lesen pflegte und, wenn wir so dahin fuhren, mir oft ganze Romane wieder erzählte, verfiel hier auf die Memoiren der Herzogin von Abrantes, die sie von einem Ende zum andern durchlas und mir Band für Band wieder erzählte. So spukte Bonaparte um uns herum. Als sie damit fertig war, kam Corinne ou l'Italie daran. Darin las ich ebenfalls, wegen des Gegenstandes, warf aber eines Tages das Buch mit einer nicht schmeichelhaften Aeußerung gegen die Verfasserin aus der Hand, worauf meine Frau mich mit den Worten zurecht wies: „Werde du nur erst so berühmt als sie!"

„„Das ist wahrhaftig nicht mein Ehrgeiz!""

„Die Trauben sind sauer, sagte der Fuchs."

2. Als wir eines Tages nach Fiesole hinaufgingen, erklärte uns der Führer die cyclopischen Mauern mit den Worten, sie wären noch zur Zeit der Protestanten gebaut worden, lange vor der katho-

lischen Zeit. Dieser gelehrte Führer hatte sich so sehr in Louise verliebt, daß er es gewagt, beim Hinauffahren nach Fiesole, als er neben dem Wagen herging, ihr die Hand zu streicheln. Sie theilte mir dies in aller Angst mit, und befürchtete, es möge dunkel werden, ehe wir die Stadt wieder erreichten, und er mich auf dem Heimwege ermorden, womit die Italiener nach der allgemeinen Meinung so schnell bei der Hand sind. Darnach sah mir der Jüngling nun zwar nicht aus. Als es nun aber wirklich dunkel wurde, und wir durch dichte Laubgänge auf die Stadt zugingen, ließ ich ihn zu ihrer Beruhigung vorauf gehen, da er uns doch den Weg zeigen müsse. Er gehorchte einigermaßen zögernd, wahrscheinlich weil er dadurch Louise aus den Augen verlor, aber er gehorchte. Es wurde immer finstrer. Er führte uns durch endlose grüne Gänge umher, und das Thor wollte immer nicht kommen. Jetzt begann ich ebenfalls Verdacht zu schöpfen, und ich hatte mich nicht einmal mit einem Handstocke versehen. Aber der Knabe war so böse nicht, und nach einer ermüdenden Wanderung tauchte die langersehnte Stadt mit ihren Lichtern vor uns auf. Wir warfen uns in den ersten

Wagen, den wir antrafen und erreichten, einigermaßen aufgeregt durch den Vorfall, unsern Gasthof.

Die berühmten Bilder des Palastes Pitti und die Marmorbilder der großen Sammlung in der Stadt haben sich mir freilich besser eingeprägt, als die Bilder, die ich in Genua gesehen. Bei der medicäischen Venus fiel mir der Delphin auf und erinnerte mich an unsern Begleiter in der Bucht von Spezzia. Er ist im Untertauchen begriffen, damit wollte also der Künstler das Auftauchen seiner Göttin aus dem Meere darstellen. Sie tritt nicht bloß aus dem Bade heraus; es soll die mythische Geburt der Anadyomene sein; und ihre Verschämtheit, wie sie diese durch ihre Stellung ausdrückt, deutet nur auf die Jungfräulichkeit der Göttin, und ist nicht durch irgend eine Ueberraschung zu erklären. Aus diesem Grunde ist sie auch so zart und klein, was Venus in andern Verhältnissen durchaus nicht zu sein braucht, und die berühmteste, die von Milos, nicht ist.

Viel mehr hat mich aber die Gruppe der Niobe beschäftigt, zu der man immer und immer mit neuer Theilnahme zurückkehrt. Denn das Tragische in dem Vorgange richtig zu fassen, und zugleich die edle Mäßigung des Ausdrucks der Trauer und Verzweiflung zu verstehen, erfordert ein gründliches Einleben in die Absicht des Künstlers und in die Bedingungen des Gegenstandes und des Stoffes.

Auch der geistreich dargestellte Götterbote von Benvenuto Cellini, der von dem Winde fortgeblasen wird, bleibt wohl Allen unvergeßlich, die ihm hier begegnen.

Florenz taucht uns zuerst ganz und gar in den Geist so vieler unsterblicher Kunstwerke ein, daß eine neue Welt vor uns aufgeht und Alles, was man bisher an Malerei und Marmorbildern gesehen, dagegen in den Schatten tritt. Als ich dies Alles zuerst kennen lernte, hielt ich es für unmöglich, daß es noch übertroffen werden könne. Im Einzelnen ist dies auch richtig, aber Florenz im Ganzen tritt doch wieder vor Rom bedeutend zurück. Auf dies Letzte und Größte bereiteten wir uns jetzt vor.

8.

Rom.

1. Der letzte Eindruck, den ich von Florenz mit nahm, war eine öffentliche Sitzung der Academia della Crusca, wo ein Professor einen beredten Vortrag

hielt über die Verdienste Toscanas um die italienische Litteratur. Die wohltönende Rede des Gelehrten, der große schöne Saal und die gebildete Versammlung von Herrn und Damen stimmten sehr gut zusammen; desto mehr war der gescheute Gesichtsausdruck eines starken und hübschen jungen Mannes, der neben mir saß und eifrig zuhörte, mit seiner Kapuzinerkutte in Widerspruch; auch erhob er sich, als der Vortrag zu Ende war, mit einem Seufzer, warf noch einen traurigen Blick auf eine Gruppe schöner junger Florentinerinnen, die ihm bekannt sein mußten, und verließ eilig den Saal.

Unsre Ungeduld, nach Rom zu kommen, war so groß, daß wir geflissentlich den näheren und öderen Weg über Siena und Viterbo dem schöneren Umwege über Perugia vorzogen. Aber wir hatten mit einem sehr bedenklichen Hinderniß zu kämpfen, ehe wir die ewige Stadt erreichten. Von dem wilden Fahren waren die Räder unsers Wagens, die der Wagner in Halle für ganz zuverlässig erklärt hatte, so locker in ihren Fugen geworden, daß wir Gefahr liefen, auf einer öden Landstraße plötzlich Schiffbruch zu leiden und hülflos liegen zu bleiben. Nur mit großer Vorsicht erreichten wir Viterbo. Der Appenin, den wir vorher zu übersteigen hatten, war kahl und unfruchtbar: armselige Oertchen, wie Acquapendente und Radicofani lagen weit auseinander und boten weder Schmiede noch Wagner. In Viterbo angelangt, hielt ich sogleich eine Berathung mit einem Meister Stellmacher; und es wurde beschlossen, die Felgen der Räder mit Stricken und Klammern so straff zusammen zu binden und zu befestigen, daß wir ohne Besorgniß bis Rom fahren könnten. Die Ausbesserung, die ich sorgfältig beaufsichtigte, beruhigte mich vollkommen, und der Meister versicherte mir stolz: jetzt hielten die Räder besser als neue.

All diese Noth, per entrare la città di Roma! Es war una posta Imperiale e Reale. Wie, fragte ich, warum nicht eine posta Papale?

Das ist schon richtig, erwiderten die Leute, Rom ist der Sitz des heiligen Vaters, aber Rom ist die Hauptstadt von Italien, und darum ist die Post, die nach Rom fährt, una posta Imperiale e Reale. Diese Auslegung fiel mir schon damals auf, und es zeigt sich jetzt wieder, wie tief die politische Bedeutung Roms das ganze Volk ergriffen hat, wie denn die damaligen Römer überall die alten Römer ihre Vorfahren (i nostri padri) nannten, und einmal einem deutschen

Professor, der ihnen beweisen wollte, man müsse Kikero sagen, erwiderten: Wir müssen doch wohl am besten wissen, wie unsre Vorfahren gesprochen haben; Cicero, das ist Tschitschero haben sie gesagt.

Wir fuhren also mit vollem Vertrauen auf unsre Räder dahin, bis wir auf eine Anhöhe gelangten, wo wir mitten in einem Felde von schwarzem verbrannten Ginster anhielten, und eine große eben so verbrannte Fläche vor uns ausgebreitet sahen: Das ist die berühmte römische Campagna, und dort in weiter Ferne erblicken Sie den Dom von Sankt Peter! rief der Postillon mir zu. Er war noch drei deutsche Meilen entfernt, und blieb noch lange Alles, was man von Rom sehen konnte; ein gewaltiges Bauwerk! So hat keins vor ihm dies ganze Latium beherrscht, in das wir jetzt eintraten.

Rom selbst, und vornehmlich zu unsrer Rechten der Monte Mario mit seinen malerischen Pinien, die sich oben auf dem Gipfel herrlich gegen den blauen Himmel abzeichnen, erschien erst in der Nähe des Ponto molle. Hier geht nun der Dom der Peterskirche in die Masse der Stadt auf. Eine Menge kleinerer Dome treten daneben hervor, die Villa Borghese und der Monte Pincio (collis hortulorum) mit seinen Anlagen, der künstlerische Ausdruck aller Bauwerke, auf denen das Auge ruht, zeigen sogleich den Ehrgeiz des neuen Roms, der Erbin eines so großen Namens.

An der Porta del Popolo hatten wir eine Untersuchung wegen des Zolls zu bestehen, da wir keinen Freipaß vorzeigen konnten, den man sich an der Grenze, wie ich dort auf eine drollige Weise erfahren, nehmen kann. Als wir die Römische Grenze überschritten, war dort nämlich der Prinz Friedrich, der in Düsseldorf residirte, mit der Weisung angemeldet worden, ihn nicht zu untersuchen. Als ich nun meinen Paß abgab, der anfing: Wir, Friedrich Wilhelm ꝛc., hielten die Herren vom Zollamt Seiner Heiligkeit den Namen Seiner Majestät ganz gegen alle Ordnung für den meinigen, und diesen wieder für den des Prinzen Friedrich von Düsseldorf. Sie kamen mit vielen Verbeugungen an den Wagen heran und nannten mich einmal über das andre: Königliche Hoheit! zur großen Ergötzung meiner Frau; und als ich erklärte, sie irrten sich, fragten sie ganz erstaunt, ob das denn nicht mein Name sei? und zeigten dabei auf Friedrich Wilhelm III. Als ich sie aber aufklärte und ihnen mittheilte, das sei der Name des Königs von Preußen, lachten sie herzlich über ihr Versehn. Und als es sich nun vollends ergab, daß ich auch nicht der Düsseldorfer Prinz war, hieß es: Nun dann müssen wir Ihre Sachen untersuchen, oder wollen Sie einen Freipaß kaufen? der kostet 70 Scudi, damit können Sie ungehindert bis in Ihren Gasthof fahren, man wird Sie erst dort untersuchen, und Ihnen dann die 70 Scudi wiedergeben.

Ich erwiderte, der beste Freipaß wäre sicherlich ihre Untersuchung und schloß ihnen die Reisekoffer auf. Sie waren nun äußerst gütig, und rührten fast nichts an. Ich aber beschloß, ihre Erwartungen auf ein Trinkgeld zu täuschen, und sie für ihre übergroße Unterwürfigkeit gegen die fremde Königliche Hoheit zu bestrafen, hatte also mit dem Postillon verabredet, sobald ich avanti! (vorwärts) riefe, solle er im Galopp davon fahren. Das that er denn auch, als eben der untersuchende Geist seine Hand nach dem Trinkgelde ausstreckte. So kam ich ohne Freipaß bei der Porta del Popolo an.

2. Von dem freien Platz innerhalb dieses Thores, über dem zur Linken der zierliche Monte Pincio hervorragt, läuft der Corso bis an's Capitol, und mit ihm parallel nach der Piazza d'Espagna die Straßa

del Babuino. Hier hatte unser Florentiner Wirth uns einen Gasthof empfohlen, der mit seinen hohen kühlen Zimmern äußerst angenehm war, und nur den Fehler hatte, daß er sich mit dem Rücken an den Monte Pincio lehnte, und dadurch fiebrig wurde.

Da wir bei Tage ankamen, so gönnten wir uns kaum Zeit zum Umkleiden und zum Essen, um nur gleich noch einige der Wunder Roms zu sehen, und zwar zuerst des alten, das Becken der Aqua Virgo, das Pantheon mit seiner korinthischen Säulenhalle, das Kapitol und die Ruinen des alten Forums, wo die Triumphbögen halb versenkt, und zum Schluß dieses durch die Zeit verwüsteten berühmten Platzes das Colosseum, halb nieder gerissen, sich immer noch aufrecht erhalten, als hätte die Gegenwart alle ihre Ansprüche auf die geweihten Ueberbleibsel einer so großen Vorzeit aufzugeben und nur die Trümmer als Trümmer zu erhalten! — eine merkwürdige Aufgabe, um so merkwürdiger, da man schon in unsern Tagen nun auch mit dem neuen Rom denselben Versuch vornimmt, und den Papst und das Mittelalter ebenfalls als eine Ruine mitten im neuen Leben aufrecht zu erhalten sucht.

Manche der Trümmer, z. B. die der Kaiserpaläste,

verdienen keine Erhaltung; andre unbedingt. Sieht man die Ausdehnung der Trümmer und des wüst liegenden Bodens an, der das alte Forum einschließt, so kann man nicht umhin, die Verschwendung anzustaunen, mit der diese Erhaltung und Ausstellung des verwüsteten alten Roms bewirkt wird, und man denkt unwillkürlich an Sonderung und Einrichtung, da dies Bild ja doch nur ein Bild der Verwüstung, nicht ein wahres Bild des alten Roms darbietet. Aber der antiquarische Gesichtspunkt, der doch ein abstract theoretischer und oft eine bloße gelehrte Neugierde, keineswegs der Trieb nach werthvollem Wissen ist, beherrscht gegenwärtig alle Welt so sehr, daß jeder, der nicht ohne Weiteres das Lebendige dem Todten und dieser Todtenschau zu opfern bereit ist, ein Barbar gescholten wird.

Vor dem Lateran hinaus bedecken dann noch weithin die Gräberstraße, die Wasserleitungen und der Circus Maximus die Campagna mit ihren Trümmern und Erinnerungen an das alte Rom.

Auch die Campagna selbst sollte aus ihrem wüsten Zustande herausgerissen und mit Bäumen und Wohnungen der Menschen besetzt werden; aber die Verwahrlosung der Welt ist der Geist des Papstthums und die

Malaria ein richtiges Product seines Stumpfsinns. So wie man über die Grenze von Toskana in den Kirchenstaat hineinfährt, verläßt man mit einem scharfen Abschnitt das menschlich beherrschte und schön blühende Land und tritt in ein verwahrlostes, halb wüstes Gebiet ein. Wie das Königreich Italien gegen den Kirchenstaat, so ist mit einem Schlage auch die Kultur vorgerückt, und die Römische Campagna hat sicherlich auf die Eroberung Roms für das freie Italien zu warten, ehe sie wieder wohnlich und gesund wird, wie ganz Italien die geistige Malaria nicht los werden wird, wenn's nicht mit dem Papstthum und dem Katholicismus bricht.

3. Welch ein sonniges, reifes, durch Geschichte und Lage bevorzugtes Kulturland, dieses Italien! welch eine Wunderstadt, dieses schöne Rom, dem ganz Europa seine Schätze, und große Künstler ihren Geist gespendet, um mit diesen Schätzen Würdiges zu leisten! und dennoch, welch eine geistige Wüstenei ist beides, Italien und Rom!

Was wir schon seit Jahrhunderten geleistet, den Bruch mit der geistigen Tyrannei, das war in den dreißiger Jahren und ist noch immer keine Italienische Frage, dafür sind noch heutiges Tags seine Politiker zu aberweise. Die Männer der Mehrheit, und folglich die Regierenden, wollen sich mit dem Papst versöhnen und die Pfaffen beibehalten. Höchstens beschränken sie die Zahl der Klöster und heben die reine Versumpfung und Faullenzerei auf, aber der Jesuit mag nur seine Sichel schleifen, mit etwas Weltverstand hat er eine große Ernte zu thun; aus diesem Grunde sind Jesuiten für die jetzige Regierung Italiens aufgetreten; aus diesem Grunde ist Garibaldi in der Minderheit; die Italiener sind bereit, Garibaldi zu vergöttern, aber weder ihm den Gott, noch den Priester zu opfern. Es steht nicht viel besser um Mazzini's Motto: Dio e il popolo, Gott und das Volk! Denkt Mazzini, daß es einen Gott ohne Priester und ein geistig freies Volk mit Priestern geben könne? Der Dio ist freilich nur ein Aushängeschild, und als ich ihm eines Tages sagte, er schriebe sein Motto nicht richtig, es müsse heißen: Dio è il popolo, der Gott ist der Mensch, sah er die Nothwendigkeit der Verbesserung zwar nicht ein, hatte jedoch nicht viel dagegen einzuwenden; wer aber auch nur ein solches Aushängeschild wählen kann, rechnet auf bigotte Menschen, in deren Sinne er sprechen will, und spricht wie sie, — ohne zu denken. Es fehlt ihm die Philosophie und ihr letztes und erstes Wort, die Oberhoheit des vernünftigen Wesens, das keine Vernunft duldet, die höher wäre als die Vernunft, und das Höchste, den freien Geist, nicht außer sich, sondern in sich selbst, sucht und findet.

4. Die Italiener sind freilich nicht die Einzigen, die über die völlige Absetzung aller phantastischen theologischen und politischen Mächte durch Vernunft, Wissenschaft und bürgerliche Freiheit erschrecken; aber sie sind darin zurück, daß sie noch nicht einmal mit der tyrannischen Hierarchie, d. h. mit der förmlich gegliederten Gewalt der päpstlichen Herrschaft über alle Geister gebrochen haben; während wir es bereits dahin gebracht haben, daß Einige von uns als ganze Europäer denken und fühlen; d. h. als treue Nachfolger der Griechischen Denker, die Mitglieder eines Freistaates waren, und sich ihre Welt nicht von jüdischen Dichtern und Phantasieverkäufern, sondern nur aus der Wissenschaft erklären ließen.

Die Wunder des alten und neuen Roms ließen mich nicht kalt; aber wie vermißte ich unter all diesen Wundern alter Größe und neuer Kunst unsere deutsche Größe, die freie Gedankenbewegung und ihre Einrichtungen! Die armselige Augsburger Zeitung, dies durch Kolb burschenschaftlich verballhornte Blatt, war Alles, was man von Deutschland gedruckt zu Gesichte bekam. Keine Bücher, kein Buchhandel in unserm Sinne, keine Litteraturzeitungen, und dabei Italien selbst ohne Zeitungen, und seine Buchhändler eigentlich nur Antiquare! Die Franzosen und Engländer mögen sich damals wie immer mit ihren Pariser und Londoner Zeitungen versehen haben; wir besaßen aber in den dreißiger Jahren noch weniger eine politische Presse als jetzt; und wer nicht im Herzen der geistigen Bewegung leben, und an den wissenschaftlichen Anstrengungen und Strömungen unmittelbar in der Heimath theilnehmen konnte, der lebte gar nicht mehr mit. Ich fühlte mich daher, wie unter die Todten verbannt. Es war hier keine Seele, mit der man auch nur das unbedeutendste Gespräch über unsre philosophischen Fragen hätte führen können. Die ganze Welt ging in Kunst und Alterthum und größtentheils in einen abgestandnen Kunstkram auf.

Die Maler und Bildhauer in Rom lebten von der Wiedererweckung der schönen Formen, wie sie diese in der Antike und in der christlichen Malerei als Vorbilder vor Augen hatten. Aus dieser Thatsache machten nun seltsamer Weise die Maler Glaubenssätze, und man hörte in allem Ernste solche Aussprüche, als: Die Geschichte sei von der Malerei erschöpft worden, die ganze heilige Geschichte, meinten sie, sei bereits gemalt, und eine andere gäb' es nicht, mindestens nicht für den Maler, dem daher gegenwärtig nichts als Genre-Malerei übrig bleibe.

Unter den Bildhauern herrschte nicht diese heilige Beschränktheit; sie waren besser daran, hatten nur die Form zur Richtschnur behalten, den Inhalt, den Griechischen Mythus aber glücklicherweise ganz verloren. Dazu kam Thorwaldsens erfinderischer und unerschöpflicher Geist; sein Studium war eine Welt, eine Entdeckung; und wer die Gabe des Begreifens und das Talent des Bildens hatte, der konnte von ihm nicht ohne Anregung weggehen.

Aehnlich wie Thorwaldsen regte der Franzose Horace Vernet mit seiner Malerei aus der lebendigen Welt und der allerunmittelbarsten Gegenwart an. Seine Studien aus der Campagna, die wildgewordenen Ochsen, die Treiber, die sie zu Pferde einholen, und dergleichen erweckten Bewunderung und Nachahmung. Horace Vernet's Ansicht von der Darstellung geschichtlicher Gegenstände aus der allerneusten Zeit wurde aber verworfen, weil sie dem oben erwähnten Glaubenssatze widersprach.

Ueber eine Nachahmung der Campagnastudien Vernet's muß ich ein Wort sagen. Ein Bekannter von mir, ein junger Maler aus Berlin hatte sich den Gegenstand gewählt, wie Algierer Seeräuber, Heerden und Landleute aus der Campagna wegführen. Das Bild war schon weit vorgerückt, als ich eines Tages Thorwaldsen bei ihm fand. Sie sprachen über das Bild und Thorwaldsen lobte die Studien und die einzelnen Figuren. Aber was wollen Sie mit dem Ganzen darstellen? fragte der freundliche einfache Mann, der übrigens eine große stattliche Erscheinung war.

„Seeräuber, welche Heerden und Menschen aus der Campagna wegführen."

„„Seeräuber? aber wo ist denn da die See und das Schiff, wohin sie ohne Zweifel ihre Beute führen wollen?""

Daran hatte unser Maler nicht gedacht. Aber die Bemerkung des großen Meisters ließ ihm keine Ruhe; und er brachte mit großer Noth noch etwas See und ein Schiff in das Gemälde hinein.

Derselbe junge Mann ritt mit mir durch die

Campagna und lehrte mich Reize der Umgegend kennen, die ich sonst nicht entdeckt hätte. Er malte mich und meine Frau, da er gut traf und Riepenhausen mich dazu an ihn verwiesen hatte. Als wir nun von unserm Ritt zurückkamen und er meine Sicherheit zu Pferde bewundert hatte, redete er mich an: „Wie wär's, wenn ich Sie zu Pferde nähme?"

„„Mich zu Pferde? Sind Sie toll? Lieber noch zu Esel. Bin ich denn ein Dragoner?""

Jetzt besann er sich erst darauf, daß ich wesentlich zu der unberittnen Menschheit gehörte, wenn ich auch als Junge das Reiten gelernt hatte, und daß man Einen doch in seiner wesentlichen Erscheinung, wie die Seeräuber nicht ohne See malen müsse.

Er, wie viele Andre, hatte mehr Talent, als Mutterwitz, um von einem geschulten Denken nun gleich gar nicht zu reden, denn die Schulmeister, wie Bunsen und andere, welche die armen Jungen hier hörten, waren schrecklich und bestärkten sie nur in ihrer Beschränktheit.

5. Die werthvollsten Bekanntschaften in Rom verdankte ich Göttling, der mich an den Maler Riepenhausen und an Kästner, den hannöverschen Gesandten empfohlen hatte. Kästner besorgte auch die

Geschäfte für England. Er war ein Sohn der Werther'schen Lotte. Dieser liebenswürdige Mann hatte eine reiche Sammlung von römischen Alterthümern aller Art, die er natürlich gern erklärte; und da er viel Besuch empfing, gaben ihm manche Maler ihre Bilder, um sie bekannt zu machen. Käftner war ganz in der Deutschen Maler- und Künstlerorthodoxie befangen, jedoch sehr nachgiebig und anspruchslos, und ließ sich ohne Empfindlichkeit widersprechen, natürlich aber nicht überzeugen; denn er war selbst ein Stück von einem Künstler.

In seinem Album hatte er ein Bild seiner Mutter, wirklich ein bedeutendes Gesicht mit voller ebenmäßiger Entwickelung der Stirn, der Nase und des Kinns. Auch hatte ihm Göthe — eine Landschaft hineingezeichnet, die freilich kein andres Verdienst, als ihren Verfasser hatte. Käftner selbst scherzte darüber, sagte aber doch, es sei ihm ein liebes Andenken, mit dem Göthe sich so viel Mühe gegeben, um ihm seine damalige Stimmung lebhaft auszudrücken. Göthe war in Rom von der Künstlerwuth angesteckt worden.

Käftner ging gerade auf einige Zeit nach Frascati, wo Bunsen schon war, gab uns seine Wohnung an und sagte: Da könne er uns am besten mit Bunsen bekannt machen. Wir fuhren also eines Tages nach Frascati hinaus, wo gerade Jahrmarkt war.

Als wir durch die Buden gingen, sagte Kästner zu Louisen: Nun will ich Ihnen zeigen, wie es hier zugeht. Möchten Sie wohl jenes Corallenhalsband haben? Was soll es kosten? fragte er den Verkäufer.

„Sieben Scudi."

„„Einen will ich geben"", erwiderte Kästner.

„Da ist es, Signore; ich sehe, daß es für die Dame ist, da kann ich nicht nein sagen."

Bunsen, der Preußische Gesandte, war mit seiner Frau und einigen Malern und Predigern ausgegangen. Wir fanden die Gesellschaft bald in der Richtung von Albano mit Betrachten und Skizziren der Landschaft beschäftigt. Auch Kästner hatte seinen Stuhl und sein Skizzenbuch mit, und als er mich bei Bunsen eingeführt hatte, setzte er sich zurecht, um die herrlichen Linien des Albanergebirges aufzunehmen.

Bunsen fragte mich nach der Universität Halle und vor Allem nach seinem Freunde Tholuck. „Es thut mir leid, Herr Geheimerath, die Frommen schließen sich ab, wir Andern sehn sie nie; ich kann Ihnen daher von Profeſſor Tholuck weiter keine Nachrichten bringen, als daß er wohl auf war, wie wir Halle verließen."

Nun mußte er doch, daß ich nicht fromm war, und die beiden Prediger, die ſich der Frage nach Tholuck beſonders erfreut hatten, mußten es auch und ſahen etwas verſtimmt drein. Bunſen aber blieb ſich gleich, wurde ſogar heiter und humoriſtiſch und ſcherzte mit den Predigern. Dazu war er ein hübſcher Mann, von einnehmendem Aeußern. Der Berliner Bildhauer Wolff hatte eine Büſte von ihm in ſeinem Studio neben einer Gypsbüſte von Tiberius ſtehen, und machte uns auf die merkwürdige Aehnlichkeit der beiden Männer aufmerkſam. Ich kam mit Bunſen auf Plato zu ſprechen, den er weniger kannte, und ſo fragte er mich mit vieler Theilnahme aus. Dann mußte ich ihm über Schulpforte berichten, wohin er ſeinen Sohn ſchicken wollte und wo eben der Rector Kirchner dem alten Ilgen im Amte gefolgt war. Ich lobte ihm Kirchner, wie er es denn verdiente, und erzählte ihm, was ich ſonſt von Echtermeyer über die Anſtalt gehört hatte.

Hierauf kam der Sächſiſche Geſandte Plattner daran, der auch in der Geſellſchaft war und mit allerlei altfränkischen Schnurren aufgezogen wurde. Dieser Ausflug war eben so ungezwungen als unterhaltend, und die Gegend und die erfrischende Gebirgsluft mußten natürlich Alles entzücken. So wurden wir bis Sonnenuntergang aufgehalten, und fuhren dann unvorsichtigerweise in unserm offnen Wagen und ohne Mäntel durch die Campagna, über die sich ein blauer kühler Nebel ausbreitete, wieder nach Rom. Die unmittelbare Folge davon war, daß wir beide am Fieber erkrankten. Dies kam mir sehr in die Quere, denn ich hatte den Vatikan noch nicht gesehn, und nun hieß es, Fieberkranke dürften sich noch lange nach ihrer Genesung in die kalten Marmorsäle nicht hineinwagen.

6. Unser Fieber war freilich nur das Wechselfieber; aber wir hatten lange genug daran zu leiden, denn nachdem es durch Chinin vertrieben worden war, kehrte es bei dem geringsten Versehn, besonders in der Diät, wieder. Sehr freundlich nahm sich unser die Familie Vollard an, verhalf uns zu Aerzten und Aufwärtern, und rieth uns, vor Allem die Wohnung zu wechseln, und auf dem Spanischen Platz oder auf dem Corso ein sonniges Zimmer zu suchen;

denn der Römer habe ein Sprichwort: Ove il sole non entra, entra il medico.

Um diesen Rath meines Freundes auszuführen, ging ich eines Tags ins Caffe Greco, wo man immer deutsche Maler und andre Landsleute traf, die Einem rathen und beistehen konnten. Ein junger Mann von frommer Haltung und freundlichem Aeußern nahm sich meiner an, und verhalf mir auch wirklich zu einer Wohnung auf dem Corso. Ich hatte den Gesandschaftsprediger Herrn von Tippelskirch noch nicht gesehn, glaubte ihn also in meinem verbindlichen Begleiter vor mir zu haben, und dankte ihm beim Abschied mit den Worten: Ich bin Ihnen sehr dankbar, Herr Prediger. Er erwiderte, ich bin der Gesandschaftssecretär von Sydow, und habe es recht gerne gethan, Herr Doctor.

„O, da bitte ich um Entschuldigung, daß ich Sie ohne weiteres für einen Geistlichen angesehn."

„„Eine größere Ehre hätten Sie mir nicht erweisen können.""

Hier auf dem Corso blieben wir den Winter über wohnen, sahen nachher den Carneval, der aber wegen der Julirevolution in Paris noch im zweiten Jahre ohne Masken abgehalten werden mußte, und dadurch natürlich bedeutend verlor, sehr bequem aus unsern Fenstern mit an. Beim Carneval wird das Gedränge der Kutschen, die hinauf- und hinunterfahren, so groß, daß wer einmal in der Reihe ist, sie nicht verlassen kann, außer bei einer Querstraße. Nun wurde in der Reihe einmal ein Engländer mit seinem Wagen unter unserm Fenster fest und fuhr den Kutscher an, er solle doch zufahren. Dieser, ein Römer von ächter Währung, drehte sich höflich herum, bot ihm Zügel und Peitsche an, und sagte: „Wollen Sie den Kutscher machen? so kommen Sie her! hier sind die Zügel, da ist die Peitsche. Wo nicht, so reden Sie mir nicht drein, ich verstehe zu fahren."

Zwischen Herr und Diener ist in Italien nicht der Abstand, wie in England und Frankreich oder Deutschland. Die niedern Klassen fühlen sich und werden gesellig weniger zurückgesetzt; namentlich die Römer sind voll würdiger Haltung und Selbstachtung, die Neapolitaner viel weniger.

7. Unser Wirth empfahl uns einen Weinbauer in Albano, seinen Freund, der den römischen Rothwein sorgfältig zubereite, und die Trauben vor dem Keltern auslesen lasse. Dadurch erzeuge er einen ganz andern Wein, als alle Uebrigen. Er überzeugte

uns durch eine Probe. Es war ein Getränk, das an den Burgunder erinnerte, von dem aber selbst Damen ohne Unbequemlichkeit ganze Biergläser voll trinken konnten, wie dies auch mit dem milden und beliebten Weißwein, dem Orvieto, der Fall ist. Nachdem wir eine Zeitlang mit dem Weinbergsbesitzer von Albano sehr zufrieden verkehrt hatten, kam eines Tages der Wirth mit der Nachricht, der Padrone di Vino sei selber angekommen, er improvisire und wir müßten ihn kennen lernen.

Ich lud ihn zum Abend mit dem Wirth, einen Guitarrenspieler, der die Improvisationen begleiten sollte, und einigen deutschen Bekannten ein. Meine Frau setzte der Gesellschaft zuerst Thee vor, wie es bei uns Sitte ist. Dabei fehlte es im Hause an Theelöffeln. Es wurden also kleine Eßlöffel genommen. Die Italiener, namentlich unser Padrone di Vino, kannten den Thee gar nicht, lobten ihn aber sehr, und aßen ihn mit den kleinen Löffeln.

Darauf wurden Aufgaben zum Improvisiren verlangt. Ein Berliner Student, Namens Wolloff, gab ihm den Apoll aus dem Belvedere. Ich erschrak und bemerkte, es wäre wohl kein geeigneter Gegenstand; aber der Padrone di Vino hatte nichts dagegen, trällerte dem Guitarrenspieler eine Melodie vor und begann sofort, Apoll und seine ganze mythische Geschichte mit einer Geläufigkeit zu besingen, die erstaunlich war. Gleichwohl war die Aufgabe etwas ungehörig, und die Ausführung mußte steif erscheinen. Als ich ihm daher das Lob seines Weines zur Aufgabe stellte, fühlte er sich gleich mehr zu Hause und sang mit viel mehr Leichtigkeit. Dank für die Bewirthung gelang noch besser, und wir hatten alle den gebildeten stattlichen Padrone di Vino wegen seiner Verse zu bewundern und zu beklatschen.

Im Gespräch äußerte er, Deutschland wäre von einer Menge von Völkern bewohnt, „da giebt es", sagte er, „Tedeski, Allemanni, Prussianni, Bavaresi, Austriachi, Sassoni und viele andre." Dann fragte er mich, weswegen ich nach Rom gekommen wäre, und setzte gleich hinzu, wahrscheinlich um katholisch zu werden. Ich brach in die Worte aus: Wie würden meine Freunde in Halle darüber lachen! „Wie", rief er aus, „ist das eine Sache zum Lachen?" E questaun a cosa da ridere? und ich befand mich in großer Verlegenheit, denn wie sollte ich ihm das Komische an der Sache begreiflich machen?

Die Bildung unsers Padrone di Vino war aber

bei alledem keine gewöhnliche und brachte mir Hochachtung vor den Gutsbesitzern von Albano bei.

8. Ein großer Uebelstand in Rom war die Freiheit, welche sich die Masse des Volks mit den Ausbiegungen und Balkonen der Spanischen Treppe und mit den gewaltigen Colonnaden der Peterskirche herausnahm, wo Jedermann zu jeder Zeit ganz unbekümmert seine Nothdurft verrichtete. Der Anblick dieser glänzenden Bauanlagen war daher ein höchst widriger. Die Polizei Seiner Heiligkeit schien daran nicht den geringsten Anstoß zu nehmen. Ebenso dachten die Leute von den Palästen im Allgemeinen. Ein junger Holsteiner, der in Rom war, um Manuscripte zu vergleichen, und den ich auf einer Bibliothek, wo ich für meinen Freund Ritschl ähnlich beschäftigt war, kennen lernte, besuchte mich eines Tags und erzählte, als er soeben in seinem großen Hause an der Piazza Navona, wo der Gemüsemarkt gehalten wurde, die Treppe herunter gekommen, habe er dort einen Bauer in der unanständigsten Beschäftigung sitzen gefunden, und als er ihm eine Maulschelle gegeben, habe der Mensch gesagt: „Verzeihen Sie, Herr, ich glaubte, dies wäre ein Palast."

Es ist merkwürdig, daß bei der schlechten Polizei

Diebstähle und Einbrüche äußerst selten waren; solche Unternehmungen liegen nicht im Volkscharacter. Dagegen ereignete sich's einmal, daß am hellen Tage auf dem Spanischen Platz vier Männer einen Engländer, der vor sich hin duselte, in ihre Mitte nahmen, in einen Thorweg führten und aller seiner Kostbarkeiten, auch seines Mantels beraubten. Die geistlichen Herren, die zur Regierung gehörten, und in dem Speisehause „zum Hasen" zu Mittag aßen, schämten sich sehr über den Vorfall, es scheint aber, daß die Thäter nie entdeckt wurden.

Ein bedeutender und glänzender Punkt dieser herrlichen Stadt ist der Quirinal. Dieser Hügel trägt die beiden berühmten Kolosse, die Pferdebändiger und hat eine schöne herrschende Lage. Er ist jedenfalls geeignet, der Sitz der Italienischen Regierung und der wahre Mittelpunkt des großen und eigentlichen Roms zu werden; auch wenn der Papst nicht im Stande sein sollte, was wir zum Besten Italiens hoffen müssen, den Vatikan und klein Rom jenseits der Tiber zu behaupten.

Ich erlebte die höchst ergötzliche Einsegnung der Pferde und Esel bei der Kirche des heiligen Antonius, wo sie vorgefahren und vorgeritten wurden, um mit Weihwasser besprengt zu werden. Dabei waren sie drollig mit Bändern und Schleifen aufgeputzt. Von dieser Segnung des heiligen Antonius schreibt sich der feine Ausdruck: benedetto da San Antonio her, wenn man Jemand nicht gradezu einen Esel nennen will.

Aber der Glanzpunkt Roms ist gegenwärtig natürlich die Peterskirche und der Vatikan. Der Raum, den die Colonnaden einschließen, ist auf eine unendlich große Volksversammlung berechnet, um hier den Segen des Papstes vom Balkon der Kirche zu empfangen. Als diese merkwürdige Segnung der Gläubigen und Verfluchung der Ungläubigen eintrat, waren wir zugegen. Der ungeheure Platz und die Höhe des Balkons erlaubten uns kaum, Seine Heiligkeit ordentlich gewahr zu werden. Das Papierchen mit dem Fluch flatterte äußerst unscheinbar vom Balkon herunter. An eine Ausfüllung des Platzes war nicht zu denken, ja, ich möchte behaupten, daß wir Ketzer, die aus Neugierde herbeigekommen waren, die Mehrzahl des Publikums ausmachten. In der Sixtinischen Kapelle beim Osterfest war dies ganz gewiß der Fall.

Der damalige Papst, Gregor XVI., las manchmal die Messe auf dem Corso in der Kirche San Carlo.

Hier fuhr er dann in einer großen Staatskutsche vor, die hohe Glasthüren hatte. Als er einmal in seinem Sessel mit den Pfauenfächern an der Seite aus der Kirche in die Kutsche getragen wurde, warfen ihm die Umstehenden so viele Bittschriften zu, daß er fast davon bedeckt wurde, und als er in den Wagen stieg, flogen ihm noch einige Nachzügler an den Kopf. Aber das aufwartende Publicum war auch hier sehr unbedeutend und bestand größtentheils aus Straßen= jungen. Das Erscheinen Seiner Heiligkeit machte durchaus nicht das Aufsehen, welches ich davon er= wartet hatte. Die gebildeten Klassen waren geradezu religiös freisinnig. Das niedre Volk dagegen ließ damals über Religion durchaus nicht mit sich spaßen. Ein Maler, der mit Freunden aus der Campagna zurückkam und in einem Wirthshause mit seinen Freunden beim Weine lachte und scherzte, wurde von einigen Leuten aus dem Volk mit Messern ange= griffen, weil sie ihn in Verdacht hatten, er spotte über ihre heilige Religion. Dies hat sich seit 1848 bedeutend geändert.

9. Bei Bunsen im Palast Caffarelli waren wir auch ohne Allensteins Empfehlung, die ich nicht ab= gegeben, nachdem Käftner mich vorgestellt, gut genug

angeschrieben, besonders seit wir den neuen Gottesdienst in der Gesandtschaftskapelle auf dem Tarpe-
jischen Felsen besucht hatten. Bunsen hatte bekanntlich
einen eignen Gottesdienst mit alten Liedern „von der
süßen Wurzel Jesse" und andrer dergleichen orien-
talischer Würze, mit Niederknieen und Aufstehn, „mit
Demüthigung vor dem Herrn" u. s. w. erfunden.
Wir waren neugierig, und gingen in die Falle. Als
die Demüthigung vor dem Herrn von dem kleinen
Herrn von Tippelskirch, dem Gesandtschaftsprediger,
angekündigt wurde, sah man, wie profan diese Versammlung noch war, niemand war sicher, wohin er
sich wenden sollte, viele knieten gegen ihre Stühle
und trafen dort mit den Nasen derer zusammen, die
hinter ihnen saßen und richtig knieten. Ich disputirte
mit meinem Hintermann und bewog ihn zum Um-
kehren, obgleich er's richtig und ich verkehrt gemacht
hatte. Bunsen ging, wie ein Gott, mit seinem Ge-
sangbuch durch die Gemeinde der Heiligen, und grüßte,
wegen der feierlichen Stimmung mit einiger Zu-
rückhaltung, aber er grüßte und gewiß mit dankbarem
Herzen, denn jeder Sonntag, der ihm seine kapitoli-
nische Kapelle füllte, zeigte ihm das Gelingen seiner
Schöpfung. War der Schöpfer glücklich, so konnten

wir loyalen Geschöpfe uns an der Sonne seines glücklichen Blicks erfreun, und auch darauf rechnen, bei dem Vater in Berlin empfohlen zu werden.

Aber ich sollte seine gute Meinung bald verscherzen. Meine Frau konnte ihre Leselust nicht befriedigen und verfiel am Ende auf die Bibel, die werde ich doch schaffen können. Nichts ist leichter, erwiderte ich, ich brauche nur Tippelskirch darum anzugehn, aber es ist gefährlich, wir steigen dann zu hoch in seiner Gunst, er fängt an zu seelsorgen, und die ganze Heuchelei kommt an den Tag.

Es half mir aber nichts, ich mußte aufs Capitol wandern und eine Bibel holen. Sofort erschien der Herr von Tippelskirch und fragte nach den Wirkungen des heiligen Buches.

Ich ließ meine Frau in Stich, um zu sehen, wie sie sich aus dem Hanfe finden würde. Dies ging zuerst vortrefflich denn sie begann dem Herrn von Tippelskirch die Geschichten zu erzählen, die sie gelesen hatte, und ließ ihn allerlei Schwierigkeiten der orientalischen kühnen Versicherungen erklären.

Als dieser geschäftliche Theil des Besuchs, Besserung und Seelsorge, vorüber war, kam die Politik daran, und es zeigte sich, daß der Herr von Tippelskirch auch an die Himmelfahrt des Generals Chassé in der Antwerpner Citadelle glaubte. Chassé hatte nämlich gedroht, er werde sich in die Luft sprengen. Daher schrieen alle Royalisten: Chassé sprengt sich in die Luft, er ergiebt sich nicht!

Nun wurde mir die Sache zu bunt; ich bemerkte also ganz kühl: Chassé ergiebt sich und sprengt sich nicht in die Luft!

„Was!" rief Tippelskirch, „Sie halten es mit den Franzosen?"

„„Das thu' ich allerdings, und wer thäte es nicht?""

„Ich zum Beispiel, und alle guten Preußen."

„„Wenn die Güte der Preußen darin besteht, sich der geschichtlichen Bewegung und der Freiheit zu widersetzen, die wir auch diesmal wieder dem braven Volk der Franzosen verdanken.""

Tippelskirch sprang erschrocken von seinem Stuhl auf und die ganze Blase der Frömmigkeit und Loyalität war geplatzt, er konnte sich's nicht verhehlen, daß er mit einem Erzrevolutionär und Ketzer zu thun hatte. Meine Frau sagte, ich wäre zu weit gegangen, unserm freundlichen Besuch so gradezu zu widersprechen; ich aber sagte, es ist besser, der Herr Prediger weiß dies, damit ihn später die Zeitungen nicht zu sehr überraschen, wenn der General Chassé sich nicht in die Luft sprengt.

Der Herr von Tippelskirch empfahl sich bald, und wir waren mit dem Kapitol zerfallen.

10. Die Reichthümer des Vatikans an Marmorbildern stellten natürlich die Florentiner Sammlung bedeutend in den Schatten; auch die Anlage der Säle, um diese überwältigende Masse von seltnen Kunstwerken aufzustellen, ist großartig und glänzend. Nicht nur geben die berühmten und ausgezeichneten Statuen, die Jedermann aus Abgüssen kennt, wie die Laokoons-Gruppe und der Drachentödter Apoll im Belvedere, einen hohen Begriff von der alten Kunst, auch die Wazen, Stühle, Tische und andrer Hausrath in Marmor, und der reiche Thiersaal voll von Marmorbildern idealisirter Thiere machen den Reichthum und die künstlerische Ausschmückung der Wohnungen des alten Roms anschaulich. Der kleinste Hausrath dieser Art deutet auf einen Adel des Geschmacks, der heutiges Tages ganz und gar verloren gegangen ist. Was von künstlerischer Veredelung in unser Leben eingedrungen ist, schreibt sich alles von dem Anblick dieser Kunst der Alten her. In Rom, wo sich eine

so reiche Sammlung von Vorbildern findet, ist diese Wirkung am stärksten gewesen. Die Mosaik- und Goldarbeit ist daher in Rom zu einer künstlerischen Vollendung gediehen, die man gleich in Florenz, Neapel und Venedig nicht mehr findet. Mit den geschnittnen Muscheln verhält es sich eben so. Nur in Rom findet man sie künstlerisch ausgeführt. Auf den Bau der Wagen, der Häuser, der Kirchen und des Hausraths' hat der gesteigerte Kunstsinn der Römer den entschiedensten Einfluß gehabt. Die Römer sind nicht nur ein charaktervolles, männliches, sondern auch im höchsten Grade talentvolles Volk. An ihnen wird das neue Italien eine große Eroberung machen.

9.

Neapel, der Vesuv und Pompeji.

1. Die Reise von Rom nach Neapel machten wir mit einem Fräulein Wigers und dem Berliner Studenten Wollkoff zusammen in dem bequemen Eilwagen, den alle Welt benutzte. Nun geht es geradezu und ein gutes Stück nach Süden. Die pontinischen Sümpfe sind das erste, wodurch man bedeutend auf-

geregt wird, denn es soll eine gewisse Gefahr damit verbunden sein, wenn man sich dem Schlafe überläßt, während man hindurchfährt. Die Menschen, die hier den Postdienst versahen, kamen uns wirklich blaß und krank vor. Die große Wiesenfläche von fast überfüllten Kanälen durchschnitten, der Halbkreis des grauen, sonnigen Felsengebirges, der sie einschließt und bei Terracina hart ans Meer hinanläuft, klärte uns mit einem Schlage über die geheimnißvolle Vorstellung der Sümpfe auf. Für Menschen mag es hier nicht wohnlich sein. Pferde und Rindvieh schienen aber von der Malaria dieser verrufenen Gegend nicht zu leiden. Bei der Durchfahrt durch den Engpaß von Terracina sieht man die erste Palme; bei Mola di Gaeta einen ganzen Orangenwald, der offenbar nicht, wie in Rom, des Winters eingehaust werden konnte. Das Meer trat prächtig hervor. In der fruchtbaren Ebene von Capua fanden wir sodann die hohen Pappeln mit Weinreben behangen und das Land sorgfältig und blühend angebaut. Der erste Anblick des Vesuvs mit seiner Rauchsäule ist für jeden ein großes Ereigniß, der zum ersten Male dieses Weges kommt.

Neapel selbst ist auf den ersten Anblick durch das

Meer, durch die südliche Natur, durch den Vesuv und den Pausilip und durch die merkwürdigen Inseln Capri und Ischia, die vor seiner weiten Meeresbucht liegen, viel einnehmender und bezaubernder als Rom und seine Umgegend; auf die Länge aber kann es sich mit Rom und seiner Umgebung selbst als Landschaft nicht messen; denn es ist immer ein und derselbe, wenn auch hinreißend schöne Anblick. Das Volk von Neapel ist äußerst verwahrlost und dem von Rom in keiner Hinsicht ebenbürtig. Wie es sich aus Schmutz und Lumpen nichts macht, so hat es auch die schöne italienische Sprache merkwürdig verstümmelt; z. B. ndio heißt andiamo; vlo cro! heißt volete carozza? ngor, cro? heißt signore, carozza; Crape heißt Capri; Naupl heißt Napoli — Schlanz heißt Eccellenza, und Ischia verstümmeln sie in Ischk; kurz, sie wissen fast Alles einsilbig zu machen, und kümmern sich nicht im mindesten um den Wohllaut. In den Museen sind einige Marmorbilder, welche sich mit den besten römischen messen können, vor allen die Venus Kallipygos, der Farnesische Stier und Herkules; sonst aber zeigten die Gärten der Chiaja nur Copieen der berühmten römischen und florentinischen Statuen. Durch die Ausgrabungen von Herkulanum und Pompeji sind die Museen zwar mit vielen interessanten Gegenständen bereichert worden, an wirklichen Kunstschätzen bleiben sie aber weit hinter der Sammlung des Vatikans zurück. Der Kunstsinn der Handwerker, namentlich der Goldarbeiter ist darum in Neapel nicht im Entferntesten so angeregt und ausgebildet als in Rom. Unter den Massen von Schmucksachen, zu denen die Lava verarbeitet wird, findet man fast gar keine künstlerisch werthvollen Arbeiten.

2. Der Vesuv hatte vor kurzem einen Ausbruch gemacht, jetzt war der Lavafluß schon erkaltet. Mächtige schwarze Schollen hatten sich über einander geschoben, und man konnte nun auf diesen den Aschenkegel bis zu dem Rande, von dem sich der Krater erhebt, hinauf steigen, ohne in der Asche zu waten, was sehr beschwerlich ist. Das unterirdische Feuer war noch immer zwischen den Lavaschollen zu sehen, aber es war diesmal nicht mitten aus dem Krater, sondern aus der Seite des Aschenkegels nach Neapel zu hervorgebrochen. Am Rande des Aschenkegels angelangt, lagerten wir uns und hatten die Freude, daß unsre Führer an dem unterirdischen Feuer uns Aepfel brieten und Eier kochten. Die lebendigen Flämmchen waren stellenweise ganz gut zu erreichen und zu benutzen.

Den Krater hatte ich mir lange nicht so weit und groß gedacht. Auch hatte ich mir wohl vorgestellt, man müsse dort in die unterirdische Feuerwelt hineinsehen können. Dies war aber nicht der Fall. Drei große Schollen, die ganz anders aussahen als die frisch erstarrten des Ausbruchs, waren so zusammen und über einander gefallen, daß sie ein solides Dach über das verborgne Innere bildeten. Aus ihren und andern Spalten strömte der Rauch hervor. Dieser war das Einzige, was wir zu vermeiden hatten, und da, wo der Wind ihn von uns wegblies, stieg ich ohne Gefahr mit den Führern in den Krater hinein und ging auf diesen Schollen umher. Sie waren allerdings so heiß, daß ich mir die Stiefeln verbrannte, während ich über die verglasten schwarzen Schollen des Ausbruchs unverbrannt hinweggekommen war. Meine Frau machte natürlich die Fahrt in den Krater nicht mit, sondern war bei den Führern am Rande des Aschenkegels zurückgeblieben.

Bei der Rückkehr sollten wir nun die Lacrimae Christi trinken, deren Trauben am Vesuv wachsen. Der Wein, den wir wirklich erhielten, war aber nichts weiter als ganz gemeiner saurer Rothwein.

3. An der Seite des Berges, die sich von Neapel abwendet, liegt das sonnige eingeschlossne Thal von Pompeji. Dies ist ein reizender Winkel, der sich besonders vom Vesuv herab bequem übersehen läßt. Die Asche des Vulkans ist mit gewöhnlicher Asche nicht zu vergleichen, sondern gleicht einem feinkörnigen schmutzig gelben Kies, liegt ziemlich fest aufgelagert und ist vom Winde nicht zu bewegen. Freilich bei dem Fall über Pompeji herab, wird doch ein starker Luftzug die Masse vom Vesuv hergeführt haben, sonst wäre sie auf den Aschenkessel herabgeriefelt, der ziemlich gleichmäßig aufgebaut ist, und einem großen Aschkuchen gleicht, woraus man wohl schließen darf, daß die Asche sich am häufigsten ruhig und von keinem Orkan getrieben, niedergelassen hat.

Diese körnige Asche bildet eine wallartige Erhöhung über Pompeji. In diesen Wall hatte man nun förmlich Thore geschnitten, welche in die merkwürdig engen, oft nur für Einen Wagen fahrbaren Straßen des Städtchens führten. Zu beiden Seiten der Gäßchen waren ziemlich hohe Bürgersteige. An denen lagen die Häuserchen, deren Dächer durch den Aschenfall alle eingeschlagen waren. Das Forum, das Theater, und ein Tempelchen daneben waren bloß-

gelegt; auch ein schönes Haus mit einem einge=
schlossnen Garten und dem berühmten Mosaik, auf
dem Alexander mit eingelegter Lanze zu Pferde gegen
Darius auf seinem hohen Wagen anstürmt und die
Perser in ihren bunten Beinkleidern einen ganz neu=
mobischen Eindruck machen. Im Garten stand ein schön
erhaltner runder Marmortisch von einem Greif getragen.

Ein Bonner Professor mit seiner Frau ging mit
uns durch die Straßen Pompeji's; und die Frau er=
klärte sehr vorwitzig den schützenden Phallus über einer
Hausthür für eine Brille und behauptete, dort müßte
ein Optikus gewohnt haben.

Der Aschensturz, der Pompeji begrub, hat das
Amphitheater, welches ganz in der Nähe der Stadt
in einer Aushöhlung des Bodens angelegt ist, nicht
erreicht. Ich glaube mich zu erinnern, daß es nicht
zu den Ausgrabungen gehört.

4. In Neapel fand ich einen alten Freund aus
Jena, den rosenrothen Meier wieder. Er freute sich
sehr und brachte einige Abende bei uns zu. Später
hab' ich ihn sehr verändert gefunden. Als ich nämlich
1849 nach dem 13. Juni Paris verlassen und mich
nach London gewendet hatte, ging ich eines Tages
mit dem Doctor b'Alquen Picabilli entlang. Ein

Mann, der uns begegnete, war stillgestanden und hatte mich aufmerksam betrachtet, ohne daß ich es bemerkte. Der Dr. d'Alquen machte mich darauf aufmerksam, ich drehte mich herum, und es ergab sich, daß es mein alter Freund, der rosenrothe Meier war. Nun war die Freude auf meiner Seite, ich fragte ihn, wo er wohnte, und sagte ihm, wo er mich finden könnte, damit wir uns einmal in Ruhe wiedersähen. Er bedauerte, daß er den nächsten Tag nach Gotha abreise, und so trennten wir uns. Nach einiger Zeit führte mich der Dr. d'Alquen in ein Concert, und als eine Pause eintrat, erschien der rosenrothe Meier, dem der Concertgeber mit großer Ehrerbietung entgegen ging, um ihn an einen bevorzugten Platz zu führen. Wir konnten uns diesen Vorfall nicht erklären, auch mußte ja der rosenrothe Meier längst in Gotha sein. Daß er's aber war, litt keinen Zweifel, und da wir das Ende des Concerts nicht abwarten konnten, blieb uns das Räthsel für den Augenblick ungelöst. Es dauerte nur einige Tage, und der rosenrothe Meier erschien uns noch einmal räthselhafter als zuvor. Wir standen im Hyde-Park am Serpentine bei einem engen Pförtchen, wo viele Menschen aus- und eingingen. Mit einem Male sagte der Dr. d'Alquen: „Dort kommt der rosenrothe Meier! jetzt bin ich doch neugierig, wie sich die Sache entwickeln wird." Er hatte uns nicht eher bemerkt, als bis er aus dem Pförtchen hervorgetreten war, und mir unmittelbar gegenüber stand. Aber wie ein großer Feldherr faßte er sich schnell, schloß geschwinde das Auge auf meiner Seite, fuhr mit der Hand unter den Frackschooß, um desto besser vorbeizuschlüpfen, und ging eiligst an dem Serpentine hinunter. Denn es war ihm darum zu thun, aus dem Bereich unsers Gelächters zu entkommen. „Aber was ist es nur mit diesem Menschen?" fragte der Dr. d'Alquen. „Erst beschützt er den Musiker, und jetzt drückt er gegen uns ein Auge zu."

„Ich weiß es mir nicht zu erklären."

Die Erklärung erfolgte durch einen Zufall, als ich einen andern alten Bekannten, den Doctor Ehrenbaum auf der Straße antraf, der ein Bewunderer des Manteuffelschen Staatsstreichs und des Ritters Bunsen, unsers damaligen Gesandten in London war. „Sie kennen ja Bunsen von Rom her, kommen Sie doch des Abends zu ihm, Sie treffen dort auch den Dr. Meier, den Sie ja kennen müssen."

„Den Dr. Meier, Sie kennen ihn also auch? sagen Sie mir doch, was ist dieser Dr. Meier?"

„Das wissen Sie nicht? Er ist der Bibliothekar des Prinzen Albert!"

Jetzt konnte ich mir das zugekniffne Auge erklären. Er gehörte zur Hofbedienung, und war so hoch gestiegen, daß er mich schon in Piccadilly nicht hätte wiedererkennen dürfen, und um diesen Fehler wieder gut zu machen, beim Serpentine das rechte Auge zukniff.

5. Der südlichste Punkt, den wir in Neapel erreichten, war Paestum, wo die schönen Tempelruinen am Meere stehen. Die Malaria verwüstet diese Gegend. Napoleon wurde auch hier durch die Restauration im Wegebau und in der Anpflanzung des Landes, die er vorhatte, unterbrochen. Die Anlage seiner Heerstraße war rasch wieder von der südlichen Vegetation überwuchert worden. In Salerno, wo wir übernachteten, hatten wir Zimmer ohne Fenster deren Thüren alle auf einen großen Balkon am Meere hinausgingen. Von diesem Balkon aus sahen wir ein Begräbniß mit an, welches höchst eigenthümlich und von unsrer Weise abweichend war. Der Sarg war offen, nicht schwarz, sondern sehr freundlich

angestrichen, die Frau, welche begraben werden sollte, lag schön geputzt in Seide darin; so wurde sie bei unserm Balkon vorbei nach dem Kirchhof getragen und dort aus dem Sarge, der für alle Todten dient, herausgenommen und unmittelbar in die Erde gelegt. Eine andre Eigenthümlichkeit der Salerner hat mich empört. Der arme Wollkoff hatte einen kurzen Fuß und hinkte stark. Dies brachte eine Menge Straßenjungen und halb erwachsene Menschen auf die Beine, um den armen Jungen mit Spott und Gelächter zu verfolgen. Ja, sie zeigten nicht übel Lust, ihn auch noch zu steinigen. Ich wandte mich gegen sie herum, trat mitten in den Haufen und machte sie herunter für ihr gefühlloses und boshaftes Betragen. Es war aber nicht möglich, mit Wollkoff in Salerno auszugehen, weil sich diese Auftritte immer wiederholten.

Zu Wagen gingen wir nur bis Amalfi, welches höchst malerisch an dem steilen Meerufer hinaufgebaut ist. Hier mietheten wir uns ein Boot nach Capri. Zuerst wurde gerudert. Vier kräftige schöne Seeleute, ein ganz andrer Schlag Menschen als die verwahrlosten Neapolitaner, waren unsre Mannschaft. Es mochte im Februar sein, und trotz eines frischen Windes, der aufkam, war es so warm, daß unsre

Matrosen ihre Jacken wegwarfen, uns dann aber ein Segel aufsteckten und erklärten, dies wäre der Sirocco und würde uns rasch nach Capri führen. Das Boot segelte an dem schönen mit Holz besetzten Felsenufer der Bucht entlang. Plötzlich kam ein Flug Vögel an uns vorbei und warf sich in das bewaldete Ufer. Unsere Schiffer klatschten in die Hände und riefen ihnen nach: Rossignoli! Rossignoli! Primavera! Primavera!

Auf Capri trafen wir einige lustige Maler, mit denen wir Männer einen Ausflug nach Anacapri machten. Der Weg hinauf geht über steinerne Stufen, die kein Esel beschreiten kann, und ist in der heißen Sonne äußerst beschwerlich. An dieser Erhebung der Insel fallen die Wachteln, die eben von Afrika herüberkommen, in großen Massen nieder und werden hier, weil sie matt sind, leicht gefangen. Auf dem Gipfel von Anacapri hatten die Franzosen, ich weiß nicht bei welcher Gelegenheit, höchst unnütze Verschanzungen aus großen Steinen aufgehäuft. Anacapri ist nämlich so hoch, daß schwerlich irgend jemand mit Kanonen hinauf, noch einer von hier hinunter nach Schiffen schießen kann. Wir machten uns nun über die losen Blöcke her, wälzten sie auf die Kante des schroffen Abhangs, und ließen sie in's Meer hinunterspringen. Auch die größten verloren wir sehr bald aus den Augen, so tief ging es hinunter; aber wir wurden in userm Spiel durch Geschrei von unten unterbrochen. Es befanden sich dort Leute, die wir mit unsern Felsblöcken ernstlich in Gefahr gebracht hatten.

Die blaue Grotte ist zu bekannt, um sie noch zu beschreiben; die Maler aber versicherten mir, Tiberius, der bekanntlich auf der Insel Capri gehaust, habe einen geheimen Weg zu der Grotte hinab gehabt, den man auch von unten schon ein Stück aufwärts verfolgt habe. Es war ein schöner Abend, und wir ließen uns von unsern Matrosen aus Amalfi noch nach Ischia hinüber rudern. Auf dieser Fahrt habe ich zuerst ein sehr schönes Meerleuchten gesehn, das Einschlagen der Ruder und die von den Rudern fallenden Tropfen leuchteten in den herrlichsten Farben. Ischia schließt die Bucht von Bajae, an deren mit Naturwundern und merkwürdigen Ueberbleibseln aus der Römerzeit reich besätem Ufer wir mehrere Tage umherwanderten. Es ist unbegreiflich, wie diese Gegend, vielleicht die lieblichste in Italien, so sehr in Verfall gekommen.

10.

Rückkehr.

1. Da wir vier waren, Miß Wigers, Wolkoff und wir zwei, und wenig Sachen von Rom mitgenommen hatten, so beschlossen wir, in einem eignen Wagen nach Rom zurückzufahren, und nahmen dazu unsern gewöhnlichen Kutscher, mit dem wir eine große Freundschaft geschlossen hatten. In Neapel hat jeder Lohnkutscher seinen Ragazzo hintenauf stehn. Diese Ragazzi sind manchmal schon alte Bursche, sehr oft mit ausgefransten Mänteln, und dienen eben nicht zum Zierrath des Fuhrwerks. Schon nach Salerno hatte er seinen Ragazzo nicht mitnehmen dürfen, nach Rom war dies nun vollends außer Frage. Er war erst sehr betrübt über diese Nothwendigkeit, dann aber tröstete er sich damit, daß er die ewige Stadt Rom sehen werde, was er in seinem Leben nicht gehofft hätte. Als es aber zur Abreise kommen sollte, erschien er mit Thränen in den Augen und erklärte, er könne nun doch nicht fahren, denn er habe gestern eine Schlägerei gehabt und sei dafür von der Polizei mit Stadtarrest belegt worden.

Ich tröstete ihn und versprach, durch eine Empfehlung unsers Gesandten, des Herrn von Lottum, an den Polizeichef die Sache beizulegen. Ich begab mich nun zu dem Herrn von Lottum, mit dem ich mich durch Käftners Empfehlung sehr gut stand. Er fand den Fall durchaus nicht schwierig, war auch nicht abgeneigt, mir zu helfen, konnte sich aber dennoch durchaus nicht entschließen, mir das Billet an den Polizeipräsidenten zu schreiben. Erst sagte er: Gehn Sie doch zu Putbus. Das war sein Schwager und der Gesandschaftsfecretair. Ich erwiderte: aber Sie wissen, Herr Graf, daß Ihr Herr Schwager nicht italienisch versteht. Auch muß ja die Sache von Ihnen selbst kommen.

„Nun, so wenden Sie sich an meinen Pförtner", antwortete er. Ich wußte nicht, was ich dazu denken sollte, stand verdutzt auf und empfahl mich.

Als ich herunter kam, drückte ich dem stattlich aufgeputzten Pförtner eine kleine Silbermünze in die Hand, erzählte ihm die Geschichte und fragte ganz verwundert, was der Herr Graf damit gemeint hätte, daß ich mich an ihn wenden solle.

„O, das will ich Ihnen sagen", erwiderte der Pförtner, „die beiden Herren von der Gesandtschaft sind mit dem Italienischen über den Fuß gespannt, und da habe ich ihnen denn die Correspondenz zu führen." Der Pförtner setzte sich also nieder, schrieb das gewünschte Billet, ließ es von dem Herrn Grafen unterzeichnen, und so gelang es mir, unsern freundlichen Vetturin vom Stadtarrest zu befreien.

Wir fuhren nun auf einem andern Wege, als wir gekommen waren, wieder nach Rom, blieben dort noch bis zum Mai und fuhren dann über Perugia nach Florenz zurück und von Florenz nach Venedig.

2. Der Abschied von Rom, wo wir in den sieben Monaten unsers Aufenthalts viele Freunde erworben hatten, war uns sehr schwer geworden; nirgends wird man so leicht heimisch, als in Rom. All die Wunder der Natur, welche uns die schöne Fahrt über Terni und Perugia zeigte, konnte uns über Rom nicht trösten; die Quälereien der Oestreicher, die schon in Ferrara begannen, welches sie besetzt hielten, waren der erste deutsche Händedruck, den wir bei der Rückkehr empfingen. Nach allem, was wir in Italien gesehen, regte aber dennoch die Wunderstadt in den Lagunen unsre Erwartung aufs Höchste auf.

In Mestre angelangt, schifften wir uns ein. Die vier Ruderer des Postboots nannten sich Caralli, und als ich fragte, wo denn der Postillon wäre, erwiberten sie, sie wären Cavalli intelligenti. Die Lagunen sind hier nicht tief, aber die Wasserfläche war so ausgedehnt, daß wir Venedig lange nicht sehen konnten und es erst gegen das Ende der Fahrt auf dem Wasserspiegel erblickten. Es war aber auch wieder nur die Außenseite, kein Ueberblick der Stadt, der sich uns darstellen konnte. Bei der Einfahrt und am großen Kanal entlang nannten uns die Cavalli intelligenti einen Palast um den andern, deren Marmorsäulen von dem Salzwasser oder von der Zeit verunziert und deren Fenster hin und wieder mit Brettern vernagelt waren. Die alte Seekönigin litt unter der Oestreichischen Vergewaltigung, und die Häuser der alten Tyrannen wurden öde und wüst unter den Händen des neuen Tyrannen. Ich freute mich, als ich unter den vielen verlassenen Palläften den Pallast Tiepolo noch bewohnt fand. Tiepolo scheiterte bei dem Versuch, die Republik aus der Tyrannei der Aristokratie und des Dogen Grabenigo zu befreien. Die Verschwornen fielen auf dem Marcusplatz, nachdem sie ihren jungen Anführer durch einen Zufall verloren hatten. In einem der Gäßchen, durch die sie heranzogen, war ihm ein Blumentopf auf den

Kopf gefallen und hatte ihn getödtet. Sein Schicksal war der Tod der Venetianischen Freiheit. Die Tyrannei der Familien, die im goldnen Buche aufgezeichnet waren, wurde erst durch den General Bonaparte gebrochen; aber Venedig hat den Geist der Freiheit, mit dem es in den Lagunen erst eine Freistatt, dann eine Weltmacht aufgerichtet, nicht vergessen, so wenig als das Volk von Genua und von Rom seiner ruhmreichen Vorzeit uneingedenk ist.

Mit dem Schicksal Tiepolos und Venedigs hatte ich mich schon in Colberg eifrig beschäftigt, um so merkwürdiger war mir jetzt der Besuch seines Familienpalastes, den seine siegreichen Gegner also der Familie nicht geraubt hatten.

3. Das Leben der Venetianer auf dem Wasser, das Hin- und Widerschießen der schwarzen Gondeln mit ihren scharfen eisernen Schnäbeln ist jedem Fremden ein anziehendes Schauspiel. Der Venetianer ist freilich von Jugend auf an das Wasser gewöhnt. So lag ein Junge von etwa acht Jahren in einer Art Mulde auf dem großen Kanal, über die er Arme und Beine hinausstreckte, um damit zu rudern und sang dazu ein Lied.

Wir fuhren natürlich auf einer Gondel nach dem

Lido und verweilten einen Augenblick bei der Ausfahrt in das stürmische Adriatische Meer. Auf den Inseln, die hier hinter einander gegen das Meer liegen, wurden Fische getrocknet. Dies Geschäft verpestete aber die Luft in einem solchen Grade, daß unsre beleidigten Geruchsnerven uns eilig wieder auf's Wasser trieben. Es erschienen wenig Oestreicher in der Stadt. Ich erinnere mich nicht, auf dem Markusplatz einen einzigen Soldaten gesehen zu haben; im Gegentheil, Kaufleute, vornehmlich Juden und andre Orientalen belebten diesen weltberühmten Platz. Auch in den Kaffeehäusern, und wo ich sonst hingekommen bin, war man immer unter Italienern. Es ist auch nicht leicht, hier Soldaten unterzubringen; denn anderswo, als auf dem Markusplatz ist gar kein Raum für sie, es giebt wohl enge Fußwege, aber gar keine Straßen. Eine glückliche Stadt, ohne Wagengerassel und Pferde, und glücklich vollends, wenn ohne Soldaten! Es sollen hier früher viele Leute gelebt haben, die nie ein Pferd gesehen. Solche Zustände, die blos auf Handel, Industrie und Freiheit berechnet sind, müssen die Oestreicher zur Verzweiflung bringen. Ein alter Offizier hatte auch wirklich die Gesellschaft seines Pferdes nicht länger entbehren können, und es sich, ohne Zweifel mit vieler Mühe, kommen lassen. Unser Gondelführer zeigte ihn uns als ein Wunderding, wie er in einem engen Garten auf- und niederritt.

Wenn man durch die engen Gäßchen geht, sieht man Frauen zur Mittagszeit mächtige dampfende Schüsseln voll allerhand gekochter Seethiere (frutto di mare) auftragen. Ich gestehe, daß ich sehr gern einmal mitgegessen hätte, aber ich wagte nicht, mich zu Gast zu bitten.

Im Dogenpalast, dessen abgeschmackte Bauart jedermann in Bildern gesehen hat, sahen wir viele gute Gemälde aus der Venetianischen Schule; in einigen Privatpalästen, die wir besuchten, ebenfalls.

Auch den Freihafen, der sorgfältig von der übrigen Stadt abgesperrt war, besuchten wir mit einigen Bekannten aus unserm Gasthause. Die Damen kauften sich natürlich orientalische Shawls, und was sonst unmittelbar mit zur Toilette gerechnet werden konnte. Ich vermuthete, die Wächter am Eingange würden das neu Eingekaufte sogleich erkennen, die Kaufleute aber versicherten, dafür sei schon gesorgt, und sammelten von den Käufern die nöthige Summe, die sie schon besorgen wollten. Dies war richtig, und wir stiegen unbeläſtigt wieder in unſre Gondel.

Durch den Geldwechsler, mit dem ich hier zu thun hatte, ließ ich mich bereden, Schnellpoſtpferde bis Wien zu bezahlen, ſo würde ich in jeder Hinſicht beſſer fahren. Dies war aber ein großer Irrthum geweſen, und das geringſte Uebel beſtand darin, daß die Leute in Kärnthen und Krain nur Schritt fuhren und mich verſicherten: „ihre große Roß' gingen ſchneller im Schritt, als die kleinen italieniſchen Pferd' in Galopp." Der ganze Weg bis Wien war höchſt langweilig. Selbſt der Sömmering iſt ein unbedeutender Berg gegen die hohen Alpenpäſſe der Schweiz und Tyrols.

4. Wien war der erſte anziehende Ort, den wir wieder erreichten. Bis hieher und bis nach Halle zurück fuhren wir fortdauernd mit dem Frühlinge. Einen ſo langen und einen ſo ſchönen Frühling hatten wir nie erlebt. Als wir im Januar nach Neapel kamen, fanden wir ſüdliche Fruchtbäume in den Gärten des Pauſilip in voller Blüthe; in der Bai von Amalfi begrüßten uns die wiederkehrenden Nachtigallen; auf dem Rückwege nach Rom die erſten Schwalben, und als wir im Mai auf der Fahrt

nach Florenz waren, hatten sich die Buchen und Eichen belaubt. Es ist merkwürdig, daß diese nordischen Bäume in Italien ihren Winterschlaf aller Sonne zum Troy so lange fortsetzen, bis ihre Brüder im Norden auch wieder ausschlagen. Und was sehr angenehm war, überall, wohin wir kamen, war es gerade Erdbeerenzeit.

Wir wohnten in Wien in der Stadt London. Natürlich war eins der ersten Geschäfte, wozu ich mich hier veranlaßt sah, eine Wanderung auf die Polizei. Als ich an das Gebäude gelangte, fand ich über hundert Handwerksbursche, dicht gedrängt vor einem großen Thorwege aufgestellt. Ich dachte schon, ich würde mich hier anschließen müssen, wurde aber von einem dienstbaren Geist bei Seite genommen und unmittelbar vor den Chef der Polizei geführt. Dies war ein junger, feiner und hübscher Mann; er besorgte meine Aufenthaltskarte und meinen Paß sogleich, knüpfte dann eine Unterredung über Italien, die Reise, den Norden von Deutschland, die Universität u. s. w. mit mir an und zeigte sich überall auf's beste zu Hause. Dann kam ich auf die Handwerker, die man so lange vor der Thür warten lasse, und daß ich zwar sehr freundlich bevorzugt, die armen

Leute aber um ihre werthvolle Zeit gebracht würden; aber mit dieser Vorstellung fand ich weiter keinen Anklang; sie müßten halt warten, er könne ihnen nicht helfen.

Als ich nach unserm Gasthof zurückkehrte, fand ich den Oberkellner mit einem Ungarschen Magnaten in Streit. Der Ungar wollte ein Zimmer für sich und seine Frau, aber keins für seinen Husaren, den er mit hatte, nehmen. Der schliefe auf der Thürschwelle. Der Kellner erklärte, in Wien schliefe Niemand auf der Thürschwelle, wenn der Husar kein Zimmer haben solle, so könne die Herrschaft auch keins haben; und als der junge Mensch fest bei dieser Erklärung blieb, entschloß sich der Ungar, auch dem Husaren ein Bett geben zu lassen.

5. Wien gleicht noch in vieler Hinsicht einer italienischen Stadt. Die Corsofahrten, die im Prater gehalten werden, die Art, wie überall für Vergnügen und Unterhaltung im Freien gesorgt ist, die südliche Lage und vor Allem die Gemäldegallerieen sind eine Wiederholung Italiens. Da viele Gemälde sich hier wiederfinden, die man schon in Italien gesehen hat, so geräth man leicht auf den Verdacht, es möchten nur Copieen sein.

Als wir etwa eine Woche dort gewesen waren, machte uns der Wirth einen Besuch und lud uns auf sein Landhaus nach Baden ein. Bei dieser Gelegenheit erfuhr ich, daß sich damals eine Actiengesellschaft für die Donauschifffahrt und für den Bau von Dampfschiffen gebildet hatte, aber von der väterlichen Regierung abschläglich beschieden worden war. Ein solches Unternehmen werde Handel und Reichthum, und folglich die Revolution befördern. Die Rückfahrt am Nachmittage durch einen bewaldeten Gebirgskamm, der dem Fürsten Liechtenstein gehörte, war selbst nach so manchen italienischen Fahrten eine bezaubernde.

Wir verließen Wien höchlich befriedigt mit den geselligen Tugenden und dem freundlichen Wesen aller Derer, mit denen wir verkehrt hatten.

6. Ueber Prag gelangten wir nach Dresden und fanden hier zuerst wieder Freunde und Verwandte. Leider hatte Louisens Husten sich schon in Neapel und dann auf der ganzen Rückreise verschlimmert. Sie war brustkrank. Das Gefühl der Gefahr trieb sie auch eher von Rom hinweg, als wir es sonst verlassen haben würden. Mit dem vollen Bewußtsein und mit der größten Ruhe sprach sie von ihrer ge-

fährlichen Krankheit, hoffte aber mit großer Zuversicht durch einen Homöopathen hergestellt zu werden. Es wurde auch sogleich in Dresden einer zu Rathe gezogen und dieser versprach Alles, was man nur hören wollte. Von Halle aus wurden nachher sogar noch Briefe mit ihm gewechselt; aber weder die Homöopathen noch die andern Aerzte konnten dem Uebel Einhalt thun und im October des Jahres 1833 verlor ich sie durch den Tod.

Mein Haus war jetzt verödet; ich ließ mir daher meine Familie aus Pommern kommen, und als nach einigen Monaten auch mein Vater starb, ging ich mit den Meinigen auf unser Landhaus nach Giebichenstein und vertiefte mich ganz und gar in Hegels Werke, die während des Jahres meiner Abwesenheit von Deutschland erschienen waren, und die ich in zugebundnen Packeten zufällig unter einem Haufen alter Acten und Papiere hervorgewühlt hatte. Dort hatte man den Unsterblichen hingeworfen.

Druckfehler in Theil 1. u. 2. „Aus früherer Zeit."

Bd. 1. Seite   1 Zeile 6 v. unten statt der Ostsee lies die Ostsee.
„ „   „   287 „   4 v. oben statt Seysum lies Sonsum.
„ „   „   300 „   2 „   „   Kiel lies Kühl.
„ „   „   312 „   8 „ unten statt olle — llehrnt, lies olln — liehrt.
„ „   „   344 „   8 „ unten statt Herr Niemeyer lies Herrmann Niemeyer.
„ 2. „   76 „   4 „ oben statt rechts lies rachts.
„ „   „   99 „ 12 „ oben und später statt Thorwaldson lies Thorwaldsen.
„ „   „   113 „   1 „ oben statt Vaterlande lies Vorlande.
„ „   „   120 „   5 „ unten statt Albiswyl lies Ahliswyl.
„ „   „   135 „   2 „ unten statt Filz lies Fez.
„ „   „   239 „   3 „ unten ist ließ auszustreichen.
„ „   „   240 „   7 „ oben statt wollte lies sollte.
„ „   „   281 „   1 „ oben statt Feind lies Feinde.
„ „   „   321 „   3 „ unten statt Nur lies Nun.
„ „   „   3 5 „   3 „ oben statt vermittelnden lies Vermittelnden.
„ „   „   336 „   8 „ unten statt Siebebas lies Rebebas.
„ „   „   337 „   4 „ unten } statt Rebebal lies Rebebak.
„ „   „   337 „   1 „ unten }
„ „   „   372 „   4 „ unten statt Hanseaten lies Holsaten.

www.ingramcontent.com/pod-product-compliance
Lightning Source LLC
Chambersburg PA
CBHW030322020526
44117CB00030B/510